트럼프의
경제·일자리·먹거리·안보 위협
국민보고서

트럼프의
경제·일자리·먹거리·안보 위협
국민보고서

나원준 김성혁 백일 이수미 장창준 전수진 주제준 공저

차 례

발간사 ··· 6

1. 동맹 수탈과 한국 경제 ································· 10
   나원준 _ 경북대학교 경제통상학부 교수

2. 동맹 수탈이 제조업 등에 미치는 영향 ········ 114
   김성혁 _ 민주노총 부설 민주노동연구원 원장

3. 트럼프 관세 약탈이 산업과 일자리에 미치는
   영향과 대처 방향 ··· 179
   백일 _ 전 울산과학대 교수

4. 비관세장벽 등 농업에 미치는 영향 ············· 214
   이수미 _ 농업농민정책연구소 녀름 소장

5. 트럼프의 동맹국 안보 위협, 어떻게 대처할 것인가 ······ 260
   장창준 _ 한신대학교 통일평화정책연구센터장

6. 트럼프 2기 디지털·지식재산 정책과 한미 통상 대응 전략 ······ 306
   전수진 _ 종합법률사무소 이정 미국변호사

7. 트럼프의 경제·일자리·먹거리·안보 위협에 대한
   국민적 대응 전략 ··· 352
   주제준 _ 한국진보연대 정책위원장

발간사

트럼프 관세폭탄,
국민주권으로 당당히 맞서야

　트럼프의 전 세계를 향한, 그리고 한국을 향한 위협의 칼춤이 끝이 없습니다. 전 세계를 상대로 관세폭탄을 터뜨리고 있습니다. 동맹국 한국을 더 배려하기는커녕 한국을 속죄양 삼아서 가혹한 조건을 전제하고 난 뒤, 이를 시범 케이스로 만들어 전 세계를 상대로 일반화 시키려고 하였습니다. 다행히도 빛의 광장 투쟁이 승리하고 또 한덕수와 국민의힘의 '자폭쑈'로 말미암아 한국을 속죄양 시범케이스로 삼으려던 상황은 잠깐이나마 비껴가는 듯 합니다만, 여전히 한국은 관세 폭탄과 방위비 폭탄을 마구 투하하려는 트럼프의 집요한 손아귀를 벗어나기가 쉽지 않은 상황입니다.

　한국과 미국은 FTA(자유무역협정)를 체결한 국가입니다. 트럼프가 FTA체결국가인지 아닌지 여부를 전혀 따지지 않고 한미 FTA에 사실상 위배되는 방식으로 마구 관세폭탄을 매기는 것은 심각한 자가당착이라 아니할 수 없고, 엄중하게 규탄 받아 마땅합니다.

윤석열 내란을 진압하는 투쟁을 하느라고 우리 사회가 미처 신경쓰지 못하였지만 실제 상황은 매우 급박한 상황입니다. 새 정부가 채 진용을 갖추기도 전에 트럼프정부와의 관세 협상 등 예정된 타결시한이 벌써 눈앞에 다가와 있습니다.

특히, 트럼프의 관세 인상, 원화가치 절상, 방위비 분담금, 한국기업의 미국 내 직접투자로 인한 한국 내 일자리, 지역소멸, 먹거리, 안보 위협, 정보주권 위협 등 실로 다양한 문제에 대해서 제대로 공론화되지 않고 있습니다. 나라의 주인인 주권자들께 정확한 정보가 제공되지 않고 있습니다. 사안의 중대성에 비해 아직 주권자 국민들 입장에서는 단편적인 외신 보도와 이로 인한 공포감 수준의 정보밖에 제공되지 못하고 있는 실정입니다.

비록 늦었지만, 지금이라도 제반 위험에 대한 실사구시 방식의 점검이 진행되고 동시에 실효성 있는 대응방안에 대한 본격적인 공론화가 진행되어야 합니다. 특히 공영언론 등 레거시 미디어, 독립언론 쪽의 각별한 추적보도와 해설보도를 기대합니다.

트럼프가 전 세계에 관세를 부과하겠다고 해 놓고, 바로 이어서 유예조치를 한 지 4개월이 지나는 동안 여러 국가에서 트럼프가 말한 관세 폭탄이 사실은 여러 경제적 이득을 취하기 위한 소위 미치광이(매드맨)전략이 아니었나,라는 의구심이 확산되고 있습니다. 중국은 145%나 되는 미국의 관세 폭탄에 120%의 대미 관세 부과로 정면 돌파하여 결국 90일 만에 서로 관세를 내리는 방식으로 매듭지으면서 사실상의 승리를 거두었습니다. 또 멕시코의 셰인바움 파르도 대통령은 대응의 기본원칙을 주권에 두고 트럼프 대통령에 대해 'NO'라고 말하며 구체적인 숫자를 제시하며 설득하자 일부 품목을 제외한 무관세를 유지하였습니다. 협상과정 처음부터 끝까지 매일 국민과 언론을 만나 원칙을 설명하고 소통하며 국민적 단결을 호소하였던 결과였습니다.

이번에 새롭게 출범한 이재명정부, 국민주권정부는 빛의 광장 투쟁의 승리의 결과로 탄생한 정부입니다. 새 정부의 통상교섭협상단은 이러한 국민주권시대에 주권자 국민을 믿고 당당하게 협상에 임해야 합니다. 위대한 빛의 광장의 시민들이 함께할 것입니다.

이번 국민보고서는 대선기간부터 대선 직후라는 짧은 기간에 작업됐습니다. 보고서 집필에 함께 해주신 나원준 교수님, 김성혁 원장님, 백일 교수님, 이수미 소장님, 장창준 교수님, 전수진 변호사님, 주제준 위원장님께 각별한 감사의 인사를 전합니다.

2025년 7월

한국진보연대	박석운 상임공동대표
민주노동조합총연맹	양경수 위원장
전국농민회총연맹	하원오 의장
전국여성농민회총연합	정영이 회장
진보당	김재연 상임대표

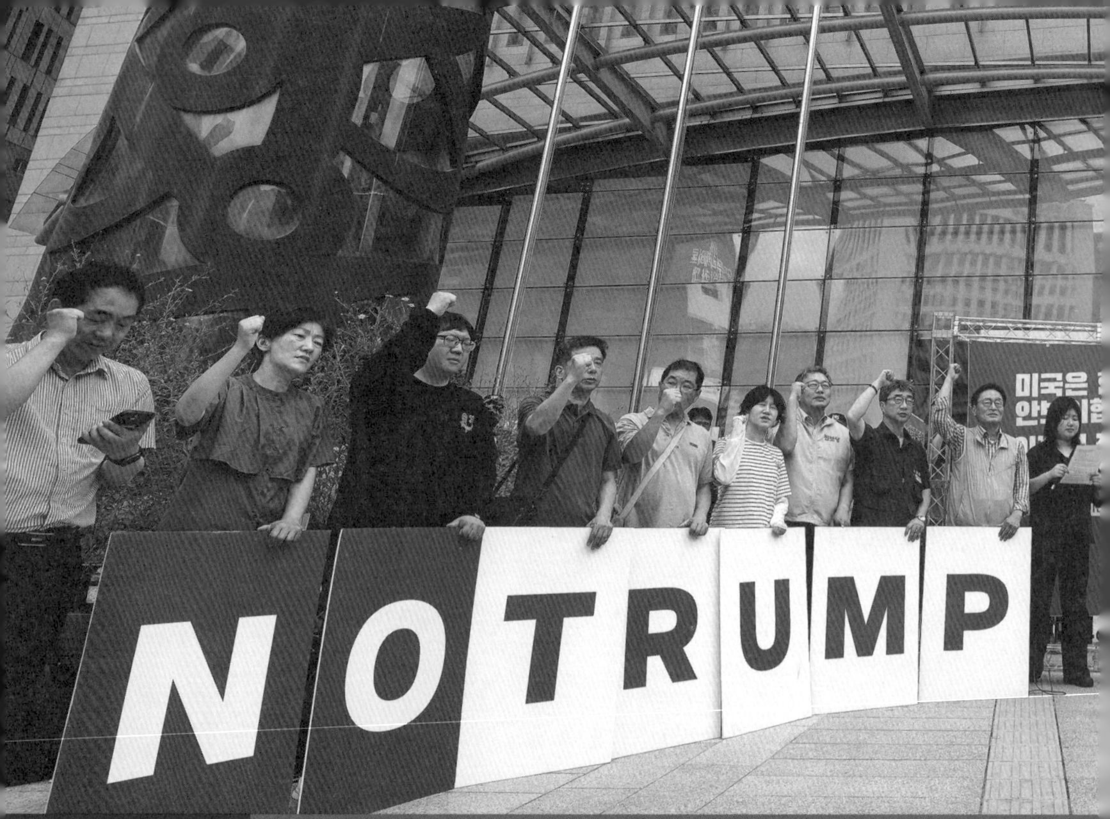
NO TRUMP
미국은

1

동맹 수탈과 한국 경제

나 원 준

경북대학교 경제통상학부 교수

목차

1. 서론 : 중미 경제 전쟁

2. 도대체 트럼프는 관세로 무슨 짓을?
   1) 상호 관세
   2) 품목별 관세
   3) 미국 내 반응

3. 경제적 배경
   1) 중국, 미국, 한국의 무역 수지 비교
   2) 한미 간 자본 수출의 양상

4. 트럼프 정책의 모순
   1) 관세와 물가
   2) 트럼프 관세 및 환율 정책의 목표와 모순
   3) 트럼프 관세 논리의 또 다른 오류들

5. 트럼프 정책과 제국주의 미국의 근본 동기
   1) 이론적 측면
   2) 추가적인 고려 사항들

6. 당면한 단기 과제와 논점들
   1) 밀실 깜깜이 협상은 어디로
   2) 시급성이 큰 품목별 관세 대처 : 산업 정책의 빈자리
   3) 공급망 리스크의 여러 측면
   4) 각국의 대응
      (1) 아세안
      (2) 일본
      (3) 중남미
      (4) EU
      (5) 영국
      (6) 중국
      (7) 시사점
   5) 진보적인 산업 정책의 구상
      (1) 소재와 부품, 장비의 국산화
      (2) 수요 위축에 대한 대응

7. 결론 : 대안적인 국제 질서에 대한 진보의 비전

참고문헌

1. 서론 : 중미 경제 전쟁

미국 내에서는 트럼프 2기 행정부가 출범하면서 과거 미국 외교를 상징했던 고립주의 전통이 부활하는 움직임이 포착되고 있다. 이는 무엇보다도 국내 과제에 우선순위를 둘 것과 국제 사회에서 전통적인 질서 유지자이자 세계의 경찰관 역할을 해온 활동들은 비용이 많이 소요되므로 축소하라는 목소리라고 할 수 있다. 물론 중미 갈등에서 갈등을 고조시키는 쪽은 어디까지나 미국이고 최근 관세 전쟁도 역시 미국이 직접 촉발시킨 것이므로 미국이 대외 문제 개입을 과연 줄이고 있는지는 의문이다. 다만 고립주의적 영향으로 인해 미국의 개입 양상과 네오콘 군국주의 세력과의 거리는 민주당 정권과 공화당 정권에서 차별화될 수 있을 것으로 보인다.

이와 같이 미국이 트럼프 행정부 들어 우크라이나 문제와 나토 안보 보장 등 국제적 안보 이슈와 관련해 달라진 모호한 태도를 보이자 유럽 각국은 미국의 안보 우산에 대한 의존에서 어쩔 수 없이 벗어나는 움직임을 보이고 있다. 러시아와의 긴장 관계 속에서 과거의 평화 배당이 끝나간다는 공포감이 확산되는 가운데, 북대서양 조약 기구(NATO) 차원에서는 국방비 기준을 기존의 2%에서 5%로 인상하기로 했다. 유럽 연합(EU) 회원국들은 2030년까지 유럽 내 자체 방위 공급망을 갖추고 재무장을 완료할 계획이다. 유럽과 대서양에서 전략적 균형에 변화가 초래되고 있는 것이다.

동아시아에서도 미국의 소극적 역할로 인해 전략적 균형에 변화가 생길 것이라는 우려가 대두되고 있다. 한국의 경우에도 미국이 주한미군을 중국 견제 목적의 신속기동군으로 재편하는 계획을 논의하는 등 역내 안보에서 한 발 빼는 모양새를 취하기도 했다. 주한미군 감축도 중요한 의제로 떠올랐다. 보수 세력 중심으로 자체 핵무장론 등이 그 틈을 비집고 얼굴을 내밀었지만 아직까지 큰 반향은 없는 상태이다.

이와 같은 유럽과 동아시아 국가들의 움직임은 트럼프 행정부가 애초에 의도했던 것이다. 트럼프는 안보 우산의 비용을 동맹국들이 더 많이 분담할 것을 요구하고 있다. 동맹국 스스로 자체 무장을 하라는 것이다. 그런데 만약 동맹국이 스스로 그렇게 하지 않겠다면, 미국이 안보 우산을 계속 제공해줄 테니 대가를 치르라는 요구다. 여기서 대가는 일차적으로 고율 관세부터 감수하라는 것으로 나타났다. 이렇게 전략적 균형의 변화를 목표로 하는 트럼프 2기 행정부의 전 세계 대상의 집단안보 정책과 관세 정책은 안보와 경제를 직접적으로 연계시키며 등장했다. 세계 경제는 그 과정에서 점점 더 위기로 몰리고 있다. 그리고 그 귀결로 중국과 미국은 드디어 다시 본격적인 관세 전쟁, 경제 전쟁에 돌입했다.

중국과 미국 간 경제적 갈등에 대해서는 요즘도 하루에 몇 차례씩 뉴스가 쏟아지고 있다. 미국이든 중국이든 상대방에 대한 조치를 발표하는 내용에 변경이 반복되고 있다. 한때는 양국 모두 서로에게 100%를 훨씬 넘는 관세율을 부과하며 물러서지 않을 것이라고 경고를 퍼붓는 상황이 이어지기도 했다. 미국이 고율 관세로 중국에 대해 경제 봉쇄를 감행하자 중국이 이에 대해 무역 보복을 선언하면서 급기야 상황은 세계 경제 전쟁으로 번져 갔다.

그러다가 5월 12일 제네바 회담 결과가 발표되었다. 양국은 상호 관세율을 향후 90일간 미국의 대중 관세는 30%, 중국의 대미 관세는 10%로 하향 조정하는 것에 합의했다. 합의 배경으로는, 중국의 희토류 수출 통제가 자동차 등 미국 산업계에 미친 파장이 컸고 중국 제품 수입에 의존해 온 소기업들의 경제적 곤란이 이슈화된 것 등이 꼽혔다. 미국으로서는 어쩔 수 없이 국내 경제적인 요구에 내몰려 합의할 수밖에 없었던 것이다. 그러나 합의는 어디까지나 잠정적일 뿐이었다. 약속된 90일이 경과한 다음이든, 90일이 경과하기 전이든, 양국은 얼마든지 기존 고율 관세로 회귀할 수 있다. 그만큼 세계 경제는 지금 정세의 가변성이 어느 때보다도 크다.

그 90일간 중국과 미국은 여러 문제에 대해 구체적인 합의 도출에 성공해야 하는 상황에 있다. 대표적으로 희토류 문제가 핵심이다. 중국의 반도체 등 첨단 산업에 대한 미국의 기존 규제가 어떻게 처리될 것인가의 문제도 남아 있다. 그 밖에도 양국 간 현안은 산더미 같이 쌓여 있다. 중국 당국은 희토류 수출 통제를 해제하겠지만 동시에 이후 있을 협상 과정을 의식하면서 희토류 등 핵심 광물의 불법적인 국외 반출은 앞으로도 통제하겠다고 밝혔다. 특히 난항을 겪을 것으로 보였던 문제는 중국 국유 기업과 관련된 이슈였다. 미국은 통상 업무와 관련된 중국 국유 기업들이 보조금을 지원받는 점에서 이는 비관세 장벽에 해당한다는 입장이다. 그런데 이는 중국으로서는 혼합경제라는 중국의 체제 성격이 걸린 사안이다. 양국 간 합의 도출이 쉽지 않을 것이라는 전망이 우세한 까닭이다.

실제로 최근 5월 30일, 트럼프 측에서는 중국이 합의 사항을 위반하며 희토류 등 핵심 광물의 대미 수출 제한을 여전히 풀지 않고 있고 대(對)미국 후속 협상에도 적극성을 보이지 않고 있다면서 공개적으로 문제를 제기했다. 중국은 이에 맞서 트럼프 행정부가 최근 항공기 엔진, 반도체, 특정 화학 물질 등 핵심 기술의 대(對)중국 수출을 금지한 것과 미국 내 중국인 유학생들의 비자를 적극 취소할 것이라고 예고한 것을 문제 삼으며 중국은 미국과의 협상에 소극적이지 않다고 주장하고 있다. 특히 중국은 미국이 중국 화웨이의 인공지능(AI) 칩인 어센드 칩을 사용할 경우 이를 미국의 수출 통제 위반으로 간주하겠다고 경고한 것은 중국에 대한 새로운 공격이라며 반격에 나섰다. 미국은 중국에 대한 첨단 기술 수출을 통제해 중국을 경제적으로 봉쇄하고 전략 산업에서 중국을 미국 자국의 공급망에서 분리시킨다는 계획이다. 그렇다면 중국으로서는 핵심 광물의 수출 이행이라는 협상 카드를 쉽게 내려놓을 리 없다. 제네바에서의 5월 합의는 이와 같이 무산될 가능성이 여전히 커 보인다.

　이런 가운데 최근 미국 의회 하원을 통과한 세법 개정안의 제899조는 이른바 '복수세(revenge tax)'를 신설해 미국에 불공정하다고 판단되는 국가나 기업, 개인에 최대 20%까지 세금을 더 물릴 수 있도록 했다. 미국 빅테크 기업에 디지털 세(稅)를 물리는 나라, 미국 빅테크 기업이 싫어하는 디지털 규제가 시행되고 있는 나라, 다국적 기업의 법인세율을 최저 15%로 설정한 '글로벌 최저한 세(稅)'를 도입한 나라들이 그 대상이 될 것으로 예상된다. 중국은 물론이지만 EU와 영국, 한국도 이에 포함될 가능성이 크다. 트럼프 행정부는 한편으로는 제국주의적인 패권 행사와 경제적 유인 제공으로 한국 등 종속국 및 경쟁국의 대(對) 미국 투자를 사실상 강제한다. 그러면서도 다른 한편으로는 투자 기업이 이익을 한국 등 모국으로 해외 송금하는 것에 대해서는 복수세까지 부과한다는 것이다. 다만 복수세가 상원을 통과할지 여부는 미지수이고 최근 6월 27일에는 미국 재무부가 보복세 조항 삭제를 의회에 공식 요청함으로써 철회 가능성이 높아진 상태이다. 여러 조치들이 즉흥적으로 발표되었다가 철회되는 일이 반복되고 있다.

　미국의 對중국 경제 봉쇄는 연원이 깊다. 적어도 2017년 트럼프 1기 행정부 시절로 거슬러 올라간다. 트럼프 1기에 이어 바이든 행정부에서도 중미 경제 전쟁은 멈추지 않고 이어졌다. 그보다도 더 전인 오바마 행정부 당시에는 중미 관계가 갈등을 겪었지만, 갈등의 중심축은 동북아 대분단 구조와 연관된 군사적인 성격의 것이었다.[1] 그러던 것이 트럼프 1기 시절부터 미국에 의한 對중국 경제 봉쇄가 시작되면서 중미 갈등의 성격이 달라진 것이었다. 중국과의 관계에 있어 이젠 민주당이건, 공화당이건 큰 차이가 없다. 정권이 바뀌어도 상당히 일관되게 중국에 대한 경제 봉쇄가 이어진다. 그렇다면 중미 갈등은 향후에도 해소되기 어려울 것이다.

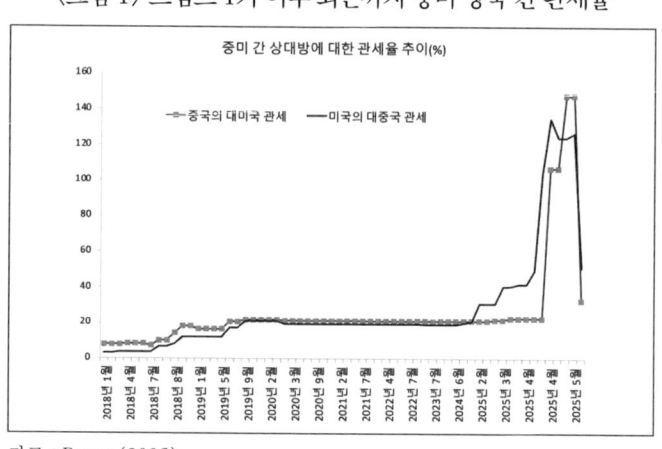

〈그림 1〉 트럼프 1기 이후 최근까지 중미 양국 간 관세율

자료 : Bown (2025)

다만 되돌아보면 바이든 행정부 때까지만 해도 디리스킹(de-risking) 목적의 첨단 산업 분야에서의 전략적 경쟁과 기타 분야에서의 협업 지속을 기대한 경우가 적지 않았다. 이제 당시의 낙관적이었던 부분적인 디커플링 예상은 일정 부분 재

---

[1] 동아시아 대분단 구조와 관련된 논의는 이삼성 (2022)과 이삼성 (2023)을 참고할 수 있다.

검토돼야 한다.[2] 현재로서는 중국 경제와 미국 경제의 좀 더 전면적인 디커플링을 점치는 시각의 설득력이 조금씩 커지고 있다. 적어도 확실한 것은 세계 경제가 더 이상 단일한 체제는 아니게 된 현실이다. 그동안 어떤 일이 있었던 것인가. 도대체 트럼프는 관세로 무슨 짓을 한 것인가.

2. 도대체 트럼프는 관세로 무슨 짓을?

1) 상호 관세

트럼프 제2기는 대통령 취임일인 2025년 1월 20일에 미국 우선 무역 정책(America First Trade Policy, AFTP) 대통령 각서를 발표했다. 동 각서에서는 글로벌 추가 관세를 권고하면서 관련 연방 부처 및 기관의 미국 상품 무역 수지 적자 원인 및 경제·국가 안보에 대한 영향 조사를 지시했다. 그리고 2월 1일 중국산 제품에 대한 10% 관세 부과를 발표했다. 관세 전쟁의 서막이었다. 2월 13일에는 상호 무역 및 관세(Reciprocal Trade and Tariffs, RTT) 대통령 각서가 발표되었다. 동 각서에서는 미국 주요 교역국의 비상호적인 무역 관행은 물론 해당 관행과 미국의 무역 수지 적자 간 관계에 대한 조사가 지시되었다.

---

2) 동아시아를 둘러싼 지정치경제학의 맥락에서 바이든 행정부 당시의 가치 동맹과 중국 경제 봉쇄의 영향을 한국경제 체제 특성과 연관 지어 설명하려는 시도로는 나원준 (2024)을 참고할 수 있다.

트럼프 행정부는 4월 2일에 전 세계 교역국을 대상으로 10%의 기본 관세와 함께 국가별로 차등적인 상호 관세를 부과한다는 행정 명령을 발표했다. 이 행정 명령은 1월과 2월에 발표된 AFTP 각서와 RTT 각서에 따른 후속 조치였다. 그 두 각서에 근거해 이뤄진 미 행정부의 나름의 조사 결과는, 미국의 대규모 상품 무역 수지 적자가 주요 교역국과의 '상호주의' 부족에서 기인한 것이며 이와 같은 상호주의 부족은 미국과 해당 교역국 간 관세율 차이 및 비관세 장벽에서 비롯된 것이라는 내용이었다. 미국 측 설명에 따르면 행정 명령은 이 조사 결과에 바탕을 둔 결정이었다.

그런데 트럼프는 동 행정 명령이 발효되고 채 하루도 지나지 않은 상태에서 중국을 제외한 국가를 대상으로 90일간 차등 상호 관세 부과 유예[3]와 함께 75개국 이상과 협상을 진행할 계획이라고 발표했다. 이들 75개국에 대해서는 당분간 기본 관세 10%만 부과하기로 했다. 다만 보복관세 대응을 예고한 중국에 대해서는 상호 관세율이 100% 넘게 상향 조정되었다. 사실상의 무역 금지령이었고 지속될 수 없었다. 한 달 후 5월 중미 제네바 합의를 거치면서 중국에 대한 상호 관세율은 다시 30%로 하향되었다.

이와 같은 사건 경과는 상호 관세 부과가 엄포용이었고 협상

---

3) 상호 관세 유예 기간은 7월 8일로 끝난다.

용 카드였다는 사실을 시사한다. 미국의 상호 관세는 개별 국가마다 차등적으로 그리고 일방적으로 부과된다. 따라서 미국과의 협상 역시 한 나라 한 나라씩 이루어진다. 미국은 각국의 조율된 공동 행동이 어려운 논의 구조를 악용해 각 나라에 대해 각개격파를 하는 방식으로 협상을 진행시키고 있다. 미국은 개별화된 각국을 상대로 자신의 제국주의적 이해관계를 노골적으로 드러내고 있다. 무역 불균형과는 별로 상관없는 이슈라도 자국의 이익을 위한 것이면 눈치도 보지 않고 협상 테이블에 의제로 올린다. 타국을 희생시켜 자국의 이익을 도모하는 미국의 이와 같은 행태는 과거 좌파 케인지언 경제학자 조안 로빈슨(Joan Robinson)이 '근린 궁핍화(beggar-thy-neighbor)'라고 이름 붙였던 접근법의 전형이라고 할 수 있다. 한마디로 '동맹 수탈'이다.

각국에 차등적으로 부과된 상호 관세의 산정 기준은 결국 하나의 간단한 수식으로 표현되었다. 그런데 그 수식은 실은 다시 살펴볼 가치도 없을 만큼 자의적이며 논리가 없다. 여기에서는 전 세계 거의 모든 경제학자들이 트럼프 행정부의 상호 관세 산정 공식을 보고 경제학적 근거가 전혀 없는, 상식 밖의 우스꽝스러운 기준이라고 혹평했다는 사실 정도만 짚고 넘어간다. 그보다도 공식적으로 미국이 밝힌 부과 기준은 결국 다음 세 가지이다. 그것은 ① 해당 국가에 대한 미국의 무역 수지 적자 ② 해당 국가의 관세 및 비관세 장벽 수준, 그리고 ③ 해당 국가 외환 당국의 시장 개입 정도이다. 그 기준으로 미국이 주요국에 부과한 상호관세율은 2025년 7월 2일 기준으로 다음의 〈표 1〉과 같다.

〈표 1〉 미국이 주요국에 부과한 상호관세율

국가	상호관세율	국가	상호관세율
중국	34% → 145% → 30%	EU	20% → 50%[4]
대만	32%	베트남	46% → 20%
일본	24%	인도	27%
한국	25%	스위스	32%

자료 : 매체 보도 종합

상호 관세 부과의 미국 국내법적 근거는 1977년 제정된 국제 비상 경제 권한법(International Emergency Economic Powers Act, IEEPA)이다. 동 법은 국가 비상사태가 선포되는 경우 대통령에게 해외 무역을 중단시키고 외국에 경제 제재를 가할 수 있는 권한을 부여한다. 이번에도 연방 의회 개입을 피해 대통령 직권으로 국가 비상사태를 선포하고 신속하게 관세를 부과하는 데 근거로 활용되었다. 트럼프가 국가 비상사태를 선포한 사유는 무역 수지 적자가 최근 5년간 40% 이상 늘었다는 것이었다.

4월 2일 상호 관세 행정 명령으로 한국에는 25% 관세가 부과되었다. 25% 상호 관세율은 미국의 주요 교역 대상 국가들 중에서는 상당히 높은 수준이다. 상호 관세 발표 후 90일 유예 기간 동안 각국은 미국과 개별 협상에 임하고 있다. 한국은 트럼프 행정부에 의해 처음부터 쿼드 3개국(일본, 호주, 인도) 및 영

---

[4] 트럼프가 최초 발표한 EU 대상 상호관세율은 20%였으나 50%로 상향 조정했다. 이에 EU는 무역 보복을 경고했다. 유예 기간 내에 협상이 이루어지지 않을 경우 미국과 EU 간에는 관세 전쟁의 장기전이 펼쳐질 수도 있다.

국과 함께 최우선 협상 파트너(top targets)로 적시되었다. 가장 가까운 소위 동맹과의 합의부터 서두른 것은, 국가적으로 밀접한 관계를 맺고 있어 상대적으로 유리한 조건으로의 합의 도출이 쉬울 것이라는 미국의 판단 때문일 수 있다. 한국의 상호 관세 대상 품목은 2024년 미국의 한국으로부터의 상품 수입 가운데 566억 달러 정도로 추산된다.[5] 이 수치는 2024년 기준 대미 상품 수출액 1,278억 달러 가운데 상당히 큰 부분이라고 할 수 있다. 단 북미 자유 무역 협정(USMCA)을 통한 수입의 경우는 관세가 없다. 무역 확장법 제232조 관세 부과 대상 품목에 대해서도 상호 관세는 부과되지 않는다.

2) 품목별 관세

이상 상호 관세와는 별도로 품목별 관세도 부과되었다. 본격적인 품목별 관세 부과는 상호 관세에 앞서 3월 12일에 시작되었다. 이날 트럼프 행정부는 전 세계를 대상으로 철강 및 알루미늄 수입에 대해 일괄적으로 25%의 고율 관세를 부과했다. 부과의 근거는 미국 국내법인 무역 확장법 제232조였다. 이어서 3월 27일에는 다시 전 세계를 대상으로 자동차 및 자동차 부품의 수입에 대해 일괄적으로 25%의 관세를 부과했다. 근거는 마찬가지로 무역 확장법 제232조였다. 단 북미 자유무역협정을 통한 수입의 경우 자동차 부품에 대해서는 관세가 보류되었

---

5) 강구상 외 (2025).

고 완성차에 대해서는 미국산 물품 가치를 제외한 부분에 대해서만 적용이 이뤄지게 되었다. 트럼프 행정부는 전 세계를 대상으로 반도체와 의약품에 대해서도 향후 무역 확장법 제232조에 따른 관세 부과가 있을 것이라고 예고했다. 이 무역 확장법 제232조는 1962년 제정되었으며 미국이 해외 수입으로 인해 방위 목적상 위험이나 산업 위험에 직면할 경우 대통령이 재량적으로 관세를 부과할 수 있도록 한 규정이다.

한편 최근 들어 트럼프는 6월 3일 백악관 포고문을 통해 철강 및 알루미늄과 그 파생 제품에 대해 무역 확장법 제232조 관세를 6월 4일부터 기존 25%에서 50%로 인상한다고 발표했다. 인상의 근거는 25% 관세율로는 미국 철강 산업의 지속가능성이 국가 안보 수요에 부합하는 수준으로 확보되지 않는다는 것이었다. 철강 제품 등은 그렇지 않아도 중국의 과잉 공급으로 세계 시장의 주요 철강 업체들이 심각한 수익성 저하를 겪는 어려운 상황인데 이에 더해 미국은 제232조 품목별 관세를 대폭 인상함으로써 자국의 부담을 타국으로 다시 한 번 전가하는 형국이다. 그러나 이와 같은 트럼프 행정부의 결정에 대해 미국 내에서조차 정책 번복이 너무 잦고 즉흥적이어서 일관된 전략이 부재한 점을 비판하는 목소리가 나오고 있다. 정책의 예측 불가능성과 비일관성 때문에 미국의 세계 무역에 있어서의 리더십이 한층 더 약화되고 있다는 지적이다.[6]

---

6) 이후권 (2025).

3) 미국 내 반응

　미국 내 노동조합의 반응은 엇갈리는 가운데 대형 노동조합 중심으로는 트럼프 관세 정책이 가져올 보호 무역 효과에 대한 지지 움직임이 힘을 얻었다. 대표적으로 전미 자동차 노조(UAW)나 130만 트럭 운전사 노조인 팀스터스(Teamsters)의 지도자들이 적극적으로 지지하고 있다. 미국 최대 노조 단체인 미국 노동 총동맹-산별 회의(AFL-CIO)는 보호 무역을 지지한다는 원론적 입장을 견지하고 있으며 다만 캐나다에 대한 관세 부과에는 반대하고 있다. 노동조합이 아니라 소매 사업자나 소비자 단체들을 중심으로는 반대 입장이 확실하다. 전미 소매업 협회(NRF), 신발 유통업 협회(FDRA), 전국 레스토랑 협회(NRA) 등이 반대를 표명했다. 한편 경제학자들은 진보, 보수를 막론하고 모두 반대하고 있다.

　여기서 문제는 미국 노동조합의 트럼프 지지를 어떻게 볼 것인가이다. 미국 노동조합들의 트럼프 지지는, 미국이 탈(脫)산업화 과정에서 제조업 일자리를 아시아 등 국가에 뺏겼다는 인식과 트럼프 관세로 그것을 되찾아올 수 있으리라는 기대, 그리고 그들이 가진 조합주의적 인식을 반영한다. 그러나 이는 근린 궁핍화의 제국주의 정책을 지지하고 마는 결과라는 점에서 문제가 있으며 토론과 설득을 통해 비판을 받아야 한다.

　이와 관련해 작년에 국내에 진출한 독일계 외국인 투자 기업

말레베어가 한국 철수를 발표한 후, 독일 말레 모회사 측이 한국 노동자들에게 남겼다는 다음과 같은 발언을 상기할 필요가 있다. 당시 독일 자본은 "한국 공장을 폐쇄하지 않으면 유럽 노동자들을 정리 해고해야 한다"고 발언했다.[7] 자본의 노동에 대한 전형적인 분할 지배를 이보다 더 적나라하게 보여주는 표현과 태도가 또 있을까. 이번 트럼프 관세 역시 마찬가지다. 일자리를 놓고 단기적으로 미국 노동자들의 이해관계와 한국 노동자들의 이해관계가 대립하게 되는 것은 사실이다. 그러나 그와 같은 대립은 누가 만들었는가. 그것은 궁극적으로는 제국주의에 의한 자본의 세계적 배치 및 노동 지배의 소산이 아니겠는가.

따라서 본질적으로는 한국과 미국, 두 나라 노동자들이 서로를 적대시하는 방식으로는 문제를 해결할 수 없다. 정답은 반(反)제국주의 관점을 분명히 하면서 양국 노동자 계급이 함께 공존할 수 있는 길을 타협과 협상을 통해 찾아가는 데에 있을 것이다. 한국 자본의 공장을 빼앗아가고 한국 자본주의의 산업 기반을 파괴하고 한국 노동자들의 일자리와 생계를 파괴하는 것은 제국주의 미국이다. 미국 노동자들이 아니다. 미국 노동자들이 겪는 고충은 제국주의 미국이 정책을 잘못 해온 탓이라는 점을 설득해야 한다. 제국주의 미국이야말로 양국 노동자들의 공동의 적인 것이다.

---

7) 나원준 (2025).

3. 경제적 배경

1) 중국, 미국, 한국의 무역 수지 비교

중국은 15년여에 걸친 마라톤협상 끝에 2001년 연말에 세계 무역 기구(WTO) 회원국이 되었다. 중국을 자본주의 세계 체제 안으로 끌어들인 그 과정은 미국에 의해 주도되었다. 이후 중국은 한편으로는 다자주의 자유 무역 질서에 기대면서, 다른 한편으로는 거대한 국영 부문을 가진 혼합 경제 성격의 사회주의 시장 경제로서 경제 성장을 거듭해 왔다. 대륙의 잠재력은 미국의 당초 예상을 훨씬 뛰어넘는 것이었다. 일례로 구매력 평가(Purchasing Power Parity, PPP) 기준으로 측정한 국내 총생산(GDP) 규모에서 중국은 이미 2014년부터 미국을 앞질렀다. 〈그림 2〉에서 WTO 체제에 편입되던 당시만 해도 중국의 경제 규모가 미국의 40%에 그쳤다는 사실을 감안해야 한다.

〈그림 2〉 경제 규모 비교

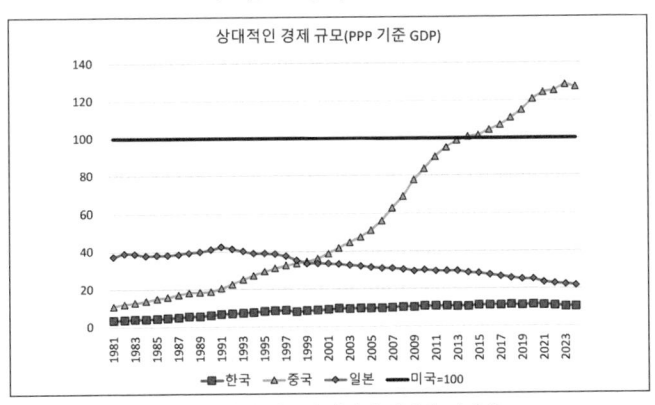

주 : IMF 및 한국은행 데이터에 기초해 필자가 계산한 결과임.

2024년 기준으로 한국은 미국의 10%, 일본은 22% 수준이고 중국은 127%이다. 표의 그래프를 살펴보면 2000년대 초에 중국 경제의 규모 확대에 있어 일종의 변곡점이 형성되었음을 알 수 있다. 이는 관리되는 개방 하에서 교역을 확대한 것이 중국 경제의 도약에 있어 결정적인 계기가 되었음을 시사한다. 이를 반영해 세계 수출액과 세계 수입액 가운데 중국이 차지하는 비중은 빠른 속도로 늘어 왔다. 그 점은 〈그림 3〉을 통해 확인할 수 있다.

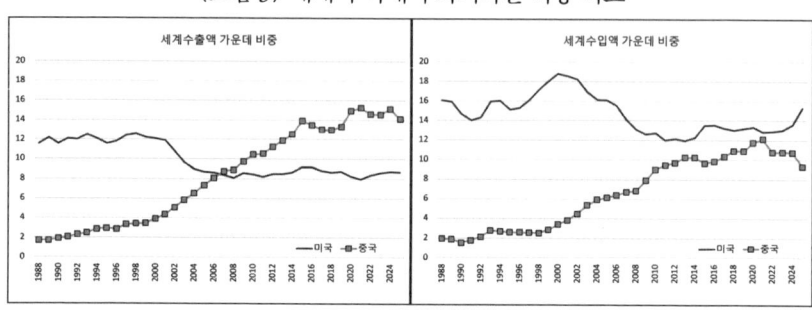

〈그림 3〉 세계 무역에서 차지하는 비중 비교

자료 : 한국무역협회 무역통계

중국의 경제 성장은 무역 흑자에 일정 정도 힘입은 것이었다. 반면 미국은 무역에서 흑자를 본 나라들이 미국 국채 매입에 나서는 자금 재순환(recycling) 구조 덕분에 지속적인 무역 적자 상태에서도 달러 패권을 유지할 수 있었다. 중국과 미국의 경상 수지와 상품 수지를 미국 GDP로 나누어 비교한 〈그림 4〉는 그와 같은 양국의 경제 특성 차이를 드러낸다.

<그림 4> 경상 수지 및 상품 수지의 비교: 미국과 중국

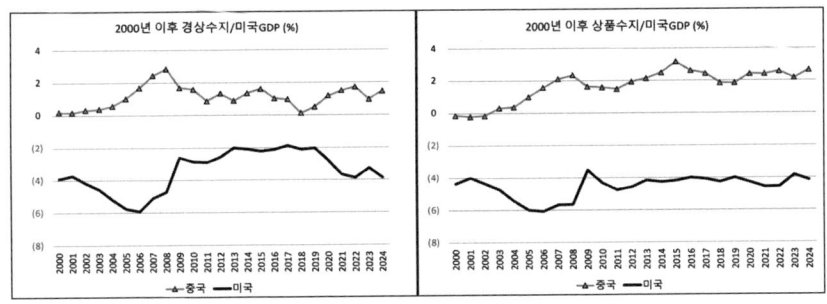

주 : IMF 및 한국은행 데이터에 기초해 필자가 계산한 결과임.

그러나 서비스 수지에서 미국은 2010년대에는 자국 GDP의 1.5%, 2020년대 들어서는 1% 대 흑자를 시현하고 있어 2010년대 이래로 서비스 수지 적자 상태가 이어지고 있는 중국과는 대조적이다. 미국은 상품 수지에서 4% 적자, 서비스 수지 1% 흑자로 둘을 더하면 약 3% 적자를 기록하는 중이다. 반면 중국은 상품 수지 2.6% 흑자, 서비스 수지 0.8% 적자로 둘을 더하면 약 1.8% 흑자이다.

<그림 5> 서비스 수지 및 소득 수지의 비교: 미국과 중국

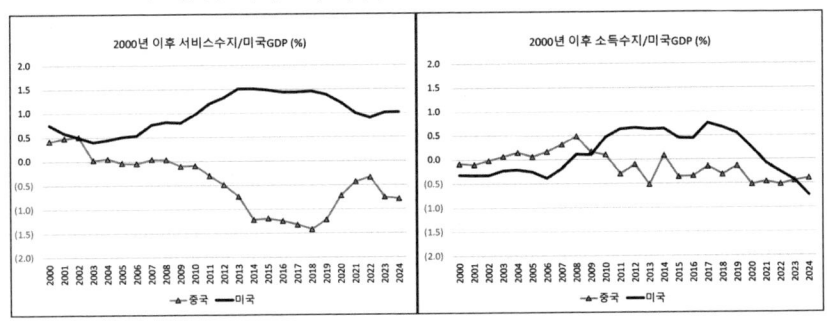

주 : IMF 및 한국은행 데이터에 기초해 필자가 계산한 결과임.

경상 수지와 상품 서비스 수지 사이의 차액은 소득 수지에 해당한다. 양국 모두 2023년과 2024년에 소득 수지가 마이너스 값을 보였다. 특히 미국은 최근 들어 급격히 소득 수지가 악화되는 추세이다. 전 세계적으로 자본 수출을 해온 미국은 비록 해외 자본의 미국 국채 투자를 위한 자국(미국) 내로의 대규모 재유입에도 불구하고 그간에 오랫동안 양(+)의 소득 수지를 보여 왔다. 그것은 미국 국채 수익률이 상대적으로 낮고 해외 자본 투자 수익률은 상대적으로 높았기 때문이다. 그러나 최근 들어 해외에서의 높은 자본 투자 수익률에도 불구, 누적된 국채 발행에 수반된 이자 부담 급증으로 소득 수지가 빠르게 악화되는 흐름이다.

트럼프 1기 이래로 미국은 중국에 대한 경제 봉쇄를 추진해 오고 있다. 이를 반영해 중미 간 교역 규모(수출+수입)는 소폭 감소하고 있다. 미국의 대(對)중국 무역 적자 역시 소폭 줄어들고 있다. 한편 미국의 對한국 무역 적자는 최근 늘어났다.

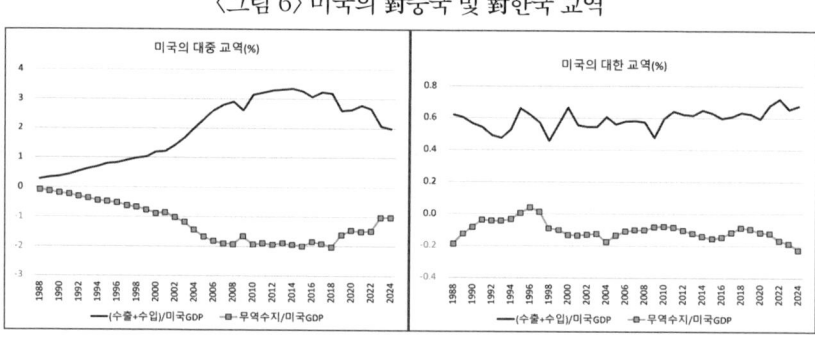

〈그림 6〉 미국의 對중국 및 對한국 교역

주 : IMF 데이터에 기초해 필자가 계산한 결과임.

무역 통계는 수치가 집계 기관마다 차이가 있으나[8] 추세 자체가 크게 다른 것은 아니다. 미국의 양대 교역 상대국 가운데 중국은 미국과의 교역 비중이 줄어들고 있고 반면 북미의 MCA(멕시코와 캐나다의 합)는 미국과의 교역 비중이 늘어나고 있다. 이에 따라 최근 미국의 對중국 무역 적자는 감소하고 있는 반면 MCA에 대한 무역 적자는 늘어나고 있다. 중국으로부터의 수입이 줄어들면서 한국으로부터의 수입이 늘어난 현상은 일정 부분 중국산 수입을 한국산 수입이 대체한 효과이다.

〈그림 7〉 미국의 각국 대상 무역 적자

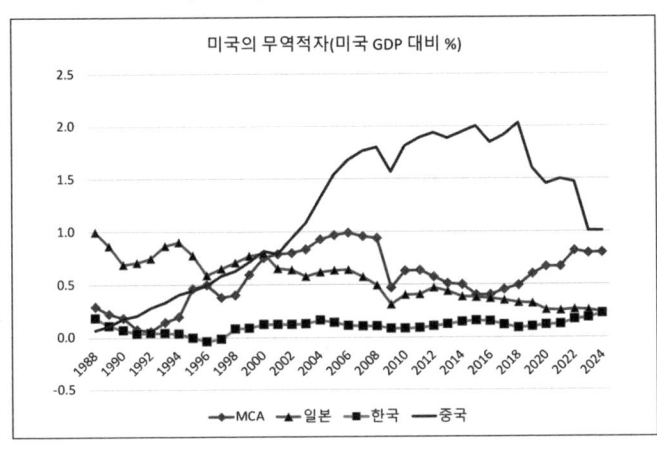

자료 : 미국 상무성(U.S. Department of Commerce)

---

8) 차이의 원인은 다양하지만 그중 가장 큰 원인은 통계마다 금액을 평가하는 방식이 달라서다. 수출 물품을 선박에 적재할 때 매겨지는 가격(FOB)을 기준으로 할 수도 있고, FOB에 해상운임과 보험료를 더한 가격(CIF)을 기준으로 할 수도 있다. 아울러 수출 물품이 선박에 적재되기 전 가격(FAS)으로 평가할 수도 있고, 과세 가격으로 평가할 수도 있다. 대표적으로 한국 관세청은 한국의 미국 수출은 FOB, 한국의 미국으로부터의 수입은 CIF 기준으로 산정한다. UN Comtrade의 경우 미국의 한국 수출은 FOB 방식으로, 미국의 한국 수입은 CIF 방식으로 계상한다. 따라서 후자의 유엔 국제 통계에서 CIF 방식인 한국의 미국 수출 금액은 FOB 방식인 한국 관세청 발표 금액보다 크다. 반대로 한국의 미국 수입은 유엔 통계보다 관세청 금액이 더 크다. 한편 미국 통계(USITC)는 미국의 한국 수출은 FAS 방식으로, 미국의 한국 수입은 과세 가격으로 계상하므로 또 다르다.

유엔 Comtrade 통계를 기초로 2024년 기준 미국의 한국에 대한 품목별 무역 수지를 정리한 결과는 〈표 2〉와 같다.

〈표 2〉 미국의 對한국 품목별 무역 수지

(단위 : 억 달러)

품목	무역수지	품목	무역수지	품목	무역수지
자동차·자동차부품	-429	전기·전자제품	-138	기계류	-96
반도체	-73	철강	-49	플라스틱 및 고무제품	-46
화학공업제품	-42	가전	-32	섬유·의복·가죽제품	-9
비철금속	-6	가구·조명	-6	무선통신기기	0
선박	0	의료·정밀·광학기기	17	농수산물	66
에너지 원자재	134	기타	10	전체	-699

자료 : UN Comtrade

한편 한국의 전 세계 대상 상품 수지와 서비스 수지, 그리고 對미국 상품 수지와 서비스 수지를 비교하면 〈그림 8〉과 같다. 2023년 기준으로 한국의 상품 수지는 미국 GDP의 0.14% 흑자, 서비스 수지는 0.1% 적자였고 그 중에서 對미국 상품 수지와 對미 서비스 수지는 각각 0.3% 흑자, 0.03% 적자였다. 2020년 이후 2023년까지 연평균 對미국 상품 수지는 0.17% 흑자, 對미국 서비스 수지는 0.05% 적자였다. 트럼프 행정부가 한국 측에 제기하는 무역 불균형은 전적으로 상품 수지와 관련된 것이다. 미국이 한국에 대해 서비스 흑자를 보는 부분은 논의 대상에서 제외되었다. 미국 측에 유리한 비대칭적 접근이 아닐 수 없다.[9]

---

9) 다만 OECD에서 집계하는 서비스 무역 제한 지수는 미국이 한국보다 꾸준히 낮아 보호 수준 자체는 한국이 상대적으로 높다.

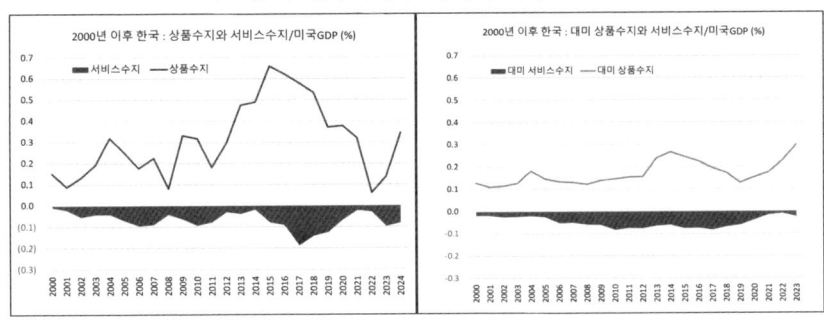

〈그림 8〉 한국의 상품 수지와 서비스 수지

주 : IMF 및 한국은행 데이터에 기초해 필자가 계산한 결과임.

2) 한미 간 자본 수출의 양상

〈그림 9〉를 통해 알 수 있듯이 미국의 對한국 금융 자산 투자나 직접 투자(FDI)는 각각 자국 GDP의 1.5%, 0.2% 수준에서 비교적 안정적으로 유지되고 있다. 반면에 한국의 對미국 금융 자산 투자와 직접 투자는 꾸준히 늘어나 2023년 현재 각각 미국 GDP의 3%, 0.8%에 근접한 수준이다. 금융 자산 투자는 2018년부터, 직접 투자는 2012년부터 순 흐름의 방향이 미국

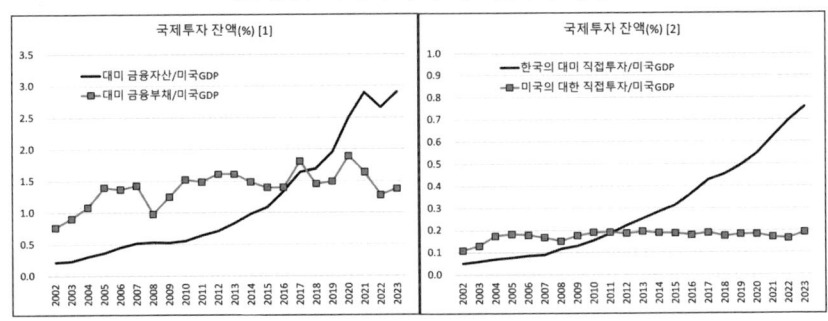

〈그림 9〉 국제 투자 추이 : 한국과 미국

주 : 한국은행 지역별 국제투자대조표를 활용해 필자가 계산한 결과임.

에서 한국으로 향하던 것이 거꾸로 한국에서 미국으로 향하는 것으로 바뀌었다.

제국주의의 고전 이론에 따르면 전통적인 제국주의 국가는 주변부 국가나 종속국을 대상으로 자본을 수출한다. 이는 제1차 세계대전 이전까지의 역사적 경험을 표준으로 삼은 이론인데, 제2차 세계대전 후 자본주의 세계에서 미국이 유일 강대국이 되면서 현대 제국주의는 전통적인 제국주의와 여러 측면에서 성격에 변화를 겪었다.[10] 물론 미국은 해외에 자본을 수출해 투자 수익을 올리는 나라이다. 그러나 더 이상 경상 수지에서 흑자를 보고 그 흑자 자금으로 해외에 자본을 수출할 수 있는 나라는 아니다.

한국은 미국의 군사적 보호국으로서 한편으로는 정치 경제적 종속국이지만 다른 한편으로는 미국 자본주의에 대한 후발 경쟁 국가로서 21세기 들어서도 최근 코로나19 위기 극복 시점까지만 해도 느리지 않은 속도로 성장해 왔다. 그러나 미국의 세계 경제에서의 지위와 역할은 부침을 거듭하면서도 대체로 완만하게 쇠퇴하는 추세에 있으며 특히 21세기 들어 그와 같은 쇠퇴 흐름이 뚜렷해지고 있다. 2010년대 한미 간 국제 투자 흐름의 변화는 탈(脫)산업화를 수반한 미국 경제의 그와 같은 지배력 약화와 무관하지 않을 것이다.

---

10) 현대 제국주의로서 미국이 보여주는 국제 자본 흐름상의 특성에 대해서는 Hudson (2021), 나원준 (2023) 등을 참고할 수 있다.

그림에서 분명히 드러나는 사실은, 트럼프 행정부는 한국 자본이 미국 현지에 투자를 늘릴 것을 요구하고 있으나 이미 한국은 상대적인 기준에서 따지면 충분한 규모로 미국에 투자하고 있다는 점이다. 전임 바이든 행정부도 그 점에서는 현 트럼프 행정부와 다를 바 없다. 한국 정부는 한미 관세 협상 과정에서 이와 같은 현실을 충분히 강조할 필요가 있다. 〈표 3〉에서 확인할 수 있듯이 2024년 기준으로 한국의 최대 직접 투자 대상국은 미국이다. 14년째 최대 투자 대상국이 미국이다.

〈표 3〉 2024년 한국의 해외 직접 투자

(단위 : 억 달러, %)

순위	국명	직접 투자 금액	비중
1	미국	221	34.5
2	케이만 군도	66	10.4
3	룩셈부르크	60	9.4
4	캐나다	38	5.9
5	싱가포르	27	4.2
합계		640	100.0

자료 : 한국수출입은행

4. 트럼프 정책의 모순

1) 관세와 물가

관세는 수입품 가격을 기준으로 부과되며 수입업자가 수입국 정부에 납부하는 방식으로 1차적으로 부담한다. 그런데 관세가 인상되면, 보통은 수입업자와 수출업자 간 협상을 거쳐 서로 부담을 나누게 된다. 협상력이 상대적으로 약한 수출업자라면 수출 가격을 어느 정도 낮춰야 하는 것이다. 지난 2018년

-2019년 트럼프 1기 당시 미국의 對중국 관세는 3%로부터 21%로 평균적으로 18%포인트 인상된 것으로 알려져 있다. 당시 중국 수출업자는 수출 가격을 2% 낮췄다. 관세 인상분 가운데 나머지 16%포인트에 해당하는 부분은 미국 수입업자와 미국 소비자들이 부담을 나누었다.[11]

그런데 미국 수입업자도 꼭 이 16%포인트 전체를 수입품 가격에 반영시킬 수 있는 것은 아니다. 해당 상품 시장을 독점적으로 지배하고 있다면 16%포인트 전체를 수입품 가격에 반영시킬 수 있다. 하지만 보통은 그렇지 않다. 따라서 경쟁업체에 맞서 점유율을 지켜야 하는 점, 가격 상승으로 수요가 줄어드는 점을 고려해 이를테면 16%포인트의 80% 정도만 가격 상승에 반영하고 20%는 자체 부담하는 경우가 있다. 일반적으로 관세와 물가의 관계는 구체적인 업종, 업체에 따라서는 매우 상이한 양상을 띨 수 있다. 예컨대 미국 내 시장이 상당히 경쟁적이어서 점유율 유지가 극히 중요하다면, 그 경우 수출업자가 관세 인상에도 불구하고 제품 가격을 거의 못 올리는 일도 벌어질 수 있다.

실제로 트럼프 1기 당시 수입품 가격은 앞에서 언급한 16%포인트 전체를 모두 반영해 오르지는 않았다. 가격 상승분만큼은 미국 소비자들이 부담한 셈이고 관세 인상분 중 수출 가격

---

11) Bown (2025).

인하나 수입 가격 인상에 반영하지 못한 만큼은 수입업자가 부담한 셈이다. 결국 대략적으로는, 관세 인상에 따른 상품 가격 상승이 지난 트럼프 1기 기준으로 11%는 중국 부담, 18%는 미국 기업 부담, 71%는 미국 소비자 부담으로 귀착된 것으로 파악된다.

2) 트럼프 관세 및 환율 정책의 목표와 모순

트럼프 관세 정책의 목표는 세 가지이다. 그것은 ① 무역 적자 감소, ② 재정 적자 감소, ③ 제조업 부흥이다. 이 중 ①과 ②는 3~5년 정도의 기간을 염두에 둔 중기 시계에서의 목표인 반면 ③은 상당한 기간이 소요될 수밖에 없는 장기 목표라고 하겠다. 트럼프 행정부는 어떤 논리에 근거해 이들 세 가지 목표를 관세로 달성할 수 있다고 보는 것일까. 여기서는 우선 ① 무역 적자 감소, ② 재정 적자 감소의 두 가지 목표가 실현 가능한지부터 검토한다.

먼저 고율 관세를 부과하면, 수출은 상대적으로 일정한 가운데 수입이 줄어들 것이라는 예상이 가능하다. 그렇다면 무역수지는 수출에서 수입을 차감한 것이므로, 곧 관세 인상이 무역 적자를 줄일 수 있음을 알 수 있다. 그렇다면 트럼프 관세 정책은 일단 ① 무역 적자 감소라는 목표를 달성할 수 있을 것처럼 보인다.

미국 정부는 해외로부터의 수입에 대해 관세 세수를 벌어들인다. 그런데 해외로부터의 수입 금액이 일정하다고 가정하면, 관세율이 낮을 때보다 높을 때 관세 세수가 더 커질 것이다. 이 경우 만약 재정 지출의 규모가 일정하다고 하면, 관세 세수가 늘어난 것 때문에 미국의 재정 수지는 개선될 수 있다. 재정 적자가 줄어드는 것이다. 그렇다면 트럼프 관세 정책은 ② 재정 적자 감소라는 목표도 달성할 수 있을 것처럼 보인다. 적어도 ① 무역 적자 감소, ② 재정 적자 감소의 두 가지 목표는 트럼프 관세 정책으로 이룰 수 있을 것만 같다.

　그런데 이상의 논리에는 문제가 있다. ① 무역 적자 감소의 목표를 달성하려면 실제로 미국의 해외로부터의 수입이 줄어야 한다. 수입이 줄어야 무역 적자가 줄어들기 때문이다. 그런데 한번 생각해 보자. 수입이 줄어든다면, 이로 인해 미국 정부가 벌어들일 관세 세수도 줄어들지 않을까? 우리는 앞에서 관세율을 올릴 때 해외로부터의 수입이 일정하다는 가정 하에서 바로 그 경우에 ② 재정 적자 감소가 가능함을 살펴보았다. 하지만 ① 무역 적자 감소의 목표를 달성하려면 반드시 해외로부터의 수입이 줄어야 한다. 따라서 ① 무역 적자 감소의 목표에 성공할 경우 ② 재정 적자 감소의 목표는 성공할 수 없게 된다.

　반대의 경우도 얼마든지 따져볼 수 있다. 만약 관세 세수가 충분히 늘어 ② 재정 적자 감소의 목표에 성공했다고 하자. 그런데 해외로부터의 수입이 줄어든 상태로는 관세 세수가 충분히 늘어나기 어렵다. 즉 ② 재정 적자 감소의 목표에 성공하려면, 해외로부터의 수입이 많이 줄어 들어서는 안 된다. 그렇다면 ① 무역 적자 감소의 목표는 성공하기 어렵다. 요컨대 ①의 목표에 성공하면 ②의 목표는 성공하기 어렵고 거꾸로 ②의 목표에 성공하려면 ①의 목표는 포기해야 할 수 있는 것이다. 이와 같이 ① 무역 적자 감소와 ② 재정 적자 감소의 두 가지 목표는 관세라는 단일 정책 수단으로는 동시 달성이 불가능하다.

더욱이 어느 한 나라가 고율 관세를 부과하면 무역 상대국의 보복을 불러와 관세 전쟁이 벌어지기 쉽다. 최근에도 EU, 중국, 캐나다 등은 트럼프의 고율 관세에 맞서 미국산 수입품에 대한 관세를 대폭 인상했거나 인상할 계획에 있다. 이와 같이 상대국 역시 관세율을 인상하게 되면 수입뿐만 아니라 수출도 줄어들면서 당장 ① 무역 적자 감소의 목표조차 달성이 어렵게 된다. 한편 트럼프 행정부가 최근 의회 하원에서 통과시킨 세법 개정안이 상원까지 통과하게 되면 대폭의 부자 감세가 시행될 것이다. 관세 세수가 설령 늘어난들 내국세 세수가 줄어든다면 ② 재정 적자 감소의 목표를 달성하는 것도 요원해진다. 즉 고율 관세와 내국세 감세 정책으로는 ① 무역 적자 감소도, ② 재정 적자 감소도 달성하기 어려운 것이다.

한편 트럼프 정책은 관세와 감세 이외에도 환율 조정까지 포함하고 있다. 트럼프 행정부가 현 시점에서 무역 상대국들의 정책적 협조를 강제해 인위적으로 달러의 평가를 낮추는 경우,

달러로 가격이 표시된 상품의 국제 시장 가격이 상대적으로 저렴해지므로 수출은 늘고 수입은 줄어 ① 무역 적자 감소의 달성에 도움이 될 수 있다. 그러니까 과거 1985년에 강제로 일본의 무릎을 꿇리며 단행했던 플라자 합의(Plaza accord)를 반복함으로써 달러의 평가를 다시 한 번 떨어뜨린다는 복안이다. 제2의 플라자 합의인 셈이다. 그런데 정말 미국의 의도대로 순탄하게 그렇게 될까?

먼저 관세 인상과 내국세 감세, 달러 평가 절하는 세 가지 모두가 미국의 자국 내 인플레이션을 유발하기 쉬운 점에 대해 주의해야 한다. 관세 전쟁으로 경기 침체가 임박한 가운데 인플레이션이 닥쳐올 것이라는 경고가 실제로 여러 전문가들에 의해 제기되고 있다. 경기 침체와 인플레이션이 겹치면 스태그플레이션(stagflation)이 된다. 미래는 불확실하지만, 지금 세계 경제가 맞고 있는 이 순간은 미국이 경제 위기의 수렁 속으로 제 발로 걸어 들어가는 순간일 수도 있다.

다음으로 과거 플라자 합의의 결과로 일본 경제는 타격을 입었지만 그렇다고 해서 미국의 무역 수지가 실제로 개선되지는 않았던 역사를 상기할 필요가 있다. 동맹국들에게 환율 변경을 강제하더라도 실제로는 미국 산업의 자체 경쟁력이 근본적으로 개선되지 않는 이상 무역 수지가 원하는 방향으로 변하지 않았던 것이다. 그렇다면 환율 조정으로 ① 무역 적자 감소의 목표를 달성할 수 있다는 보장은 없는 셈이다.

제2의 플라자 합의가 추진된다면, 그래서 이미 미국에 의해 환율 관찰 대상국으로 지목된 한국, 일본 등이 억지로 자국 통화의 평가를 달러에 비해 끌어올린다면, 그렇게 약달러를 조성한다면 한국이나 일본에는 국내적으로 어떤 일이 벌어질까. 한 가지는 분명히 말할 수 있다. 원화 평가를 높게 유지하려면, 즉 환율을 일정 기간 이상 억누르려면, 한국은행으로서는 기준 금리를 인하하기 어렵다는 것이다. 국내 경제 사정과 무관하게 오직 미국의 의지 때문에, 국내 경제에 어떤 희생이 따르더라도 그것을 감수한 채 미국이 약달러를 선호한다는 이유만으로 통화 정책의 자율성을 한국 국가 스스로 억제하고 마는 결과가 빚어지게 된다. 밑바닥 서민 경제부터 이미 급격히 침체된 가운데 한국 민중은 고금리의 노예 신세를 벗어나지 못할 수 있다.

인위적인 평가 조정은 비록 불확실성은 크지만 만에 하나 또 다른 결과를 수반할 수도 있다. 과거 미국은 1985년 플라자 합의로 달러 가치를 떨어뜨렸지만 무역 적자가 줄어들지 않자 십 년 뒤에는 이번에는 역(逆) 플라자 합의(reverse Plaza accord)를 강제해 일본, 서독 등 국가의 통화에 대한 평가를 인위적으로 떨어뜨리고 강달러로 복귀했다. 그런데 갑자기 달러 가치가 오르자, 일본에서 자금을 조달해 아시아에 투자하고 있던 투기 자본들이 아시아 자산을 팔고 달러 자산 매입으로 급선회했다. 그 과정에서 첫 번째로 타격을 입은 것이 태국 바트화였고 그 영향은 결국 한국으로 확산되었다. 그렇게 당시 한국은 IMF 외환 위기의 나락으로 빠져 들었다. 비슷한 일이 반복되지 않는다는 보장은 없다.

요컨대 고율 관세 부과와 부자 감세, 환율 평가 절하와 같은 조치의 결과는, 무역 적자나 재정 적자를 줄이는 것이 쉽지 않은 가운데 교역 위축과 불확실성 확대에 따른 고용 감소에 물가 불안이 겹치면서 상당한 경제 불안정만 초래할 수 있다는 것이다.

그렇다면 ③ 제조업 부흥의 목표는 어떤가. 제국주의와 독점 자본의 이해관계에 복무하는 학문으로 전락한 신고전파 경제학 이전만 해도 일찍이 아담 스미스 이래로 경제학, 즉 정치경제학의 교훈은 '국가 자본주의(national capitalism)' 내지는 '혼합 경제(mixed economy)'라고 이름 붙일 수 있는 정책들, 즉 공공 투자를 늘리고 노동 생산성을 향상시키며 독점에 의한 폐해는 최소화하는 정책이 경제의 건강한 발전과 민중 생활의 향상을 가져온다는 것이었다. 그리고 그와 같은 정책은 완전한 자유 무역과는 조화되기 힘들다는 것이 정설이다.[12] 미국도, 독일도 영국에 대한 후발 주자로 도전하는 입장이었던 시절 고율 관세로 보호 무역을 추진하면서 국내적으로 공공 투자를 늘린 바 있다.

---

12) 장하준 (2002/2020, 2006).

트럼프가 위대한 미국으로 칭송하는 시대는 남북 전쟁 전후부터 1913년 연방 소득세 도입 이전까지의 19세기 고립주의의 시대이다. 이 시기에는 국가적으로 산업화를 적극 추진하면서 보호 관세를 높은 수준으로 유지했다. 최상위 부자들이 누진 소득세를 부담하지 않는 가운데 재정 자원 가운데 적지 않은 몫을 관세로부터 충당하기도 했다. 관세는 수입품에 대해 부과하므로 앞에서 살펴보았듯이 결국 최종적으로는 조세 부담의 상당 부분이 국내 소비자들에게 전가될 수 있다. 트럼프에게 위대한 미국은, 부자는 과세하지 않고 다수의 노동자 서민들에 대해 과세하던 미국인 셈이다.

그런데 미국이 당시 영국을 추격하면서 결합 발전에 성공할 수 있었던 요인은 (1) 보호무역과 산업 정책으로 유치산업을 육성했고, (2) 재정 자원을 통신, 운하, 철도 등 기반 시설 확충과 교육, 보건 등 공공 서비스에 집중함으로써 노동자 가구의 생계비를 낮추고 기업의 비용 부담을 줄였던 데에 있었다. 부자가 세금을 내지 않았던 것이나 그 대신 관세로 세입을 마련했던 것에 성공 요인이 있었던 것이 전혀 아니라는 사실이 중요하다.[13]

그렇다면 미국은 그 이후 왜 탈산업화했고 왜 공장이 수도 없이 버려지게 되었는가. 산업 강국의 지위는 무엇을 요구하는

---

13) Hudson (2010, 2025).

가. 그 답을 위해서는 여러 요인들이 종합적으로 고려되어야 하겠지만, 그 중 한 요인은 제4의 생산 요소로 일컬어지는 공공 서비스와 공공 인프라가 미국 사회에서 점점 더 부족해지고 열악해진 것과 관련이 있다는 것이 진보적인 경제학자들의 공통된 의견이다. 미국 경제는 내수 서비스 부문 외에는 설계 등 고부가가치 영역에 집중하는 첨단 기술 부문과 해외 생산 경제에 기생해 달러 패권에 기초한 지대를 추출하는 금융 부문, 750개의 군사 기지로 유라시아를 포위하며 언제든 제국의 열망을 실현시킬 무력을 제공하는 군산복합체 연관 부문 중심으로 산업이 구조화되어 있다. 그런데 지난 수십 년간 미국은 주택, 교육, 보건, 연금 등 공적인 공급이 가능한 서비스를 민영화함으로써 금융 자본에게 지대 추출의 기회를 늘려 주었다. 그 과정에서 미국 자본주의는 고비용 경제로 전락하고 말았다. 미국은 전 세계에서 민영화와 금융화의 수준이 가장 높은 나라이다. 고비용 경제에서 기업들은 경쟁력을 상실했고 중산층이 약화되면서 소득 양극화가 전례 없는 수준으로 확대되었다.[14]

트럼프 행정부 정책의 문제는 현재 추진되는 것과 같은 정책 패키지로는 미국 산업이 경쟁력을 상실한 진짜 이유를 전혀 해결할 수 없다는 데에 있다. 관세를 높이고 부자 감세를 하고 달러 가치를 떨어뜨리는 식으로는 미국 경제의 고비용 구조를 전혀 바꿀 수 없다. 오히려 인플레이션만 자극해 고비용 구조를

---

14) 허드슨 (2022/2023).

더욱 악화시킬 수 있는 거꾸로 가는 정책이다. 단, 방법이 아예 없는 것은 아니다. 다른 나라한테서 뺏어오면 되기 때문이다.

3) 트럼프 관세 논리의 또 다른 오류들

트럼프 관세의 논리는 백악관 경제 자문 위원장 스티븐 미런(Stephen Miran)이 제공한 것으로 알려져 있다.[15] 그러나 그 경제학적 기초는 매우 취약하다. 대표적으로 '트리핀 딜레마(Triffin's dilemma)'의 해석 문제를 들 수 있다. 트리핀 딜레마는 미국이 무역 흑자를 보면 기축 통화인 달러의 해외 공급 부족으로 세계 경제가 원활히 운영되기 어렵고 반대로 무역 적자를 보면 달러 가치가 하락해 기축 통화에 대한 신뢰가 흔들리는 모순에 처한다는 가설이다. 미런은 이 가설을 근거로 외국 중앙은행들이 자국 수출을 늘릴 목적으로 미국 국채를 매입해 달러 강세를 조장했고, 그것이 원인이 되어 미국은 산업이 경쟁력을 잃고 무역 적자라는 희생을 결과적으로 감수해왔다고 주장한다. 그러나 이런 해석은 정작 인과 관계도, 사실 관계도 틀렸다.

먼저 인과 관계가 틀렸다. 미런의 가설은 원인을 결과 자리에, 결과를 원인 자리에 잘못 둔 해석이다. 정확하게 따지면 산업 경쟁력 저하와 군비 지출로 인한 무역 적자 지속이 원인이

---

15) Miran (2024).

고 그렇게 달러를 벌어들인 해외 민간 금융 회사들이 미국 국채를 매입한 것이 결과라고 봐야 옳다.[16] 다음으로는 사실 관계도 틀려 경제사학자 마이클 보르도(Michael Bordo) 등은 2015년부터 2024년까지 최근 10년간 미국의 경상수지 적자는 국내총생산 대비 평균 2.8%였던 반면 외국 중앙은행 등의 달러 매입 규모는 겨우 0.16%에 불과해 둘 사이에 연관을 찾기 어렵다고 보고했다.[17]

그뿐만 아니라 트럼프 관세의 논리는 통상 정책에 있어서의 상호주의를 왜곡하고 있기도 하다. 과거 브레턴우즈 체제가 국제경제 관계에 있어 훗날 신자유주의보다 상대적으로 진보적이었던 이유는 그것이 미국 뉴딜의 계승이라는 성격을 일부 갖고 있었기 때문이다. 루즈벨트의 1934년 호혜 관세법은 미국의 전통적인 고율 관세 고립주의 전통을 저율 관세 국제주의로 전환시킨 역사적인 계기였다.[18] 뉴딜의 철학이 지향했던 것이 바로 국가에 의해 관리되는 자유 무역이었다. 호혜 관세법은 양국 간 품목별 교섭을 중요시했고 양허는 국내 생산자와의 경합이 제한적인 품목만을 대상으로 했다. 그 점에서 뉴딜의 관리된 자유 무역은 자유 무역의 틀을 유지하면서도 자국 산업에 대한 국민 국가의 보호책임을 방기하지 않으려는 노력이었다.

---

16) Roberts (2025a).
17) Bordo and McCauley (2019, 2025), Bossone (2025).
18) Dornbusch and Frankel (1983), Schneitz (2000), 정재환 (2010).

뉴딜의 관리된 자유 무역에서는 최혜국 대우(Most-Favored Nation, MFN)의 원칙도 존중되었다.[19] 최혜국 대우 원칙은 곧 비차별 원칙으로서 1947년 관세 무역 일반 협정(GATT)의 제1조에 규정된 최혜국 대우 조항에 따른 그 정의는 "어떤 계약 당사국이 특정 국가의 상품에 대해 부여한 이점, 혜택, 특권 또는 면제는 모든 다른 계약 당사국의 유사한 상품에도 즉각적이고 무조건적으로 동일하게 부여되어야" 한다는 것이었다. 최혜국 대우에 대해 혹자는 자유 무역의 이념을 대표한다고 강변하기도 하지만 꼭 그런 측면만 있는 것은 아니다. 자유 무역을 따지기 앞서 이 조항은 어떤 나라도 편애나 배제의 대상이 되어서는 안 되고 모든 무역 참가국이 차별 없이 대우받아야 하며 그런 맥락에서 가장 우대받는 국가와 동일한 수준의 시장 접근이 누구에게나 보장되어야 한다는 뜻이다. 뉴딜의 상호주의에서는 나라에 따라 관세를 차별적으로 부과하는 조치는 위법한 것으로 간주했다. 최근 트럼프가 전 세계에 강제하고 있는 상호주의와는 정반대이다.

뉴딜과 GATT에서는 각국의 경제 발전 차이와 국내 정책의 요구가 일정 부분 고려되었기에 상호주의적 접근에서도 국가들은 서로 절대적으로 동일한 시장 접근 조건을 제공할 의무는

---

19) 최근 대중을 상대로 언론 매체에 실리는 글들을 보면 최혜국 대우 원칙에 대해 동 원칙이 마치 1934년 호혜관세법 이후에 등장한 것처럼 잘못 소개하는 경우가 있다. 그러나 이는 사실과 다르다. 조건 없는 최혜국 대우 원칙은 1860년 영국과 프랑스 사이의 콥든-슈발리에 조약(the Cobden-Chevalier treaty)에 역사적 기원을 두고 있으며 뉴딜의 1934년 입법에서도 최혜국 대우 원칙이 존중되었다. 콥든-슈발리에 조약과 최혜국 대우 원칙 간 관계에 대해서는 최근에 Baldwin and Navaretti (2025)를 통해서도 설명되었다.

없었다. 이를테면 최혜국 대우에 따를 때 한국은 자동차 수입에 있어 모든 나라에게 동일한 관세율을 적용해야 한다. 그러나 그렇다고 해서 한국의 자동차 수입 관세율이 미국의 그것이나 일본의 그것과 동일해야 하는 것은 아니다. 이런 방식으로 개발도상국은 선진국보다 높은 관세율, 높은 비관세 장벽의 부과에 대해, 즉 시장 접근을 더 어렵게 하는 것에 대해 허용되어 온 것이다.

그런데 트럼프 정책은 한국의 관세, 비관세 장벽이 미국의 그것과 아예 절대 수준에서 똑같아야 하므로 상호관세를 부과한다는 주장을 바탕에 깔고 있다. 이는 상호주의가 본래 가지고 있던 의미에 대한 전적인 왜곡이다. 더욱이 양국 간 관세 및 비관세 장벽의 절대 수준을 일치시키는 과정에서는 결국 미국을 중심으로 국제 교역 질서가 재편되고 만다. 모든 KTX가 서울이 기점 내지는 종점이듯, 모든 나라간 교역도 미국이 기점 내지는 종점이 된다. 미국의 일방주의가 그렇게 관철되는 것이다. 이젠 미국을 기준으로 나라마다 관세에 차별이 생긴다. 상호주의가 원래 내포하고 있던 비차별 원칙을 트럼프 2기 행정부에서는 차별 원칙으로 둔갑시킨 결과이다. 이것이야말로 최혜국 대우 원칙을 정면으로 위배하는 것이다.

5. 트럼프 정책과 제국주의 미국의 근본 동기

1) 이론적 측면

칼 마르크스는 1857년 저작 그룬트리세에서 자본주의 생산 관계의 모순은 세계 시장이라는 가장 큰 무대에서 가장 발전된 형태인 '생산하는 국가들 사이의 관계'로 현상한다고 썼다.[20] 세계 경제는 자유 무역이나 세계화, 패권 국가에 의해 통일된 하나의 조화로운 시장처럼 간주할 수 없다. 자본주의 국제 관계는 갈등과 부조화로 균열된 것을 특징으로 한다.

세계 자본주의 체제 발전의 원리인 불균등 결합 발전은 러시아의 혁명가 트로츠키가 그의 저작 러시아 혁명사 제1장에서 처음 정식화[21]했지만 후대 연구에 따르면 이미 마르크스와 엥겔스의 저술 곳곳에서 그 단초가 발견되는 마르크스주의 정치경제학 개념이다. 이른바 전후 자본주의의 지정치경제학(geopolitical economy)에서도 라디카 데사이(Radhika Desai)를 위시한 연구자들에 의해 그 중요성이 강조되고 있다. 여기서 지정치경제학이란 국제 관계의 동학을 경제적 요인과 국가 간 권력 관계, 국내 정치적 요인의 복합적인 관점으로 설명하려는 마르크스주의 분야이다.

---

20) Marx (1858/1973), p. 804, 국문 번역으로는 맑스 (1858/2000), p. 37의 해당 부분이다.
21) 트로츠키 (1931/1989).

자본주의의 지정치경제학을 이끄는 동인은 수요 부족이나 이윤율 저하와 같은 자본주의 체제의 모순이다. 자본주의 국가들이 그 내부적 모순의 결과를 외부로 전가할 때, 자본주의 모순은 국가 간 관계를 통해 가장 완전하고 발전된 형태로 현상한다. 이제 자본주의이든 아니든 국가들은 다른 자본주의 국가의 모순의 결과가 자신에게로 전가되는 것에 맞서 저항한다. 그와 같은 상호 작용의 합이 불균등 결합 발전이라는 지정치경제학의 동학을 형성한다. 그리고 그것은 국내 정치경제에 다시 반작용한다. 그렇게 양자의 역사적 공진화가 일어난다.[22] 단, 여기서 불균등 결합 발전은 선진 산업국과 신흥 경제 사이의 격차를 벌리는 불균등 발전과 불균등성을 완화하는 결합 발전의 상반된 계기를 포괄한다.

과거 영국은 대영제국 내에서 식민지에 일방적인 자유 무역을 강요함으로써 식민지들을 영국 자본주의의 과잉 생산과 과잉 자본을 해소하는 배출구로 삼았다. 식민지 무역에서 벌어들인 흑자가 파운드 스털링의 세계 화폐로서의 지위 및 제국으로서의 지위 유지를 지원했다. 세계 경제에서 하나의 경제 단위처럼 움직이는 대영제국 내에서 식민지는, 영국한테는 또한 내부 생산 기지로서의 성격도 있었다. 대영제국은 모든 것을 가졌던 제국이었다.

---

22) 데사이 (2013/2025).

반면에 두 차례 세계 대전을 거친 후 유일 패권 국가의 지위에 오른 미국으로서는 세계 각지에서 민족 해방 운동이 고양되면서 식민지를 유지하기에는 너무나 비용이 컸다. 더 이상 대영제국과 같은 제국을 거느릴 수는 없었다. 이에 미국은 영국 파운드를 달러로 대체하는 기능적인 방식으로 영국의 지위를 계승하고자 했다. 지정치경제학이나 마르크스주의 국제 관계론 문헌에서는 미국의 제국주의로서의 행동의 배후에는 영국을 모방하려는 동기가 짙게 작용해 왔으며 미국은 영국과 달리 완성된 제국을 가져본 적이 없다는 점이 강조되곤 한다. 기실 미국은 영국이 가졌던 것을 갖지 못했다. 자본주의 세계를 연이어 지배해온 두 제국인 영국과 미국은 그렇게 너무나도 달랐다.

신자유주의 세계화 국면으로 접어들면서 미국 경제는 지대 추구의 금융 자본주의로 변모했다. 탈산업화가 진행되었다. 그런 가운데 대외 적자 폭이 두드러지게 커졌다. 그런 상황에서도 달러가 세계적 지위를 유지할 수 있었던 것은 전술한 바와 같이 어디까지나 석유 파동을 거친 이후 형성된 달러 재순환 구조 덕분이었다. 대미 무역 흑자를 본 나라들이 유일한 국제 준비 자산인 달러 표시 자산으로 저축을 수행한 때문이었다. 여기서 강조하고자 하는 바는 두 가지이다. 첫 번째는 미국으로서는 달러와 달러 표시 국채를 찍어내는 것만으로도 국제 수지 적자를 충당할 수 있게 되면서 그동안 '터무니없이 과도한 특권(Exorbitant privilege)'을 누려 왔다는 사실이다. 따라서 전 세계의 대미 수출국들이 그 구조 속에서 미국을 수탈해 왔다는 트럼프 행정부의 주장은 비정상적인 음모론 수준의 날조 이상이 아니다.

두 번째 강조하고자 하는 바는, 그동안 국채 발행을 남발함에 따라 미국 연방 정부의 빚이 눈덩이처럼 불어난 가운데 기존의 자본 흐름이 더 이상 구조적으로 지속 가능하지 않으리라는, 트럼프를 앞세운 이들 사이에서 내려졌을 만한 판단에 관한 것이다. 이는 제국주의 미국의 전략 변경으로 이어지는 요인이므로 중요성이 결코 덜 하지 않다. 식민지도 없고, 산업 경쟁력도 취약해진 미국으로서는 패권 지속을 위한 목표로 영국을 닮은 완성된 제국으로의 마지막 도약을 지향할 수 있다. 그런데 제국의 완성을 위해서는, 국제 무역과 투자의 흐름을 지금과는 완전히 다른 모습으로 재편하려는 기획이 요구되었다.

트럼프 정책이 추구하는 장기적인 목표인 제조업 부흥은 과거 영국에 무역 흑자를 안겨주었던 제국 내부의 생산 단위를 자국 영토 내부에, 내지는 북미의 자국 영향권 안에 건설하려는 것에 다름 아니다. 그 방향이 어쩌면 만성적인 무역 적자에 지친 현실의 미국을 근본적으로 변화시키는 길이라고 판단했을 수 있다. 그런데 미국은 어떻게 해야 생산 단위를 제국 내부에 건설할 수 있을까. 방법이 아예 없지는 않다. 그것은 어쩌면 오늘날에는 오직 제국주의 미국만 시도할 만한 방법으로, 한마디로 다른 나라의 생산 능력을 가져오는 것이다. 미국 바깥의 제조업체들은 관세를 부담하면서 자국 생산을 할 게 아니라 미국 내로 생산 단위를 옮겨오라는 상무장관 하워드 러트닉의 거듭되는 촉구에서 확인되듯 지금 미국은 세계 제조업 역량을 자국 내부로 끌어 모으고 있다. 종속국의 생산 기지를 옮겨 오는 방식이 시도되고 있는 것이다. 이것이 자본의 자발적인 본국 회귀를 의미하는 온쇼어링이나 리쇼어링이 아님은 명백하다. 종속국이 사실상 반강제적으로 지배국에 생산 시설을 이전하는 것이므로 새로운 유형의 지배 종속 관계로 볼 여지가 상당한 것이다.

그렇다면 제국주의 미국의 이번 기획은 궁극적으로는 중국과 일부 반(反)미 국가들을 도려낸 나머지 세계에 대해 군사적 종속 관계를 재확인하면서 반대급부로는 새로운 전략적 관계라는 명분으로 새 유형의 지배 종속 관계를 요구하는 것이라고 볼 여지가 상당하다. 지정치경제학적 관점에서 이번 트럼프 2기 관세 정책의 한 측면은 미국이 정치군사적인 종속국에 대해, 그리고 다른 경쟁자이자 도전자인 다른 자본주의 국가들에 대해, 안보를 매개로 그리고 고율 관세를 미끼로 삼아 자국 자본주의의 내적 모순을 일방적으로 전가함으로써 궁극적으로는 세계 자본주의 발전의 불균등성을 극대화하고자 하는 새로운 제국주의 패권 전략으로 해석될 수 있다. 가장 강력한 도전자인 중국이 제거된 세계를 대상으로 과거 대영제국을 모방한 보다 완결된 제국을 수립함으로써 달러의 세계적 지위가 국제 자금 흐름에 의존할 수밖에 없는 현행의 불안정한 구조를 바꾸어내려는 점에서 달러 패권 회복과 제국의 완성을 위한 강력한 의지의 표현일 수 있다는 것이다.

　이처럼 제조업 기반으로 자국 경제를 재편하겠다는 미국의 구상은 절대로 즉흥적이거나 일시적인 것이 아니다. 여기서는 미국을 제조업 기반 사회로 변모시켜 다시금 위대하게 하자는 밑그림에서 산업이 도대체 어디서 생겨나는 것인지 다시 한 번 강조해 두고자 한다. 트럼프의 계획은 자국 내 공공 인프라 확충과 교육, 보건 등 인적 자원 개발로 그런 결실을 맺겠다는 것인가. 그런 것이 아니다. 미국 경제를 쥐락펴락하는 금융 자본을 약화시켜 지대 추구를 막는 방식으로 산업자본주의를 육성하겠다는 것인가. 전혀 그런 것이 아니다. 그렇다면 자국 내부적으로 건설할 제조 역량은 어디서 오는 것인가. 미국은 중국 틱톡에 미국 내 사업을 미국 투자자에게 매각하라는 압력을 가해 왔다. 만약 한국 자본이 미국에 현지 공장을 세운 후 미국이 틱톡에게 요구한 것처럼 미국 자본에 매각하라고 요구하면 어떻게 되는 것인가.[23] 더욱이 여러 사정으로 헐값 매각이 불가피하다면 말이다.

2) 추가적인 고려 사항들

　한 가지 오해는 트럼프 정책을 계기로 신자유주의나 미국식

---

23) Hudson (2025).

금융 자본주의의 시간이 끝났다는 섣부른 진단이다. 자유 무역과 신자유주의 질서는 맥락이 다소 달라질 수는 있지만 앞으로도 여전히 미국 자본주의의 금과옥조가 될 것이다. 자신들의 관세 정책은 그간의 불공정 무역 관행에 대한 교정일 뿐이라고 그들은 주장할 것이며 관세 인상과 상관없이 부자 감세, 작은 정부를 비롯한 신자유주의 정책은 지속될 것이 분명하다. 국제 통상 영역을 제외하면 신자유주의는 미국에서 자국의 정체성으로 건재할 것이다.

그렇게 판단할 수밖에 없는 증거는 최근 미국 의회 하원을 근소하게 통과한 트럼프 행정부의 '크고 아름다운 예산안(The Big, Beautiful Bill)'에 담겨 있다.[24] 이 '크고 아름다운 예산안'은 부유층을 위한 대대적인 감세 조치와 함께 저소득층 의료보험인 메디케이드(Medicaid), 식량 지원 프로그램, 그리고 재생에너지에 대한 세금 보조금 등을 대폭 삭감하는 내용을 포함하고 있다. 부자에게는 내야할 세금을 줄여주고 가난한 이들에게는 도움이 될 지출을 줄이는 전형적인 신자유주의 정책이다.

한편 미국 신경제연구소(Institute for New Economic Thinking) 토마스 퍼거슨(Thomas Ferguson)의 경고를 참고하면 트럼프 관세 정책의 또 다른 배후는 이른바 '레드 테크(Red Tech)' 블록이다. 트럼프 정책의 근본적인 배경에는 국제

---

24) Roberts (2025b).

질서를 자신들 입맛대로 바꾸고 뉴딜의 사회정책을 해체하며 에너지 반혁명을 실행하려는 새로운 보수주의 권력 연합의 기획이 자리하고 있다는 지적이다. 퍼거슨은 이번 관세 조치가 인공지능 기술과 에너지 및 핵심 광물의 미래를 통제하면서 중국 정권을 교체시키려는 미국 군산복합체와 실리콘 밸리의 세계전략에 있어 첫 단계일 뿐이라고 진단한다.[25]

다만 최근 트럼프와 일론 머스크 사이의 반목에서 드러났듯이 이와 같은 지배 연합은 불안정하며 부분적으로 와해되기 시작하는 모습이다. 일각에서는 트럼프가 머스크와 공개적으로 갈등한 사건을 두고 신자유주의적 경향성과 금융 자본의 지배력이 확고해지고 있으며, 산업 자본의 영향력이 퇴색하는 가운데 저소득층을 겨냥한 포퓰리즘과 쇼비니즘이 함께 약화되고 있다는 등의 거창한 의미를 부여하기도 한다. 그러나 이는 지나친 확대 해석일 수 있다. 왜냐하면 레드 테크는 금융 자본과는 구별되는 것도 아니고 전통적인 산업 자본 내지는 제조업 자본으로 볼 수 있는 그룹도 아니기 때문이다. 또한 트럼프의 기획 역시 통상 영역만 벗어나면 작은 정부와 부자 감세 등 신자유주의의 틀을 한 치도 벗어나지 않기 때문이다.

---

25) Ferguson (2025).

6. 당면한 단기 과제와 논점들

1) 밀실 깜깜이 협상은 어디로

4월 들어 트럼프가 한덕수와 28분간 전화 통화를 했다. 일단 그 통화에서 한미 간 통상 현안이 논의되기 시작했다는 것 자체는 트럼프가 내란 세력을 협상 상대방으로 인정했다는 의미였다. 그래서도 민주당이 당시 한덕수에 대한 탄핵 등의 조치를 이어가기 어려웠을 법하다. 한국의 구체제 내란 세력에게 그런 미국은 연명 수단 이상의 의미를 가지고 있었다. 4월 29일 스콧 베선트 미 재무장관이 "한국 정부는 선거 전에 미국과 성공적으로 협상했다는 것을 보여주기를 원한다. 그것을 가지고 선거운동을 하려고 한다"고 밝힌 정황 등을 참고하면 내란 세력은 지난 대선에서 유의미한 득표를 하고 개헌을 통해 권력 분점에 참여하는 것을 당면 목표로 했던 듯하다.

한 가지 문제는 새 정부가 들어서기 전까지 권력 공백기 동안 내란 세력의 그와 같은 사정은, 협상을 서둘러 성과를 만들어 내려는 한국 측 협상단의 약점으로 미국에게 유리하게 작용했을 가능성이 있다는 점이다. 미국으로서는 한국 측 대표에게 확실한 양보를 요구했을 수 있다. 당시 한덕수와의 통화를 마치고 트럼프가 한 번에 쇼핑을 마쳤다(one-stop shopping)고 자평했던 사실은 그와 같은 혐의를 더욱 짙게 한다. 이후 미국 측이 밝힌 내용이나 한덕수가 영국 파이낸셜 타임스와 인터뷰한 내용에 따르면 여기서의 쇼핑이란 관세 인상 예고 외에도 한미 간 무역 수지 불균형 시정, 미국산 LNG 구매, 미국산 항공기 구매, 알래스카 가스관 합작 사업, 해군 조선 분야 협력, 미국이 제공하는 군사적 보호에 대한 대가 지불 문제, 비관세 장벽 해소 문제 등을 전반적으로 포괄한다. 비관세 장벽에는 물론 미국산 쇠고기 수입 제한 등 의제가 포함되어 있었다.

이후 한국과 미국 협상 대표단은 한미 통상 협상의 '기술적 협의'를 개시했다. 협상 진행 상황과 내용에 대해서는 밀실 깜깜이 협상으로 구체적인 내막을 알 길 없다. 언론 보도를 종합하면, 지난 5월 15일 제주도 협상장에서의 기술적 협의에서는 ① 균형 무역, ② 비관세 조치, ③ 경제 안보, ④ 디지털 교역의 4개 분야가 다루어진 것으로 알려진다. 5월 21일 워싱턴에서 있었던 2차 협상에서는 의제로 이상 4가지 분야에 더해 ⑤ 원산지 이슈와 더불어 ⑥ '상업적 고려(commercial considerations)'라는 영역이 새로 추가되었다. 미국 측 협상 대표단에서 말하는 이른바 '7월 패키지(July package)'는 이들 의제에서 조속히 합의를 도출하려는 의도를 비친 것이다. 구체적인 파악은 어려우나, 미국 무역 대표부(U.S. Trade Representative, USTR)에서 이미 발표한 국가별 무역 장벽 보고서(NTE)[26]를 근거로 간단하게나마 의제 내용을 예측해볼 수는 있다.

---

26) USTR (2025), 한주희 (2025). 2025년 USTR 발표 NTE 보고서는 한국과 관련해 예년처럼 소고기 수입 제한, 자동차 시장 접근성 등 주요 비관세 장벽을 대상으로 문제를 제기하는 입장인 것으로 확인된다. 다만 2025년에 새로워진 내용도 있다. 그것은 방산 조달에 있어 '절충 교역'에 대한 내용이 새롭게 구조적 문제

먼저 ① 균형 무역 의제는 한국의 대(對)미국 무역 흑자를 축소하는 것에 강조점을 둘 것으로 보인다. 이를 위해 미국은 농산물, 에너지 등에 대한 한국 측의 수입 확대를 요구할 것이 예상된다. 30개월 이상 소고기에 대한 한국 측의 수입 제한을 풀어야 한다는 미국의 요구만큼은 확실시된다. 환율과 관련해 원화 평가의 시정까지 요구할 것인지는 현재로서는 예견이 어렵다.

다음으로 ② 비관세 조치 의제는 미국이 거론하는 각종의 비관세 장벽을 해소하는 것을 목표로 설정했을 법하다. 영국이나 일본의 협상 사례를 염두에 둔다면 이와 관련해 부가가치세, 플랫폼 규제 등이 논의될 것으로 예상된다. 유전자 변형 생물체(LMO) 승인 절차 및 수입차 배출 가스 규제도 의제에 포함되어 있을 것으로 보인다. 이와 관련해 최근 농촌진흥청이 미국 심플롯 사(社)의 LMO 감자 대상 작물 재배 환경 위해성 협의 심사에서 '적합' 판정을 내린 것은 미국 측과의 통상 협상을 미리 의식한 결정일 수 있다.

다음 ③ 경제 안보 의제는 반도체, 배터리 등 첨단 산업에서 한국이 중국과 공급망을 분리할 것을 요구하는 내용으로 예

로 제기되었다는 점, 그리고 디지털 무역 장벽 관련 내용이 크게 보완되었다는 점 등이다. 방산 조달에 있어 절충 교역(offset)이란 해외로부터 무기를 구입할 때 기술 이전이나 국산 부품 수입 등의 반대급부를 요구하는 거래 방식인데 실제로는 전 세계적인 관행으로 굳어진 측면이 있다. 이에 대해 미국이 문제를 제기하는 것은 미국 군수업체들이 전략 자산을 한국에 납품하면서 한국산 부품을 일정 정도 써야 하는 의무에서 벗어나기를 원하고 있고 한미 정부 간 추진하는 방산 분야 FTA에서 유리한 협상 위치를 선점하려는 의도가 깔린 것으로 해석된다.

상된다. 한편 ④ 디지털 교역 의제와 관련해서는 빅테크 및 플랫폼 관련 규제와 구글의 5,000대 1 축척 고정밀 지도 국외 반출 문제 등이 논의될 것으로 보인다. 이 의제는 미국 빅테크 기업의 한국에서의 이윤 기회를 확대하려는 의도임이 확실해 보인다.

5월부터 새로 협의가 시작된 의제 가운데 ⑤ 원산지 이슈 의제는 미국의 중국 봉쇄를 위한 중국산 제품 우회수출의 방지를 위한 것이라고 할 수 있다. 이 점에 관해서는 현행 원산지 규정에 따른 통제와 불법 환적의 감시를 강화하고 무역 사기를 근절하는 노력을 기울이는 선에서 협상 상대방인 미국에 대한 최소한의 협조를 제공할 수 있을 것으로 보이나, 그에 앞서 미국의 구체적인 요구 내용을 알아야 할 것이다.

마지막으로 ⑥ 상업적 고려 의제는 현재로서는 그 내용이 다소 불투명해 보인다. 원래 통상 용어에서 상업적 고려의 반대말이라고 할 '비상업적 고려'란, 순수하게 경제적인 계산 결과에는 부합하지 않더라도 예를 들어 국영 기업의 정책적 활동과 관련된 것이라면 예외적인 인정을 둔다는 뜻으로 사용되어 왔다. 한미 FTA나 USMCA에 등장하는 상업적 고려라는 용어도 그와 같은 비상업적 고려의 정확한 반대 의미로 쓰였다. 그러나 최근 한미 통상 협상 의제로 떠오른 상업적 고려에는 다소 상이한 맥락이 있다. 이와 관련해 매체 보도에서는 "미국이 자국에 대한 투자나 미국산 구매 확대를 통한 무역 불균형 완화가능성 등에 관심"을 보이고 있다면서 이 문제에 대해 상업적 고려라는 용어를 사용하고 있다.[27] 즉 직접적인 무역 불균형 이슈는 아니지만 그것을 간접적으로 보완하는 수단이라는 명분으로 미국 측이 별도로 요구하고 있는 알래스카 LNG 개발 사업 참여, 미 해군 함정 MRO 사업 참여 등이 이에 해당하는 것으로 보인다. 여기서 우리는 협상 의제 영역 6가지 모두가 전적으로 미국의 이익을 중심으로 제출되었음을 알 수 있다. 기본적으로 미국 측으로 잔뜩 기울어진 협상장이 될 것임은 두 말할 것 없다.

한편 6월 24일부터 26일까지 미국 워싱턴에서는 한미 통상 협상의 제3차 '기술적 협의'가 열렸다. 구체적인 세부 내용은 물론 비공개다. 매체 보도를 종합하면 30개월 이상 소고기 수입, 정밀 지도 반출, 주한미군 주둔비 인상, LNG 수입, 한국의 국방비를 국내 총생산(GDP)의 5%까지 늘리는 것 등이 의제로 논의되었을 듯하다. 이들 의제의 구성은 미국 측이 통상과 안보의 연계 수준을 한층 더 끌어올리고 있음을 짐작케 한다. 결국 관세는 애초 예상처럼 미국이 전 세계를 상대로 이것저것 자신이 원하는 바를 얻어내기 위해 휘두른 협상용 몽둥이였던 셈이다.

다만 협상 구도에서 미국 측 공세가 거칠고 전략적인 데 반해

---

27) 한국일보, '미국이 꺼낸 청구서 베일 벗었다…진짜 협상은 대선 끝나고', 2025.5.27.

한국 측은 개별 의제별로 방어에 급급한 인상인 데에는 이유가 있다. 논의 내용 자체가 한국이 수세적일 수밖에 없긴 하다. 하지만 그게 전부는 아닐 것이다. 중국에 대한 미국의 정책 변화는 이미 오바마 행정부 때부터 시작된 일이다. 동북아시아 역내 군사적 긴장 관계가 중국에 대한 경제 봉쇄로 불이 옮겨 붙으면서 안보와 통상의 연계 조짐이 포착된 것도 이미 트럼프 1기 때의 일이었다. 바이든 행정부도 중국과의 공급망 분리를 요구했고 한국 제조 역량의 미국으로의 이전을 시도했다. 그러니 어쩌면 '안미경중(안보는 미국, 경제는 중국)'은 일찍이 막다른 길에 도달했는지도 모른다.

그러나 안보와 통상의 연계를 통해 미국이 추구하는 새로운 세계 전략에 대응하기 위한 새 정부의 밑그림은 추상적이게만 보인다. 어쩌면 미국이 기존 국제 질서로 되돌아가 현상 유지 세력으로 남아 주기를 막연히 소망하는 듯하다. 이번 한국 협상단은 한미 FTA의 기존 틀을 준거로 하겠다고 한다. 하지만 그마저도 선언적인 '전술'일 뿐이다. 전술은 있으되 '전략'과 '철학'은 보이지 않는다. 새 정부가 '국익'을 중시하겠다는 말만으로는 충분치 않다. 도대체 어떤 국익을 말하는가. 이번 협상에 과연 원칙은 있는지 묻는 것이다.

6월 30일 산업자원통상부 공청회에서 정부는 한미 FTA 수준의 관세 철폐를 요청하며 대(對)미 투자와 산업 협력의 굳건한 의지를 분명히 할 방침이라고 밝혔다. 전문가 및 업계 의견은 농업계 1인을 제외한 3인 모두 사실상 자본가 단체의 입장을 대변했다. 포기할 수 없는 미국 시장의 가치가 칭송되었고 산업 협력을 아예 종합선물세트로 패키지 구성해 미국이 가려운 부위를 한국이 긁어주겠노라고 호소하자는 제안이 이어졌다. 그러나 자본은 미국에 투자해도 가치 증식의 길을 열 수 있지만, 자본이 떠나고 물량이 빠진 상태에서 남겨진 노동자들은 어떻게 되는가. 노동자들을 위한 대책은 무엇인가. 공청회는 그 문제에 답하지 않았다. 유감스럽게도 그 자리에 한국의 노동자 계급은 초대받지 않았다.

새 정부도 한미 동맹에 대한 집착에서 벗어날 생각이 없어 보인다. 이번 협상에서 실제로는 당장 내어줄 수 있는 부분부터 따져 미국 측 요구를 수용하고 그 대가로 관세율의 얼마간 인하를 허락받으려는 전술로부터 벗어나지 않을 공산이 크다. 단기간 내에 합의하기 힘든 민감한 의제의 경우 여론을 살피며 추가 조율을 거쳐 수용 폭을 조절하려고 들 것이다. 이른바 '7월 패키지'는 향후 양국 간 정상 회담을 통해서나 전모가 드러나겠지만 그 내용을 미리 점쳐본다면, 한미 동맹을 위해 미국의 요구를 들어주고 미국의 중국 봉쇄에 협력하는 내용이 되기 쉽다. 그러나 미국을 위해 자국 제조업 역량의 훼손을 용인하고 추가 시장 개방으로 농민들을 사지에 몰아넣으면서 '중국 앞 항공모함'이 되고 만다면 그것이 21세기판 '가미가제'이지 어떻게 국익이란 말인가?

새 정부는 미국이 통상과 안보를 연계시키는 것에 반대한다는 우리 원칙을 명확히 해야 한다. 한국은 유사시 자국의 군대마저 지휘할 수 없는, 군사적으로 미국에 완전히 종속된 나라다. 미국은 지금 자신의 군사적 보호국을 상대로 안보를 인질 삼아 협상에서 자신의 요구를 관철시키고자 한다. 그 관계를 끊어내지 않는 한 협상장은 기울어져도 한참 기울어져 있다. 한미 FTA는 적절한 준거가 못 된다. 이미 미국부터 관련 규정을 위반한 상황에서 그 틀에 얽매일 이유는 없다. 독소조항을 품은 한미 FTA는 오히려 이번 기회에 폐기 선언을 하는 편이 옳다. 미국은 협정문 제23장 주석 2의 '안보일방주의' 조항을 들며 트럼프 관세가 안보사항이어서 위반이 아니라고 오리발 내밀 것이다. 그러나 이것이 어찌 안보사항이란 말인가.

미국 측이 제기한 의제가 미국이 원하는 대로 타결되어야 한다는 법은 없다. 정부 방침인 대미 투자와 산업 협력은 한국 자본과 제국주의 미국을 위한 활로일 뿐이다. 그러나 트럼프 정책의 실패는 예정되어 있다. 정부는 모든 방안을 강구해 국내외적으로 제조업 역량 방어를 위한 총력 대응에 적극 나서되, 일점 시점부터는 대미 협상을 실질적으로 유예시키는 길을 선택할 수 있어야 한다.

2) 시급성이 큰 품목별 관세 대처 : 산업 정책의 빈자리

당장 눈앞에 직면한 급선무의 단기 과제들이 있다. 트럼프 관세 정책에 대한 대응으로 정부 차원에서 업종별 관세 영향을 파악하고 대책을 수립하는 과제가 바로 그것이다. 무역 확장법 제232조에 의한 품목별 관세의 경우 철강, 자동차, 자동차 부품, 알루미늄 외에도 반도체, 의약품 등에 이미 추가 부과가 예고되어 있다. 아울러 이상 열거된 품목이 아니더라도 미국 정부에 의해 품목별 관세 부과 대상의 범위는 얼마든지 더 넓혀질 수 있다. 품목별 관세의 대상 품목 범위 및 적용 관세율은 어디까지나 트럼프 행정부가 일방적으로 정하는 것이어서 한국 정부로서는 개입할 여지 자체가 없다.

이 품목별 관세는 상호 관세에 비해 과세 논리상 향후 미국과의 양자 간 협의 과정에서 관세율 조정이 더 어려운 것이 사실이다. 왜냐하면 다른 나라에 비해 차별적인 대우를 해줄 것을 요구해야 하는데 그 정당성을 입증하는 것이 만만치 않을 터이기 때문이다. 이에 무역 확장법 제232조에 의한 품목별 관세가 이미 부과되었거나 향후 부과될 예정인 품목에 대해서만큼은 정부가 특별 관리에 나서서 해당 업종 내에서 필요한 조정 기능을 수행할 필요가 현저하다.

먼저 철강 산업의 경우 품목별 관세 25%의 폭탄을 맞은 후 현대차의 루이지애나 제철소에 포스코가 공동 투자해 저탄소 철강 및 이차전지 생산에서 협력하기로 약정한 일이 있었다. 이는 미국 현지 생산 거점 확보가 한국 재벌들에게 있어 당면한 과제가 되고 있음을 보여주는 하나의 사례였다. 특히 철강 산업은 갑작스럽게 품목별 관세가 무려 50%로 미국에 의해 다시 한 번 일방적으로 인상된 상태이므로 어려움이 큰 것으로 알려져 있다. 무엇보다도 고용 안정을 기하고 지역 경제의 붕괴를 막기 위해서라도 정부의 적절한 지원과 적극적인 산업 정책이 절실한 상황이다.

자동차 산업과 관련해서는 2024년에 완성차 약 100만대를 미국에 수출한 현대기아차는 같은 해에 미국 현지와 멕시코에서 약 70만대를 생산한 바 있다. 현대차 정의선 회장은 백악관에서 30조 원을 투자해 미국 현지 생산량을 120만대까지 늘리기로 약속하기도 했다. 전문가들의 예상에 따르면 이런 상황에서는 향후 국내 완성차 생산량이 줄어들 수밖에 없다.

수많은 부품이 들어가는 완성차 업체들은 검증된 부품의 안정적 공급을 중요시한다. 숙련 및 기술의 보완성으로 인해 해외 진출한 완성차 업체들이 현지 조달보다는 국내 업체의 해외 진출을 돕는 방향으로 선회하는 중이다. 실제로 현대차그룹을 따라 해외로 나간 부품업체는 2000년 41개에서 2023년 690개로 늘었고 690개 중 50개가 미국으로 진출했다. 최근에도 현대차그룹은 트럼프 행정부의 자동차 관세 25% 조치에 대응하면서 국내 협력업체의 미국 동반 진출을 확대하는 쪽으로 방향을 잡은 것으로 알려져 있다. 이는 완성차 업체의 해외 생산 거점 이전에 더해 국내의 기존 수직적 공급체계마저 부분적으로 동반 이전된다는 의미이다.

한편 완성차 업체의 해외 생산 거점 이전에도 불구하고 국내에 남게 되는 더 많은 협력업체들로서는 수출선을 충분히 다변화하지 못하는 이상 물량 감소에 따른 구조조정 압력에 내몰릴 위험이 작지 않다. 그렇다면 이번 관세 조치로 인해 향후 국내 생산 기반의 공동화가 초래되고 국내 제조업 생태계가 약화될 것이라는 예측은 타당성이 있는 진단이라고 볼 것이다. 다만 업종별로 업체별로 구체적인 분석은 필수적이다.

이와 관련해 미국의 현대기아차의 완성차 수출 시장은 경쟁 강도가 치열한 까닭에 관세 인상에도 불구하고 그 상당 부분을 수출업체 측에서 부담하게 되는 경우에 비교적 가깝다. 그럴 때 관세 인상은 결국 국내 공급망을 타고 원청, 1차 협력 업체, 2차 협력 업체 등으로 내려가 N차까지 사이에서 그 부담이 배분되지 않을 수 없다.

〈그림 10〉은 국내 자동차 산업의 공급망을 시각화한 결과이다. 여기에는 1차 공급 업체와 2차 공급 업체 일부 약 1,800개가 망라되어 있으며 3차 공급 업체는 빠져 있다. 〈그림 10〉을 보면 공급망이 얼마나 복잡한 네트워크인지 알 수 있다. 또한 어느 한 업체에서 발생한 위기가 네트워크를 타고 공급망 전체로 쉽게 번져갈 수 있음도 알 수 있다. 공급망은 품질 및 원가 측면에서 최적화된 구성물이다. 따라서 공급망으로부터의 이탈 내지는 공급망 일부의 부분적인 재구성은 쉽지도 않지만 결코 바람직하지도 않다. 그만큼 공급망은 무겁다. 공급망 전체

를 위기 없이 관리하는 과제는 그 중요성이 매우 크며 정부 산업 정책의 초점도 그 부분에 맞추어져야 옳다.

<그림 10> 한국 자동차 산업 공급망 구성

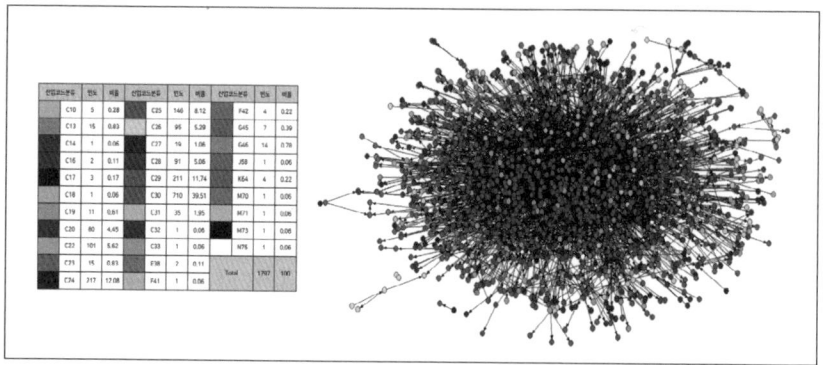

자료 : 강아롬 · 오중산 (2024), p. 169.

이제 현대기아차의 미국 현지 공장은 어떻게 부품을 조달할까. 일차적으로 대략 30~40개 정도로 알려진 핵심 부품의 경우, 현대모비스와 같은 계열 회사나 비계열 1차 협력 업체를 미국 현지로 동반 진출시켜 조달할 것이 예상된다. 그러나 1차 공급 업체들도 부품을 조달받아야 하는데 2차 공급 업체까지 미국 현지로 진출하는 경우는 극히 드물다. 따라서 1차 공급 업체가 한국에 남아 있는 2차 공급 업체한테서 조달하거나 아니면 북미 현지 업체를 발굴해야 한다.

이 경우 1차 공급 업체는 한국 업체로부터 부품을 수입해야 하는데 25% 품목별 관세 부담을 1차 공급 업체와 2차 공급 업체 사이에 어떻게 나눌지에 대해서는 알 수가 없다. 2차 공급 업체로서는 비용을 많이 들여 미국에 진출하더라도 3차 공급 업체로부터의 부품 조달을 위해서는 다시 관세 부담을 일정 정도 짊어져야 한다. 미국에 진출하지 않으면 어쨌든 1차 공급 업체와의 사이에서 관세 부담을 나눠야 한다. 1차, 2차, 3차 등으로 내려가면서 협력 업체 사정이 열악해진다는 점을 염두에 둘 필요가 있다. 즉, 원청이 나서지 않는 이상 매우 고통스러운 상황인 셈이다. 하지만 현대기아차 본사에서는 관련 결정을 직접 내리는 데에 부담을 느낄 것이고 가급적이면 본사 부담을 최소화하려고 들 것이다. 결국 품목별 관세 부담의 적정 배분 문제는 해결되기 어렵다. 그럴 때 기존 공급망은 위기에 처한다. 네트워크에 참여하고 있는 수많은 중소 자본들과 그보다 훨씬 더 많은 노동자들은 그로 인한 피해에 잠재적으로 노출되고 만다. 그것이 지금 우리 눈앞에서 벌어지고 있는 현실이다.

3) 공급망 리스크의 여러 측면

트럼프 2기 행정부의 주요 인사들은 비관세 장벽 등으로 무역이 불공정하게 이루어져 미국이 손해를 보고 있다면서 유독 한국을 직접 거론하는 경우가 잦았다. 한국이 미국의 자동차와 반도체를 훔쳐갔다는 주장, 한국은 돈이 많으니 미국에게 비용을 지불해야 한다는 주장 등이 이어져 왔다. 그러나 한국은 관세청 수출입 무역 통계에 기초할 때 전 세계를 대상으로 한 평균 실효 관세율이 2022년 1.49%, 2024년 1.38%에 그쳤고 특히 미국 대상으로는 실효 관세율이 2022년 1.11%, 2024년

0.79%로 세계 평균보다 낮았다. 그뿐만 아니라 〈표 4〉에서 알 수 있듯이 한국은 비관세 장벽 역시 주요국 대비 낮은 수준으로 알려져 있다.

〈표 4〉 비관세 조치의 관세 상당치

(단위 : %)

중국	베트남	이탈리아	아일랜드	캐나다	인도	말레이시아
40	35	35	32	30	24	23
스위스	독일	인도네시아	태국	일본	멕시코	한국
20	17	13	10	9	4	4

자료 : 강금윤 (2025)

앞에서 한국의 미국에 대한 직접 투자가 결코 작은 규모가 아니라는 점이 분명해졌다. 그런데 이와 같은 한국의 미국에 대한 직접 투자에는 많은 경우 미국에 대한 수출 증가가 수반되기 마련이다. 만약 한국 자본이 미국에 공장을 설립한다면 공장의 건설과 운영, 생산 활동의 수행을 위한 소재와 장비 등이 상당 부분 모국인 한국으로부터 조달되어야 할 수 있기 때문이다. 장기적으로는 현지 조달이 이루어질 수 있지만 적어도 일정 기간 동안은 직접 투자가 수출 증가를 유발한다고 볼 일이다. 〈표 5〉는 미국 소재 한국 기업의 조달에 있어 현지 매입 비중이 비록 상승하고는 있으나 여전히 30%를 소폭 상회하는 수준에 그치고 있음을 보여준다. 이는 직접 투자 증가가 한국으로부터의 수입 증가로 이어지는 경로를 보여 준다.

〈표 5〉 미국 소재 한국 기업의 조달 구조

구분	2020	2021	2022	2023
한국 제품 수입	67.5%	65.5%	61.4%	59.0%
미국 내 매입	28.3%	29.7%	31.2%	32.1%

자료 : 한국수출입은행

그렇다면 트럼프 행정부의 접근법은 바이든 행정부도 그랬듯이 대단히 모순적이라고 볼 수밖에 없다. 미국은 한국 자본의 미국에 대한 투자를 늘리라고 한편으로는 협박도 하고 다른 한편으로는 바이든 행정부의 인플레이션 감축법처럼 경제적 인센티브도 제공한다. 관세 장벽 때문에 어쩔 수 없이 미국에 대한 직접 투자를 선택하게도 한다. 그렇게 하는 명분은 한국이 미국에 수출을 너무 많이 해서라고 한다. 그러나 이는 모순이다. 한국이 미국에 직접 투자를 늘리면, 그만큼 한국의 미국에 대한 수출이 늘어나기 때문이다.

트럼프 행정부가 무역 불공정 시정을 목적으로 했다면, 세계 각국을 상대로 무역 적자 규모를 산출하는 과정에서 최소한 해외 소재 미국 투자 기업의 미국 수출은 차감했어야 한다. 미국의 자국 내 기업이 자기 계산으로 직접 투자를 실행한 해외 공장으로부터의 수입은 통계상으로는 수입으로 잡히지만 그 경제적 실질은 자국 기업들 사이에 구축된 공급망 내에서의 거래이다. 그 점은 미국 소재 외국인 투자 기업에 대한 모국 기업의 수출에 대해서도 마찬가지이다. 그 부분 역시 백분 양보하더라도 미국의 경제 제재 성격의 고율 관세 부과에 있어 그 어떤 근거도 될 수 없다.

이처럼 트럼프의 관세 정책은 글로벌 가치 사슬이 대단히 복잡하게 얽혀 있는 사실을 충분히 인식하지 못한 결과이다. 현실적으로 공급망을 세계적 차원에서 일부분이나마 분리해 재편성한다는 것이 경제적으로 고비용을 초래할 수 있다는 사실을 지나치게 단순하게 본 결과이다. 그런 점에서는 정책 실패가 예견되어 있다고 하겠다.

더욱이 한국은 수출에 의한 부가가치 가운데 약 60%만이 국내에서 생산되고 있어 국내 생산의 수출 기여가 다른 나라에 비해 낮은 수준인 점도 중요하다. 예를 들어 동 비율이 미국과 호주는 약 90%, 중국과 일본은 82~83%, 인도 77%, 필리핀 75%, 대만과 태국, 캄보디아가 61~62%이다. 단, 국내 생산의 수출 기여도에는 국내 직접 투자된 외국인 투자 기업의 몫도 포함되어 있으며 그 몫은 전체 수출의 18~21% 범위인 것으로 알려져 있다. 한국과 미국의 수출에 있어 어떤 나라들이 부가가치 생산에 기여하고 있는지는 2023년을 기준으로 〈표 6〉에 정리되어 있다. 〈표 6〉만 보더라도 기존의 산업 연관이 유지된

〈표 6〉 2023년 기준 한국과 미국의 수출에 기여한 각국의 부가가치[28]

(단위 : %)

한국의 수출			미국의 수출		
순위	부가가치 기여국	비중	순위	부가가치 기여국	비중
1	국내(한국)	60.0	1	국내(미국)	90.3
2	중국	6.9	2	캐나다	1.4
3	미국	5.1	3	중국	1.0
4	일본	3.0	4	멕시코	0.9
5	호주	2.0	5	독일	0.6
6	독일	1.5	6	일본	0.5
7	러시아	0.9	7	영국	0.5
8	인도네시아	0.8	8	아일랜드	0.3
9	영국	0.7	9	인도	0.3
10	프랑스	0.6	10	한국	0.3

자료 : 라미령 외 (2025).

---

28) 표의 수치는 2024년 9월 국제산업연관표를 활용해 대외경제정책연구원이 2025년 4월에 계산한 결과이다.

다는 전제 하에서는 트럼프 관세 정책에 따른 한국 수출의 감소가 미국에도 그 감소 금액의 5.1%에 달하는 생산 차질을 가져올 수 있음을 내다볼 수 있다.

<표 7> 한국의 대미 수출 가운데 가공단계별 비중

(단위 : %)

구분	자본재	소비재	중간재	원료	기타
2013	48.84	35.60	15.19	0.35	0.02
2014	46.68	35.15	17.86	0.30	0.01
2015	45.74	39.49	14.44	0.32	0.01
2016	47.49	38.60	13.56	0.34	0.01
2017	46.92	37.48	15.24	0.34	0.02
2018	48.33	36.14	15.18	0.34	0.01
2019	43.57	41.59	14.49	0.34	0.01
2020	43.80	42.74	12.85	0.39	0.22
2021	44.55	39.33	15.59	0.32	0.21
2022	39.78	42.38	17.34	0.30	0.20

자료 : World Integrated Trade Solution

세계은행(World Bank)에서 제공하는 무역 통계 시스템 WITS에서 한국의 가공단계별 대미 수출을 조사한 결과는 <표 7>과 같다. 한국의 대미 수출 가운데 중간재가 차지하는 비중은 2022년 기준 17%를 상회한다.[29] 부품, 부분품, 반제품으로 구성된 중간재는 미국으로 수출되어 미국 현지에서 추가 가공을 거치는데 그 과정에서 미국 경제를 위한 부가가치가 창출되고 있다.

트럼프 관세 정책이 한국 경제에 미치는 영향은 결코 한미 간의 직접적인 무역 및 투자 관계에 기인한 영향에 그치지 않는

---

29) 중간재와 자본재를 더하면 그 비중이 2013~2015년 평균 63%, 2020년-2022년 평균 60%이다. 최근 들어 늘어난 것은 아니다.

다. 글로벌 공급망이 대단히 복잡하게 얽혀 있으므로 미국의 한 나라에 대한 제재 성격의 관세 부과는 그 나라와 공급망 연관이 있는 다른 모든 나라로 그 영향이 파급된다. 이를테면 미국이 고율 상호 관세를 부과한 베트남에 소재해 있는 한국 기업은 이번 조치로 인해 대미 수출이 직접적인 큰 타격을 입겠지만, 베트남 기업들의 대미 수출이 줄어들면서 이들 기업에 반제품을 수출하는 한국 기업들도 부정적인 영향에 노출된다. 그 점은 한국 기업에만 해당하지 않는다. 미국 기업들도 마찬가지로 피해를 볼 수 있다. 베트남 기업의 대미 수출 길이 막힌 사정 때문에, 베트남 기업에 장비를 수출하는 미국 기업도 수출 물량이 줄어들게 된다.

고율 상호 관세가 부과된 나라는 미국 시장 수출이 어려워지므로 직접 투자 유치가 어려워진다. 기존 직접 투자가 이탈할 수 있는 부수적인 파급 효과도 있다. 한국의 경우, 전통적으로 중앙 정부와 지방 정부가 직접 투자 유치에 노력하면서 외국인 투자 기업에 대해 조세 지원, 현금 지원, 입지 지원 등 다양한 혜택을 제공해 왔다.[30] 만약 다른 나라보다 상대적으로 높게 책정된 상호 관세 부담을 피하지 못한다면, 미국 수출 시장을 염두에 둔 기업이라면 한국에 신규로 진입하는 것이 유리하지 않다. 이는 외국인 투자를 위축시키는 요인이다. 아울러 기존에 한국에 이루어진 외국인 투자마저도 물량 축소에 대비해 모국

---

30) 나원준 (2025).

으로의 회수 내지는 보다 관세나 비용 조건이 유리한 제3국으로 이탈할 가능성이 크다. 외국인 투자 기업의 먹튀 사례는 앞으로 당분간 늘어나기 쉽다.

다만 한국 자본주의는 어떤 의미에서는 이미 인건비 등 생산 원가가 저렴한 중국 등 아시아 국가로 생산 기지가 이전되면서 생산 공동화가 부분적으로 진행되어 왔다는 사실을 함께 감안할 필요는 있다. 주지하다시피 한국 재벌들은 IMF 외환위기로부터의 회복 이후 노무현 정권 시기인 2004년 이후 세계화 전략에 따라 해외 직접 투자에 적극 나서기 시작했다. 직접 투자 대상국은 중국 등 아시아와 북미 중심이었다. 2008년부터는 한국 자본의 해외 직접 투자 잔액이 외국인 투자 유치 잔액을 넘어섬에 따라 순 자본 수출국이 되었다. 2011년부터는 삼성전자의 경우 국내 고용보다 해외 고용이 더 많아졌고 2016년부터는 국내 완성차 업체들의 해외 생산량이 국내 생산량을 넘어섰다.

주력 제조업이 해외로 빠져나가면서 국내 생산 기반이 잠식되는 현상은 이와 같이 하루 이틀 된 이야기만은 아니다.[31] 그러나 기존에는 자본 스스로의 계산으로 그와 같은 변화가 국민 국가의 틀 안에서 경제에 큰 충격 없이 이루어져온 반면, 최근 미국 바이든과 트럼프 행정부 들어 벌어지고 있는 일은 그와는

---

31) 박승호 (2020).

다르다. 한국이 군사 주권이 없는 미국의 군사적 보호국으로서 협상 과정에서 열위에 놓여 있다는 점을 이용해 미국이 안보와 통상을 악의적으로 연계해 한국 자본주의에 변화를 반강제하는 점에서 그렇다. 사실상 제국주의 국가에 의해 강제되거나 내지는 제도적으로 유인되는 상황이므로 그 차이가 현저하다고 볼 일이다.

향후 국가별 합의로 각국의 대미국 상호 관세 수준은 상이하게 결정되기 쉽다. 이에 따라 한국 산업의 공동화 역시 매우 불확실한 경로와 양상으로 진행될 것이 예상된다. 한편으로는 미국의 세계 경제 정책 변화로 인해 한국 자본이 북미로 생산 기지를 일정 규모 이상 이전하는 것을 피하기 어려운 상황인데, 다른 한편으로는 기존에 진행 중이던 동아시아 등 저비용 지역으로의 이전 흐름 역시 해당 국가에 적용되는 상호 관세 등의 영향을 받아 예측이 어려운 방향으로 변화할 것이기 때문이다.

한편 미국이 중국에 고율 관세를 부과하는 상황에서는 기존에 미국으로 수출되었을 중국 제조업 제품이 수요처를 찾아 저가로 다른 나라에 유입될 가능성도 배제하기 어렵다. 이는 그렇지 않아도 중국 발(發) 공급 과잉에 시달려온 한국 제조업으로서는 수익성 악화가 매우 우려되는 대목이다.

그런데 트럼프 관세 정책은 개별 자본의 입장에서 보면 또한 기회 요인이 될 수도 있어 그 영향이 꼭 일면적이지는 않다. 예를 들어 보자. 어느 나라가 중국과 생산 연계 수준이 높다고 하자. 미국은 그 나라에 대해 중국 연계 공급망을 추적해 제재에 나설 가능성이 크다. 그 경우 해당 나라는 이에 대비하면서 중간재 수입선 다변화를 통해 공급망 안정화를 꾀할 수 있다. 중국산 중간재 수입을 줄이고 대신에 중국 이외 지역에 생산 설비를 갖춘 한국 기업의 제품을 쓸 수 있다. 이 경우 한국산 제품이 중국산 제품을 대체하는 셈이다. 아울러 한국 제조업 자본으로서는 미국의 제조업 부흥 정책을 기회로 삼아 기술 경쟁력을 갖춘 일부 고도화 부문을 중심으로 북미 시장에 성공적으로 진출할 수도 있다.

아울러 원청 대기업을 따라 해외로 진출한 협력 회사가 현지에서 인지도가 오르면서 국내 생산이 덩달아 늘어나는 경우도 있다. 물론 미국에 완성차를 수출하는 아시아 완성차 업체에 부품을 공급하는 북미 소재 협력사의 경우 이번 관세 인상으로 조업을 줄이고 해고를 단행하는 것과 같은 개별적인 변화를 겪는 일도 없지 않을 것이다. 수많은 다양한 경우의 수가 있는 셈이다.

이와 같이 트럼프 관세 정책의 충격은 한국 자본의 입장에서는 위협 요인에 그치지 않고 기회 요인이기도 하다. 한국의 개별 자본으로서는 다양한 위협 요인과 기회 요인을 동시에 마주하게 된다. 변화된 국제 여건에 적응하면서 트럼프 관세 정책으로 이득을 볼 가능성도 없지 않다. 하지만 개별 자본의 수준을 넘어서 총 자본의 입장에서는 위협 요인이 더 크다고 볼 일이다. 왜냐하면 생산 시설을 북미로 이전하는 과정에서 기술 측면에서나 생산 원가 측면에서 이미 최적화된 기존 공급망의 경쟁력을 자진해서 포기하고, 새롭게 공급망을 구축하는 데에 수반되는 막대한, 사실상의 고정 비용을 지불해야 하는 때문이다. 더욱이 공급망이란 것은 하나의 네트워크이므로 새롭게 구축하는 것이 결코 만만치 않다. 기술적 보완성 때문에 제대로 공급망을 구성하기 어려울 수 있고 그 경우 관세 부담으로부터 자유로울 수 없다.

물론 총 자본이 직면한 위협 요인이라고 해봤자 총 노동이 직면한 위협 요인에 비하면 새 발의 피다. 자본이 아닌 국민 국가의 입장에서도 기회 요인보다 위협 요인이 훨씬 더 크다. 자본으로서는 다소간의 비용이 발생하더라도 어디까지나 더 큰 손실을 피하기 위해 생산 위치를 이동하는 것이며 따라서 일종의 제약 하에서의 이윤 극대화를 수행하는 셈이다. 그러나 노동은, 그리고 국민 국가는 그럴 수 없다.

4) 각국의 대응

미국의 이와 같은 움직임에 대해 세계 각국은 대체로 미국 측 요구 사항을 부분적으로 수용하는 대신 상호 관세율을 원하는 수준까지 낮추는 쪽으로 미국과 협상을 이어가고 있다. 중국, 캐나다, EU 등은 보복 관세로 정면에서 맞불을 놓는 전략을 구사하기도 한다. 공통적으로는 대체로 역내 경제 통합을 촉진하고 국제 투자와 무역의 상대국을 다변화하기 위한 노력이 진행되고 있다. 정책적으로 수출 주도 성장을 추진하며 경제를 개방해온 한국 자본주의로서는 이와 같은 트럼프 관세 정책의 타격이 클 수밖에 없다. 여기서는 간략하게나마 최근 각국의 트럼프 관세 대응 양상을 살펴본다.

(1) 아세안

아세안 국가들 중에서는 싱가포르를 제외하면 모든 나라가 미국의 고율 상호 관세 부과 대상으로 처지가 크게 다르지 않다. 이에 아세안 국가들은 의장국인 말레이시아를 중심으로 역내 경제 통합을 중시하며 역내 공조를 강화하는 동시에 외부적으로는 상호 관세율 인하를 위해 미국과의 협상을 지속하면서 무역 및 투자 관계의 다변화에 주력할 계획이다. 무역 다변화의 일환으로 역내 포괄적 경제 동반자 협정(RCEP), 포괄적·점진적 환태평양 경제 동반자 협정(CPTPP) 같은 메가 FTA에의 적극적인 참여도 추진할 것으로 예상된다.

(2) 일본

일본은 상호 관세율이 24%로 낮지 않아 자국 제품의 경쟁력 저하를 우려하는 입장이다. 상호 관세율에 그치지 않고 자동차 등 품목별 관세에 대해서도 인하하는 내용으로 미국과 7월 참의원 선거 이전에 합의에 도달할 것을 희망하고 있다. 또한 일본 내에서는 금번 미일 관세 협상을 계기로 삼아 미국 밖의 국가들과의 다자주의적 자유 무역을 확대하는 것에 대한 문제제기가 이어지고 있다.[32] 그 일환으로 CPTPP와 RCEP을 활용해 광역 경제권을 확충하는 구상이 제시되고 있고 아시아 및 유럽과의 신뢰 유지 및 동 지역으로의 수출 다변화가 중요한 과제로 강조되고 있다. 아울러 반도체, 배터리, 바이오, 차세대 자동차 등 경제 안보 관점에서 중요한 업종을 자국 내로 유치하려는 산업 정책을 강화할 전망이다.

그러나 일본 정부는 미국의 관세 정책에 대해 무역 보복은 하지 않을 방침으로 알려져 있다. 이는 대미 협상을 통해 미국의 관세 정책을 완화시킬 수 있으리라는 복안인데 이를 위해 일찍부터 범정부 차원의 대응 체계를 갖춘 상태이다. 한편 미국과 일본 사이의 관세 협상 과정에서 미국 측은 안보 의제인 주일미군 주둔비 인상 건을 관세와 묶어서 논의하고자 했으나 일본 측은 그 둘은 분리되어야 한다는 입장을 개진했다. 아울러 미국은 신속한 타결을 원했지만 일본은 협상 결과가 졸속적인 것이 되어 국익을 해칠 가능성 때문에 타결을 서두르지 않아야 한다는 입장인 것으로 알려졌다.

농산물 관련으로 미국은 일본에 대해 쌀, 소고기, 돼지고기, 소맥, 감자, 사과 등의 비관세 장벽을 주로 문제 삼았다. 여기서 소고기는 수입 연령 제한, 지정 위험 부위(SRM)의 정의 등에

---

[32] 정성춘 외 (2025).

관한 비관세 장벽이 문제가 되고 있고 돼지고기는 게이트 가격을 두고 수입품에 대해 차액만큼 관세를 부과하는 비관세 장벽이 문제가 되고 있다. 쌀의 경우 일본은 최근 자국 내에서 쌀 부족과 쌀값 폭등을 겪으면서 기존에 농가 보호 및 식량 안보를 근거로 쌀 수입에 대해 소극적이었던 입장을 바꾸려는 흐름이 강화되고 있다. 이에 쌀 추가 개방 이슈를 미국과의 관세 협상에서 협상 카드로 쓸 것이라는 예상이 힘을 얻는다. 다만 7월에 참의원 선거가 있고 정부 내에서 농림수산성이 반대하고 있어 귀추가 주목된다. 실제로 하야시 요시마사 관방장관은 7월 1일 향후 미일 관세 협상에서 "농업을 희생시키지 않을 것"이고 "보호해야 할 것은 보호할 것"임을 강조하기도 했다.

일본은 특히 자동차 산업이 입을 피해에 주목하고 있다. 일본에서 자동차 산업은 생산 유발 효과가 매우 큰 기간산업이다. 미국의 관세 정책에 의한 수출 감소는 생산 및 고용 측면에서 그 부정적인 여파가 작지 않을 전망이다. 특히 자동차 연관 산업 취업자의 다수가 중소기업에 속해 있어 최근 업계 환경 변화에 대한 신축적인 대응에 어려움을 겪게 될 것으로 보인다. 그 점은 한국 자동차 산업도 다르지 않다.

이에 일본 완성차 업체들은 일차적으로는 미국에 이미 직접 투자했던 기존 공장의 라인 증설을 통해 미국 내 생산 물량을 늘린다는 계획이다. 미국 내 생산 인력이 부족하고 어차피 부품에 대해서도 관세가 부과되는 점 때문에 미국 내 생산 물량

확장에는 한계가 있다는 시각이 존재한다. 그럼에도 불구하고 이와 같은 물량 재배치만으로도 일본 자국 내에 형성된 자동차 산업 생태계가 물량 부족으로 교란될 수 있다는 우려가 지배적이다.

완성차 업체별로 비교하면 상대적으로 미국 현지 생산 및 조달 비중이 이미 높고 수익 구조가 양호한 도요타와 혼다는 비교적 타격을 덜 받을 수 있다. 혼다는 향후 미국 판매량의 90%를 미국 현지에서 생산할 계획이다. 현재 혼다는 일본 자국에서 생산해 미국으로 수출하는 물량 비중이 크지 않아 자국 경제에 미칠 영향은 크지 않을 것으로 판단하고 있다.

도요타는 관세 부과에도 불구하고 미국 시장 판매 가격을 가급적이면 올리지 않을 방침이며, 관세 영향을 효율성 개선과 비용 절감으로 극복할 수 있다는 입장이다. 도요타의 북미 소재 자회사는 일본 내 부품 공급 업체에 대해 트럼프 관세에 대한 비용 상승분을 지원할 계획이라고 밝히기도 했다. 다만 현지 생산이 더 늘어날 경우 자국 내 부품 업체들에 대한 부정적 영향이 초래될 위험은 큰 편이다.

한편 대미 수출 의존도가 높고 수익 구조가 상대적으로 취약한 닛산, 마쓰다, 스바루, 미쓰비시 자동차의 경우, 이들 업체가 입지한 소재지의 지역 경제 붕괴에 대한 우려마저 제기되는 형국이다. 대표적인 지역은 닛산 공장이 있는 후쿠오카, 마쓰다

공장이 있는 야마구치 등이다. 한국도 현대기아차를 제외한 완성차 중견 3사를 둘러싸고 그와 같은 어려움이 예상된다. 그런 점에서도 일본 업계의 동향을 면밀히 주시할 필요가 있다.

최근 미일 협상 중간에 공개된 내용에 따르면 일본 측이 자동차에 대한 품목별 관세에 대해 협의가 필요하다는 주장과 미국 측이 품목별 관세는 협상 대상이 아니라는 주장이 충돌했던 것으로 알려졌다. 당시 공개된 내용을 보면, 첫 번째로 협상의 범위부터 쟁점이 된다는 사실이 확인되었다. 협상의 범위를 둘러싸고 무역 확장법 제232조가 협상 대상이 되는가 여부, 그리고 상호 관세의 경우 기본 관세 10%가 협상 대상이 되는가 여부가 주목되었다. 각국의 대미 협상 결과가 다시 제3국들에게 어떻게 적용될 것인지에 대해서는 정해진 규칙이 없다는 사실도 드러났다. 이와 관련해 품목별 관세와 상호 관세가 과세 원칙이 상이하다는 점을 감안해야 할 텐데 막상 품목별 관세의 경우에도 개별적인 양자 협상에서 조정 여지가 있다는 점이 알려지면서 혼란스러운 양상이다.

또한 미일 협상 과정에서는 품목별 관세 대상인 자동차 부문에서도 협상을 위한 적극적 노력이 필요하다는 사실이 드러났다. 자동차 관세로 인해 큰 흐름에서는 미국의 의도대로 미국 내 제조업 고용을 늘리는 효과가 있겠지만, 그 조정이 단기간에 쉽지 않은 글로벌 공급망이 뒤얽혀 있는 상태여서 단기적으로 역효과가 생길 수 있다는 점을 예리하게 파고들 수 있다면 일본이나 한국 입장에서는 좋을 것이다.

일본은 미국이 요구하는 LNG 수입 확대 및 알래스카 주 LNG 개발 참여에 대해 정부 내 경제산업성에서는 검토할 수 있다는 의견이지만, 정부 내 자원에너지청이나 민간 사업자들은 알래스카 개발 사업에 대해 경제성이 없고 공급 과잉이 우려된다는 이유로 반대하는 상황이다. 단, 미국 LNG 수입 확대 자체는 추진될 것이라는 예상이 지배적이다. 또한 일본은 엔저 시정을 요구하는 미국 측 주장에 대해 일정 정도 수용한다는 계획으로 알려져 있다. 최근에는 미국의 대중국 봉쇄에 적극 협력하면서 희토류 등 핵심 광물의 가공에 있어 일본 제조업이 가진 역량을 지렛대 삼아 관세 협상에 임한다는 계획이다.

한국 정부로서는 이와 같이 일본 정부가 협상에 대하는 입장으로부터 참고할 점들이 있다. 먼저 통상과 안보, 환율 등 여러 의제를 연계시켜서 일괄 타결을 꾀하는 미국 측 전략에 대해 일본처럼 그 의제들을 분리시켜 협상하는 전략을 추진할 수 있다. 통상 의제를 안보 의제와 결합시킨 채로 협상이 진행될 경우 한미 동맹의 명분을 지키는 대가로 일자리와 산업 역량을 희생시켜야 할 수 있는데 그 점을 특히 경계해야 한다.

미국산 LNG 수입은 도입 조건과 방식을 기준으로 미국 측 요구를 수용할 것인지 여부를 결정해야 한다. 최소한 현행 한국가스공사 중심의 독점적 도매 시장 구조를 흔들리는 일이 없도록 해야 한다. 알래스카 LNG 개발 사업은 경제성에 대한 충분한 검토가 선행되지 않는 상태로는 사업 참여 여부를 결정하지 말아야 한다. 일본 민간 사업자들의 사업 참여 반대에는 이유가 없지 않을 것이다. 불확실성이 큰 만큼 위험을 고려한 보수적인 결정이 요구된다. 이른바 전략적인 고려를 핑계 삼아 미국 정부의 요구에 굴종하는 일이 있어서는 안 된다. 이런 문제야말로 철저히 말 그대로 진짜 '상업적인 고려(commercial consideration)'에 의해 결정되어야 한다.

일본은 미국이 자진해서 빠져나간 CPTPP를 활용해 미국 이외의 지역에서 시장을 확대하겠다는 계획을 가지고 있다. CPTPP는 또한 일본이 중국을 견제하는 수단으로 활용하려는 수단이기도 하다. 이에 한국 내에서 특히 정부 여당과 재계를 중심으로 일본과의 협력 필요성을 강조하면서 CPTPP 가입을 서둘러야 한다는 주장이 다시 제기되고 있다. 지난 5월 27일~28일 열린 한일경제인회의에서는 일본 재계가 한국의 CPTPP 가입을 위해 협력할 것이라는 공동 성명이 발표되었다.[33] 이는 "CPTPP 반대, 윤석열 반대"의 함성으로 약 3년 전 광장을 메웠던 한국 농민과 어민, 노동자들의 입장에서는 대단히 유감스러운 일이 아닐 수 없다. 한국 경제는 바이든에 이어 트럼프 때문에도 산업 기반을 강탈당할 상황이다. 그런데 6년 전 문재인 정권 당시 소재·부품·장비의 수출 규제로 한국 제조업을 위기에

---

33) 연합뉴스, 한일경제인회의 공동성명 발표, "한국 CPTPP 가입 위해 협력", 2025.5.28.

빠뜨렸던 제조업 강국 일본과 FTA를 하자는 것인가. 그새 한일 간 제조업 역량의 비대칭이 해소되었는가. 그새 후쿠시마 수산물 문제가 해소되었는가. 그새 과거사 문제가 해소되었는가. 엄연히 일본은 동북아시아에서 미국의 제국주의 지배를 중개해온 역사적 '마름'이었다. 그런데 이미 세계 제2위의 FTA 네트워크를 가진 한국이 왜 그런 일본과 지금보다 더 특수한 관계를 맺어야 한단 말인가. 한국 민중은 농수산물에 대한 개방 요구 수준이 매우 높고 일본 제조업과의 경쟁에 한국 산업을 직접적으로 노출시키며 투자자-국가 간 분쟁해결절차(ISD)와 같은 독소 조항이 포함된 CPTPP 가입을 반대해야 한다. 다자주의의 시대가 마침표를 찍었다고 해서 신자유주의가 옳은 것이 아니다. FTA가 대안인 것은 아니다. 아울러 일본처럼 미국의 대중국 봉쇄에 적극 협력하는 길도 우리로서는 바람직하지 않다.[34]

(3) 중남미[35]

최근 트럼프를 상대로 관세 유예 등 협상력을 보여주면서 국제적으로 주목받고 있는 멕시코 대통령 클라우디아 셰인바움 파르도는 2025년 1월 '플랜 멕시코(Plan México)'를 통해 8개 전략 산업의 육성 계획을 발표하고 자국 내에 다양한 산업 기

---

[34] 다만 7월 1일 이와야 다케시 일본 외무상은 트럼프 행정부가 동맹국들에게 방위비 증액을 요구한 것에 대해 일본의 경우 "일본 자체 판단으로 방위력을 강화해 나갈 것"이라고 밝힌 바 있다. 미국의 일방적인 요구에 순응하지 않겠다는 뜻으로 풀이된다. 이에 대해 트럼프는 24%로 예정된 일본의 상호관세율을 30% 또는 35%로 올릴 것이라고 압박했다.

[35] 홍성우 외 (2025).

반을 구축하는 것을 목표로 제시하였다. 이는 산업 기반 구축 과정에서 멕시코 국내 기업의 참여를 확대해 국내산 비중을 높이고 수출 의존도를 낮춤으로써 궁극적으로 미국에 대한 경제적 의존을 낮추려는 의도로 받아들여지고 있다. 보다 최근에는 트럼프가 철강, 알루미늄 등에 대한 품목별 관세를 50%까지 끌어올리자 이에 반발하며 맞불 관세를 선언하기도 했다.

특히 2025년 4월 온두라스에서 열린 제9차 라틴아메리카·카리브 국가 공동체(CELAC) 정상회의에서 셰인바움은 기존에 체결되어 있던 무역협정을 준수할 것과 상대국의 주권과 독립을 존중할 것을 주장하며 중남미 국가가 결집해 지역 차원에서 공동 전략을 취할 것을 제안했다. 좀 더 구체적으로 셰인바움이 제시한 내용에는 농산물 교역을 통한 역내 농산물 자급, 보건·위생·의료 장비의 역내 자급, 에너지 안보 협력 등이 포함되었다. 같은 회의에서 브라질의 룰라 역시 미국의 패권 회복 시도로 인해 중남미 국가들의 자주성이 위협받고 있다고 지적했다. 콜롬비아의 구스타보 페트로, 쿠바의 디아스-카넬, 칠레의 가브리엘 보리치 등 좌파 지도자들도 같은 입장을 개진했다.

제9차 CELAC 정상회의의 결과는 테구시갈파 선언으로 집약되었다. 중남미 국가들 대부분은 미국에 대해 무역 적자를 보고 있는 나라들이어서 상호관세가 하한선인 기본 관세 10%로 부과되었기에 최근 트럼프 관세 정책의 직접 피해 당사자는 아닐 수 있다. 그러나 테구시갈파 선언은 중남미가 UN 헌장과 다자주의, 국가의 자결권, 주권 등의 원칙을 준수하는 평화 지대라는 점을 강조하고 국제 통상의 제한 등 국제법을 위반하는 일방적이고 강압적인 어떤 조치도 거부할 것이라고 천명했으며 에너지 등 역내 협력의 우선순위 분야를 결정했다. 중남미 33개국 가운데 친미 우익 세력이 집권하고 있는 아르헨티나와 파라과이는 동 선언에 서명하지 않았다.

중남미 국가들은 CELAC 정상회의가 있은 지 한 달 뒤인 2025년 5월에는 CELAC-중국 장관급 포럼을 개최해 중국과의 경제 협력을 강화하는 계획을 발표했다. 이는 다자주의와 자유 무역을 지지하는 중국의 입장에 중남미 국가들이 지지하는 의사를 밝힌 것으로 풀이된다. 포럼에는 시진핑 주석이 참석해 중국의 차관 제공, 중남미에 대한 사회 기반 시설 투자 확대, 인적 교류 확대, 중남미로부터의 수입 확대 등을 약속했다.

(4) EU[36]

EU는 과거 트럼프 1기 행정부 당시 철강, 알루미늄에 대해 각각 25%와 10%의 관세가 부과된 적이 있다. 당시 EU는 미국산 수입에 대해 25% 보복 관세를 부과해 맞선 일이 있다. 최근에도 트럼프가 5월 30일 철강과 알루미늄에 대한 무역 확장법 제232조에 따른 품목별 관세율을 50%로 인상해 6월 4일부터 적

---

36) 오태현 (2025).

용한다고 발표하자 EU는 미국과 합의 불발 시 보복 관세가 발표될 것이라면서 맞섰다. EU는 미국의 연이은 일방적인 관세 부과가 WTO 규정 위반에 해당한다고 주장하며, 미국이 요구하는 EU의 부가가치세 폐지에 대해서는 난색을 표하고 있어 합의 가능성이 밝지만은 않은 상태이다.

주지하다시피 미국은 미국산 수입품에 부과되는 부가가치세가 관세의 일종이며 기업들이 수출하면서 부가가치세를 환급받는 것은 보조금을 받는 격이라는 주장을 굽히지 않고 있다. 그러나 부가가치세는 수입품인지 국산품인지 여부를 가리지 않고 부과되며 특정 국가의 수입품이라고 차별하는 제도가 아니므로 비관세 장벽이라고 볼 수 없다. 미국도 연방 차원에서는 부가가치세가 없지만 주 정부 차원에서는 다양한 판매세(sales tax)가 존재한다. 만약 부가가치세가 불공정 무역의 단서가 된다면 내국세 전반에 걸쳐 비관세 장벽에 해당하는지 여부가 문제가 될 수 있는데, 그것은 억지가 아닐 수 없다.

트럼프 관세에 대한 EU의 일차적인 대응은 4,800개 이상 품목에 대해 보복 관세를 부과한 것이었다. 보복 관세 부과 품목에는 항공기, 자동차, 의료기기 등이 포함되었다. 아울러 EU는 철 폐기물, 알루미늄 폐기물 등 특정 품목에 대한 수출 제한도 함께 발표했고 미국의 무역확장법 제232조 품목별 관세가 WTO 규정을 위반한 것에 대해 WTO에 제소할 방침이다. EU는 기본 관세 10%가 반드시 폐지되어야 하고 상호 관세도, 품목별 관세도 실질적으로 면제를 받겠다는 입장을 고수하고 있다. 다만 중국의 경제 관행과 안보 위협에 대한 미국과 EU의 공동 우려를 중심으로 미국과의 관세 협상에 있어 속도를 조절할 것으로 보인다.

미국과 EU 사이의 무역 분쟁은 성장률 하락 등 영향을 미칠 것이 분명하나 하락 폭을 둘러싼 불확실성은 매우 크다. 다만 미국 관세의 영향에 자국 고용이 많이 노출된 나라일수록 이번 무역 분쟁의 영향이 크게 나타날 것이라는 분석이 제기되고 있다. 대표적으로 EU 회원국 가운데 아일랜드와 이탈리아에서 그와 같은 부정적인 효과가 상대적으로 클 수 있다.

(5) 영국

7월 2일 현재 미국과 무역 협상을 타결한 나라는 영국과 베트남이다. 중국은 상호관세율 협상은 일단락되었지만 희토류와 반도체 규제를 둘러싼 갈등의 여진이 가라앉지 않은 상태로 향후 가변성이 큰 상태다. 영국과 미국은 영국산 수입 품목에 대해 10% 기본 관세는 유지하되 철강이나 알루미늄에 대한 무역확장법 제232조의 25% 품목별 관세는 폐지하기로 합의했다. 자동차에 대해서도 연간 10만 대까지는 품목별 관세를 25%가 아닌 10%로 인하하기로 했다. 이에 대한 반대급부로 소고기, 농산물 등에 대한 미국의 시장 접근이 확대되었고 영국이 100억 달러에 이르는 미국 보잉 항공기를 구매하기로 합의했다. 그러나 GMO 기준을 완화하라는 미국 측 요구를 영국이 수용하지 않았고 미국 빅테크 기업에 대한 디지털 서비스세도 합의에 이르지 못했다. 양국 간 조율이 어려운 과제가 아직 남아 있는 실정이다.

미국이 영국과의 협상에서 품목별 관세를 인하하거나 폐지한 점에 유의할 필요가 있다. 품목별 관세는 동일 품목에 대해서는 무차별적으로 모든 나라에 대해 동일하게 적용한다던 종래 방침이 개별 협상을 거치면서 달라졌기 때문이다. 품목별 관세 또한 나라마다 차별적인 것이 되었다. 그렇다면 향후 어떤 나라든 영국과 미국 간 협상 결과를 근거로 품목별 관세에 대한 특혜적 인하 내지는 폐지를 얼마든지 요구할 수 있게 된 셈이다. 그 점은 한국 협상단도 참고할 필요가 있다.

(6) 중국

미국 패권의 약화는, 어느 나라든 노골적인 경제 제재나 군사적 침공으로 미국 의지대로 파괴할 수 있을 만큼 충분한 규모의 경제를 못 만들게 하려던 그간의 계획이 실제로는 점점 실패하고 있는 현실에서 잘 드러난다. 그 배경에는 중국 등 브릭스 나라들의 성장이 자리하고 있다. 중국은 미국이 오래전 19세기 말부터 국내 산업의 성공을 뒷받침하고자 채택했던 고전적인 혼합 경제를 추구하고 있다. 중국은 최근 대미 관계에 있어 경제 안보를 위해 독자적으로 통제 가능한 공급망을 구축하고 중요한 품목에 대해서는 최소한 하나 이상의 의지할 만한 대체 조달 원천을 갖추도록 해 필수적인 산업 예비 체제를 마련한다는 방침을 실천에 옮기는 중이다. 오히려 한국 경제가 그런 노력을 안 해도 되는지가 의문이다.

트럼프 1기 관세 전쟁을 거치며 미국 수입 시장에서 중국의 점유율은 2017년 약 22%로부터 2023년 약 14%까지 하락했다.[37] 2017년까지 미국 수입에서 중국은 한국, 멕시코, 베트남과 함께 비중이 커졌으나 2018년 이후에는 한국, 멕시코, 베트남의 비중은 증가한 반면 중국은 감소했다. 중미 간 교역 감소 과정에서 미국 수입 경로의 대체가 일어난 것으로 보인다. 한편 같은 기간 중국 수출액 중에서 미국 상대 수출의 비중 역시 2018년 약 19%에서 2023년 약 15%로 하락했다. 이는 중국의 주요 교역 상대국 가운데 가장 큰 하락 폭이다. 반면에 중국의 베트남, 말레이시아, 싱가포르 등 아세안 국가로의 수출 비중은 최근 5년간 13%에서 16%로 올랐다. 미국은 여전히 중국의 최대 수출국이다. 그러나 중국의 미국 상대 수출은 중국 국내총생산(GDP)의 2.8%에 그치고 있어 "중국은 GDP의 56%에 달하는 내수를 5%만 올리면 대미수출 감소에 대한 대응이 가능"하다.[38] 특히 중국은 미국산 제품을 다른 국가나 자국 상품으로 대체할 수 있는 선택지가 비교적 폭넓다는 평가가 있다. 그에 비해 미국은 중국 상품을 대체할 수 있는 선택지가 많지 않다는 지적이다.

---

37) 김종덕 외 (2024).
38) 전병서 (2024).

(7) 시사점

이상 살펴본 바와 같이 각국은 트럼프 관세 정책의 일방적인 질주에 맞서면서 자기 현실에 맞는 대응 방안을 마련하고 있다. 일본처럼 대중국 견제에 동참하고 미국이 요구하는 상업적 고려를 부분적으로 충족시킴으로써 미일 연합이라는 전통적인 동맹 질서에 손상이 없는 범위 내에서 자동차 관련 품목별 관세 인하에 집중하는 경우도 있지만, EU처럼 대중국 견제에는 동참하되 미국에 대해 강도 높은 무역 보복을 제기하는 경우도 있다. 중남미처럼 미국의 영향권으로부터 벗어나 독자 노선을 견지하고자 하는 움직임도 존재한다. 중국은 미국과의 경제 전쟁에서 물러서지 않고 정면에서 맞서고 있다.

현 상태에서는, 시민의 경제적 존엄에 대해 책임이 있는 국가라면 미국에 의한 다자주의 무역 질서의 더 이상의 일방적인 훼손을 막기 위해 여러 나라들과 공조하면서 보복 관세를 포함한 보다 적극적인 대응에 나설 것이 요구된다. 미국의 WTO 협정 위반, 한미 FTA 위반에 대한 강경한 대응이 요청된다. 협상이 실패할 수 있음을 인정하고 협상이 실패할 경우의 대책을 마련해야 한다. 미국에 대한 보복 관세를 준비해야 한다. 미국에 대한 수출 제한도 필요하다면 얼마든지 발동할 수 있어야 한다. 정부 정책의 우선순위가 우리 노동자의 고용 보호에 있음을 명백히 해야 한다.

그런데 국내의 모 국책 연구 기관은 트럼프 관세에 대한 대응

방안으로 베트남 등에 소재한 현재의 생산기지를 재배치해 미국으로부터 수입을 많이 하는 나라, 미국에 수출을 적게 하는 나라로 이동하는 게 유리하다고 조언한다. 그런 나라일수록 상호관세율이 낮다는 것이 그 이유다. 아울러 한 술 더 떠 멕시코와 캐나다를 통한 미국 시장 진출을 권고하기도 한다. 트럼프 행정부가 북미 자유 무역 협정(USMCA) 지역에 대해 특혜를 제공하고 있는 것이 그 이유라고 한다. 그런데 이와 같은 대응 방안은 도대체 누구를 위한 것인가? 세금으로 운영되는 국책 연구소란 곳에서 나온 방안이 한국 노동자들은 철저히 무시하고 오로지 한국 자본의 이해관계만 고려해도 되는 것인가? 나라꼴이 한심하기 이를 데 없다.

이처럼 트럼프 고율 관세의 파고에 대처하기 위한 정부 정책으로 한국 자본을 위해 국내 산업 지원책을 마련하라는 목소리는 높지만, 막상 노동자 농민을 위한 종합적인 대책 마련의 요구는 잘 들리지 않는 실정이다. 또한 최근 세계 경제의 변화를 배경으로 여태껏 일방적으로 밀어붙여온 수출 대기업 중심의 양적 성장 일변도의 접근법이 가진 문제점을 되짚어 보고 구조 개혁을 위한 사회적 합의의 계기를 만들어야 한다는 주장 역시 쉽게 찾아보기 어렵다.

그렇다면 한국의 진보 정치는 트럼프 관세 정책에 어떻게 대응해야 하는가. 경제적으로는 무엇보다도 한국 제조업의 역량 보전이 핵심적인 과제라고 할 수 있다. 제조업 역량은 곧 일자리의 문제이자 동시에 특정 영역에서 한국이 보유한 숙련 및 기술 경쟁력의 문제이기도 하다. 트럼프 관세 정책에 더해 상황을 한층 더 복잡하게 만드는 요인은 현재의 산업 구조가 향후 어떤 경로를 구체적으로 거칠지는 불명확하나 디지털 전환과 에너지 전환이라는 이중의 기술적 전환을 거치면서 큰 폭으로 변화될 운명이라는 사실이다. 따라서 중장기적으로는 그와 같은 진화의 과정까지 고려하면서 제조업 역량이 보전될 수 있는 방안을 찾아야 하는 과제가 제기된다고 하겠다.[39]

---

39) 한국은 적어도 2000년대 후반부터는 주력 제조업의 구조 재편 필요성이 강력히 요청되어 왔다. 반면에 이른바 신성장 동력 산업은 초기 발전이 더딘 형국이다. 지금은 그와 같은 산업 전환의 어려움과 함께, 지나치게 확대된 가계 부채 부담으로 부동산 시장 부양에 기댄 내수 회복이 한계에 봉착한 상황이다. 그런 가운데 트럼프 2기 관세 폭탄을 맞은 것이다. 이에 집권 민주당은 "성장이 멈춘 경제에서는 분배도 개선될 수 없다"면서 인공지능(AI) 주도 성장으로 빠르게 변신하는 모습이다. 그러나 구체적인 산업 전환의 기획은 불투명해 보인다.

기술 변화가 어떤 방향성을 가지고 노동 과정에 적용되도록 할 것인지, 어떤 규범화를 시도하고 그래서 어떻게 일자리와 안전, 노동의 질을 보호할 것인지, 인공지능과 관련된 막대한 에너지 수요를 어떻게 충족시키면서 에너지 전환을 달성할 수 있는지, 그런 문제에 대한 비전이 명확하지 않다. 신산업 육성과 정의로운 전환이 충분한 정합성을 가질 수 있는지도 따져볼 문제가 아닐 수 없다.

현재로서는 집권 민주당은 수출 주도, 재벌 주도의 과거 성장주의 패러다임을 그대로 유지하는 가운데 인공지능 등의 활용으로 노동 생산성을 끌어올린다는 공급 측면 복안을 중심에 둔 것으로 보인다. 그러나 수요 측면에서 보면 다수 대중의 구매력과 내수 시장이 제한된 가운데 수출 길마저 구조적으로 제한되는 상황이므로 어려움이 있을 법하다. 민주당 정권은 주식 가격을 부양시키려고 노력하겠지만, 근본적인 문제가 그렇게 개선될 리는 없다.

트럼프 2기 관세 전쟁의 여파로 한국 자본주의의 산업 전환은 더욱 어려운 여건을 맞게 될 것으로 보인다. 산업 전환 과정에서는 신산업에 대한 대규모 초기 투자가 필수적인데 관세 전쟁 상황에서 증폭된 불확실성과 글로벌 교역 둔화에 따른 수익성 악화는 기업들로 하여금 투자 시행에 부담을 느끼게 할 것임이 분명하다. 아울러 정부와 공공 부문이 재정적 부담을 무릅쓰고 선도적인 인프라 투자를 단행하더라도 민간 부문의 후행 투자가 충분히 이어지지 않으면 신산업의 초기 안착은 그만큼 어려울 수 있다.

산업 전환은 또한 신산업 기반이 자리를 잡지 못한 가운데 이루어지므로 기존 주력 산업에서의 플러스 섬 창출 능력이 일정한 역할을 하게 되는데, 세계 경제가 침체되고 관세 부담으로 교역이 위축되면 그와 같은 플러스 섬 창출은 제한될 수밖에 없다. 플러스 섬이 사라진 조건에서는 기존 주력 산업에서의 구조조정이 더욱 고통스러운 과정이 되기 쉽다.

이를 위해서는 당장 미국을 상대로 한 협상에서부터 적절한 대응책이 마련되어야 한다. 기성 제도권 정치는 한미 동맹의 틀을 더욱 강화하는 방향을 벗어나기 어렵다. 따라서 정권은 현실적인 선택으로 한국이 미국의 전략적 파트너로 간택되기를 바라는 선에서 자제하고 국민들이 희생을 견뎌내도록 관리하는 데 집중하기 쉽다. 어차피 미국에 의해 완전히 기울어진 협상장이기에 그 의미가 매우 제한된 것이긴 하지만, 미국에 의해 전략적 파트너로 간택될만한 협상의 지렛대가 한국에 있는가. 없다고는 보기 힘들 수 있다. 반도체나 조선, 디스플레이, 배터리 등 분야에서 한국 기업들의 제조 역량 상 강점은 미국이 필요로 하지만 제대로 갖추지 못한 것이라는 점에서 협상의 중요한 지렛대 역할을 할 수 있을 법하다.

하지만 그런 식으로 미국이 요구하는 상업적 고려 조건들을 순순히 받아주고 말 것인지 묻고 싶다. 오늘날과 같이 미국의 지나친 제국주의 패권 전략이 세계 경제와 민중들의 삶에 큰 어려움을 가져온 상황에서조차 아무런 문제제기도 하지 않고 이번에도 굴종하고 만다면, 한국 경제는 미국에 예속된 현재와 같은 구조에서 벗어날 기회가 앞으로 영영 없을지도 모른다. 미국이 아니라 한국 민중을 믿고 자주적인 의사결정으로 한국 경제에 최선인 길을 찾아 나설 수는 없을까.

미국은 궁극적으로 제조업 기반 경제로의 변신을 위해 한국이 경쟁력을 가진 제조 영역을 자국 내로 통합해내는 것까지를 구상하고 있다. 반면에 한국이 반대급부로 받아올 수 있는 것은 상호 관세의 관세율 인하와 주둔비 인상 폭 제한, 한미 FTA 재협상 과정에서의 추가 개방 폭 제한 정도로 그칠 수 있다. 미국은 한국에 안보와 시장을 제공한다고 주장하지만 설령 그 주장이 맞고 한국이 협상의 지렛대를 잘 활용하더라도 지금보다는 더 비싼 가격을 치러야 한다는 사실에는 변함이 없다.

트럼프 2기 행정부는 안보와 통상을 긴밀히 연계시키고 있다. 직전 윤석열 정권은 미국 측 요구에 철저히 순응했다. 이재명 정권은 어떤 선택을 할 것인가. 한국의 집권 민주당은 안보는 미국과 협력하되 경제는 중국과의 관계를 이어가는 '안미경중' 접근법을 취해 왔으나 어떤 의미에서는 트럼프 행정부와의 갈등을 불사하지 않는 이상, 향후에도 동일한 접근법을 그대로 유지하기는 어려울 수 있다. 그런 의미에서는 안미경중의 끝이 보인다. 이미 지난 3월 민주당 주도로 한미동맹 결의안이 채택된 것이나 이후 민주당이 친미 행보를 이어가는 것이 그와 같은 예상에 힘을 실어준다.

이와 관련해 전 세계적으로 이미 형성되어 있는 복잡한 공급망은 그것 자체가 단기간 내에 쉽게 조정될 수 있는 성질의 것이 아니라는 점만큼은 다시 한 번 강조하고 싶다. 중국은 여전히 한국으로서는 미국에 이은 제2의 무역 상대국이며 중국으로의 반도체 중간재 수출은 아직도 한국 경제에서 상당히 큰 중요성을 가지고 있다. 중국과 미국 사이에서 어떻게든 전략적 균형을 추구하는 것이 현재로서는 최선이다. 중국과의 경제 관계 축소는 한국 경제에 결코 바람직한 선택이 아니다.

한국의 집권 민주당은 미국에 대해 전략적 파트너 관계를 요구하면서 미국이 제시하는 비관세 장벽, 디지털 교역, 상업적 고려 등 여러 조건들을 상당 폭 수용하고 상호 관세에서 다소간의 양보를 얻는 절충안을 택할 가능성이 있다. 그렇게 따지면 민주당도 결국 구체제 내란 세력과 크게 다르지 않은 선택을 하기 쉽다. 미국으로부터 확실하게 권력을 인정받기 바라는 민주당으로서는 탄핵 광장을 열고 함께 지켜냈던 진보진영을 쉽게 버리고 대신에 "한미동맹을 새롭게 다지는" 최상목의 길로 어쩌면 금방 선회할 수 있다. 그 일환으로 민주당 새 정부는 한중일 FTA나 CPTPP 등을 재추진할 수 있다. 이제 다자주의 시대는 끝났으니 결국 FTA 아니냐, 그런 주장이 소위 전문가들 사이에서 나오면 그 길로 가게 되는 것이다. 그런데 한미 FTA를 미국 입맛에 맞게 재협상하고 거기에 기존 한중 FTA보다 양허 수준을 높이는 쪽으로 한중일 FTA 등이 체결되면 한국 농업은 정말 그 끝을 보게 될 것이다.

최근 하워드 러트닉 미국 상무장관은 전임 바이든 행정부가 도입한 칩스법에 따라 미국에 투자한 각국 반도체 업체에 지급하기로 약속했던 보조금이 축소될 수 있다고 발언했다. 이로 인해 그동안 동 법의 혜택을 받기 위해 대(對)미국 투자에 주력했던 삼성전자, SK하이닉스 등이 직격탄을 맞게 되었다. 삼성전자는 현재 미국 텍사스 주에 370억 달러를 투자해 파운드리 공장을 짓고 있는데, 약속 받았던 47억 4,500만 달러의 보조금을 지급 받지 못하고 있다. SK하이닉스는 인디애나 주에 38억 7천만 달러를 들여 반도체 패키징 생산 기지를 건설하고 있는데 역시 약속 받았던 보조금 4억 5,800만 달러를 못 받고 있다. SKC의 자회사 앱솔릭스 또한 조지아 주에 반도체 유리기판 공장을 가동 중인데 보조금 3,500만 달러를 받지 못했다. 향후 약속대로 보조금을 지급 받을 수 있을지 확실치 않다. 러트닉 장관은 약속된 반도체 보조금이 너무 후하며 약속된 금액의 절반 이하로 깎아야 한다고 언급했다. 설사 절반 이하로 깎인 보조금만 지급 받게 되더라도 거기에 다시 추가 투자 등 조건이 붙게 될 가능성이 크다.

한국이 제조업 역량을 보전하고 성과적으로 산업 전환을 달성하는 길이 꼭 미국의 전략적 파트너로 간택 받는 것이어야 하는지, 그 길 밖에 없는지는 의문이다. 만약 다른 길을 선택할 수 있다면 그것은 전통적인 한미 관계로부터 이탈하는 길이 될 수 있으며 따라서 그 과정에서는 한미 동맹을 벗어나더라도 시민들의 삶이 흔들리지 않는다는 명확한 미래 비전을 제시할 만한 능력 있는 진보 정치의 역할이 중요하다고 할 것이다.

미국이 이번에 제시한 상호 관세는 협상의 틀까지도 규정하는 특징이 있다. 개별 국가를 대상으로 협상이 이루어지기에 미국이 협상 상대를 개별적으로 각개 격파할 수 있는 틀이다.

이런 경우 맞은편은 최선의 전술이 공동 전선을 구축하는 것이다. 미국과의 경제적 갈등을 감수하더라도 유럽, 중국, 중국 이외의 브릭스 나라들, 그리고 그 밖의 글로벌 사우스 나라들과 공동으로 보조를 맞추면서 미국의 정책 변화를 이끌어낼 수 있다면 그 길이 바람직하다. 윤석열 정권은 취임 초부터 '탈중국'을 선언했지만, 우리는 세계 경제의 다극화라는 긴 흐름 속에서 이제 진정으로 '탈미국'을 이야기해야 할 때가 되었다. 미국 없는 세계 경제를 구상하고 대비해야 한다.

미국의 일방적인 요구에 굴복하지 말아야 한다. 국민 국가의 정책 자율성을 지켜내면서 글로벌 사우스로 수출입선을 다변화하고 국제 협력의 범위와 내용을 새로운 차원으로 확대해갈 때가 되었다. 그와 같은 대외 정책 방향을 진보 정치의 현실적인 대안으로 발전시키고 구체적인 내용을 채워갈 때가 됐다. 구체적으로는 BRICS+에 회원국으로 참여하는 방안을 검토해야 한다. 또한 한국 경제의 미래를 위한 진정한 구조 개혁은 수출 주도 성장에 매몰되어 다수 대중의 구매력 결핍 상태와 내수 기반의 취약성을 키워온 그간의 경제 정책 기조를 근본적으로 전환하는 과제를 포함한다는 사실도 중요하게 고려해야 한다.

5) 진보적인 산업 정책의 구상

한편 진보 정치로서는 트럼프 관세 정책을 계기로 산업 정책의 중요성을 재인식하는 것이 요청된다. 산업 정책은 서유럽

선진국에서 실은 1970년대 초까지만 해도, 즉 포디즘 생산 체제로 특징지어지는 케인스주의 내지는 사민주의 복지국가 체제에서는 중요한 경제 정책으로 받아들여졌다. 산업 정책이야말로 신자유주의가 득세하면서 중심적 지위에서 밀려난 대표적인 정책 분야이다. 그렇게 된 이유는 국가 개입이 비효율적 자원 배분을 초래한다는 시장원리주의 이념 때문이었다.

산업 정책의 표준적인 정의는 "국가가 경제 전반에 효율적일 것으로 인식한 결과를, 특정 산업과 그 요소인 기업으로 하여금 달성토록 하는 것을 목표로 하는 정책"[40]이라고 하겠다. 경제학자들 사이에서는 산업 정책의 기본적인 지도 원리는 효율성에 있지 평등과 같은 여타의 목표는 아니라는 생각이 지배적이며 개별 산업의 효율성 목표와 전체 경제의 효율성 목표가 충돌하면 후자를 우선시한다는 원칙에 대해 동의가 이루어져 있다. 전체 경제의 효율성을 일상적인 용어로 애써 바꾼다면 '국익'이라고 할 수 있다.

그런데 이를테면 Magaziner and Hout (1980)의 연구에서 일본의 통산성이 "기업체들에게 더 큰 목적을 위해 그다지 매력이 없는 해외 프로젝트에 참여하거나 추가적인 설비 증설을 연기하는 것 등을 권하곤 했다"고 언급했을 때 '더 큰 목적'은 과연 어떤 것인가. 혹시 그것이 '국익'인가. 이 대목에서 강조하고

---

40) 장하준 (2006).

자 하는 것은 진보 정치는 산업 정책의 정의부터 고민해야 한다는 것이다. 진보적 산업 정책의 정의부터 분명히 해야 문제를 제대로 제기할 수 있기 때문이다.

진보 정치의 입장에서는 이를테면 먼저 여기 등장하는 '더 큰 목적'에 사회 공공성은 왜 해당되지 않는다는 것인지 물음을 던지는 것이 필요하다. 평등과 같은 추상성의 수준이 높은 헌법적 가치와 비교하면 사회 공공성은 경제적 개념일 뿐만 아니라 기능적인 정의로 좁혀 합의 도출이 가능하다. 그렇다면 산업 정책의 지도 원리를 국가 차원에서의 이익으로 삼는다 하더라도 그것의 구성 요소로서는 효율성과 함께 사회 공공성을 포함시킬 수 있을 것이다.

그렇다면 앞의 표준적인 정의를 정정해 진보 정치의 산업 정책을 "국가가 경제 전반에 걸쳐 효율성이나 사회공공성 관점에서 바람직하다고 인식한 결과를, 특정 산업과 그 요소인 기업으로 하여금 달성토록 하는 것을 목표로 하는 정책"으로 재정의하는 것이 가능할 뿐만 아니라 바람직하게 된다. 이와 같은 정의를 채택하면 시장에 의한 자원 배분과는 상이한 결과를 초래하더라도 공공성 가치를 위해 국민 국가가 사전적인 조절 기제를 마련함으로써 경제 주체들의 시장 진입을 통제하고 이윤 동기를 제한하거나 촉진하는 등의 개입이 가능해진다. 마르크스는 규제 없는 시장은 무정부주의의 바다이고 기업은 그 바다 위에 떠 있는 계획된 경제의 섬이라고 비유한 바 있다. 그렇다면 진보 정치의 개입은 그 섬을 넓혀 가는 전략이어야 한다. 기업 수준에서 이미 존재하고 있는 사전적 조절을 경제 전체로 확장하는 사회화 기획도 그 일환이다.

(1) 소재와 부품, 장비의 국산화[41]

소재와 부품, 장비(소부장)를 의도적으로 국산화함에 있어서는 규모의 경제 효과를 충분히 살리기 힘들어 경제성이 떨어질 수 있고 연구 개발 관련 부담이 상존하는 약점이 있을 수 있다. 아울러 소부장 국산화 노력은 글로벌 공급망이 요구하는 무역 규범의 제약과 충돌할 소지마저 있다. 이로 인해 지금까지는 효율성 차원에서 소부장 국산화가 갖는 비용 요인이 조금 더 중시되어온 측면이 있다. 하지만 공급망이 전 세계적으로 재편되는 과정에서 소부장 국산화에 성공할 경우 많은 장점이 있다. 무엇보다도 공급선이 안정되고 기술 자립을 통해 경쟁력이 향상되는 점이 강점이다. 고용 창출 및 지역 내 산업 생태계 발전에도 도움이 된다. 이에 따라 진보적 산업 정책에서는 소부장 국산화를 경제적 자율성 확보를 위한 하나의 중요한 요건으로, 지향해야 할 가치로 고려할 수 있다.

(2) 수요 위축에 대한 대응

트럼프 2기의 품목별 고율 관세의 폭탄을 맞고 있는 업종에서는 특히 수요 변동에 대한 대응책이 마련될 필요가 있다. 이

---

41) 오민규 (2025).

에 대한 전통적인 산업 정책은 일차적으로 '불황 카르텔'을 구축하는 것이다. 수출 길이 막히게 되면 내수 시장을 놓고 사업자간 출혈적인 경쟁이 벌어질 수 있는데 이를 사전에 막기 위해 정부가 개입해 감산 규모에 대한 사업자 간 협약을 도출할 수 있다. 정부 개입이 없다면 민간 사업자들끼리의 자발적인 조정에 비용이 많이 들고 조절된 감산 자체가 어려울 수 있다. 정부에 의해 조절된 감산이 없으면 상위 사업자에 의한 시장 독식이 나타날 수도 있다. 그 경우 하위 사업자의 파산에 따른 업종 특수 자산의 가치 하락은 경제 전체적으로 비효율적일 뿐만 아니라 대규모 고용 조정에 따른 사회적 문제가 발생하기 때문에 정부 개입이 필요한 것이다.

정부는 불황 카르텔을 작동시키면서 교섭이 교착되면 해법을 제시하고 협상 당사자들의 협조를 유도해내는 역할을 해야 한다. 아울러 산업 전환을 위한 구조조정 과정에서 노동시간 단축 및 일자리 나누기로 일자리 파괴를 최소화하고 국가 보조로 소득을 보전하며 해고 노동자를 대상으로 직업 재훈련과 재배치 등 프로그램을 운영하는 노력을 병행해야 한다.

6. 결론 : 대안적인 국제 질서에 대한 진보의 비전

새로운 세계 경제 질서는 미국 패권이 약화되고 지금보다 더 다극화되며 그런 만큼 덜 조율되는 가운데 국가 간 전략적 경쟁은 더 치열해질 예상이다. 경제적 갈등이 지정학적 긴장으로 비화하는 경우도 늘어날 수 있다. 그런 가운데 기후 위기 대응, 디지털 전환 과정에서의 노동권 보호, 미래 팬데믹에 대한 대비 등 인류 공동의 과제를 둘러싼 국제 협력의 시급성은 커지고 있다. 이에 대안적인 국제 질서의 상에 대한 진보 정치의 비전이 제시되어야 한다.

일단 최근 트럼프 행정부의 행태를 보면 다자주의를 지향하는 규칙에 기반한 질서에는 바람직한 측면이 분명히 있다. 다만 그렇다고 해도 신자유주의 세계화와 완전한 자유 무역의 복원, 역내 경제 통합을 촉진하기 위한, 이를테면 CPTPP와 같은 FTA의 확대에서 대안을 찾는 것이 진보 정치의 길이라고 할 수는 절대로 없다. 보호주의에 대한 객관적이지 못한 평가에 입각해 완전한 자유 무역을 옹호하는 것 역시 진보 정치와는 길이 다르다.

필자로서는 트럼프 정책이 세계무역기구(WTO)의 다자주의로부터 이탈한 것이 안타까운 일인지도 의문이다. 미국의 대외 정책에서는 그간에 예외 없이 미국의 이익이 최우선이었다. 겉으로 중립적인 듯 보였던 다자주의 게임의 규칙도 미국에 이익이 안 되면 지켜지지 않았다. GATT와 그 후신인 WTO가 표방한 다자주의는 식민의 역사에 깊이 뿌리 둔 국가 간 격차를 은폐해 왔다. 개발도상국들의 77 그룹은 환영받지 못했고 그들이 제안한 '신(新) 국제 경제 질서(NIEO)'는 사산되었다. 그러니

다자주의 자체가 절대선은 아닌 셈이다. 진보 정치로서는 어떤 다자주의인가를 반드시 물어야만 하는 것이다.

그렇다면 구체적으로 진보 정치의 대안적 국제 경제 관계는 어떤 것이어야 하는가. 그 질문에 대해 살펴보기 위해 역사적으로 존재한 브레턴우즈 체제의 성격을 짚어보겠다. 자본주의 역사에서 국가가 경제에 개입하지 않은 적은 없었으나 개입의 구조와 양상은 부단한 변화를 겪어왔다. 전후 브레턴우즈 체제는 두 차례 세계대전을 야기한 경제 정책의 실패를 반복하지 않기 위해 국민 국가의 경제 정책에 자율성을 부여할 목적을 가지고 있었으며 그 일환으로 자본 이동을 통제한 점에서 특징적이었다. 그 결과는 구미의 사민주의와 케인스주의 복지 국가 및 미국의 뉴딜 체제, 그리고 한국을 위시한 동아시아의 권위주의적 발전 국가였다. 소련 사회주의 블록에 맞서면서 혼합 경제적 특성을 강하게 가지게 된 것이었다.

브레턴우즈 체제는 국민 국가의 각 정부가 유효 수요 관리를 위해 재량적으로 거시 경제 정책을 수행하면서도 제1차 세계대전 이전의 자유 무역을 일정 수준 이상 회복한다는 목표를 가지고 있었다. 이를 위해 고정 환율제를 채택해 환율 변동을 둘러싼 불확실성을 최소화하고 국제 자본 이동을 제한했다. 그리고 무역 적자 발생에 따른 환율 변동 가능성을 억제하기 위해 국제 준비 자산인 달러를 일시적으로 융통해주는 국제적 최종 대부자로 IMF를 설치했다. 그러면서도 브레턴우즈는 전쟁의 참화를 겪고 절대적인 경제 강자로 부상한 미국의 패권을 공식화해 달러를 기축 통화로 정했고 미국에게 IMF와 IBRD에서의 거부권을 허용했다. 이처럼 브레턴우즈 자체는 미국 패권과 개별 국민 국가의 경제 정책에 있어서의 자율성이라는 서로 모순될 수 있는 양자를 모두 인정한 절충적인 체제였다.

다만 국민 국가의 정책 자율성 공간이 일정 정도 확보된 가운데 포드주의에 기초한 생산 체제의 안착 과정에서 대중 구매력이 향상되었고 이로 인해 대량 생산에 따른 실현 위기가 최소화되면서 전후 자본주의는 황금기를 구가할 수 있었다. 이는 절충적인 브레턴우즈 체제의 안정성을 높이는 계기가 되었다. 이후 1970년대 자본주의 위기를 거치며 1980년대 들어 신자유주의에 자리를 내주고 붕괴된 브레턴우즈 체제를 오늘 시각에서 되돌아볼 때 특기할 점은, 체제 자체는 자유 무역을 지향했지만 제한적이나마 개별 국민 국가에 의한 무역 통제와 자국 산업 보호가 허용되었다는 사실이다. 구체적으로 GATT는 국가 간 합의의 재량을 중시했고 특히 비관세 장벽을 중심으로 광범위한 규제 공백을 유지하고 있었다. 자본주의 황금기는 국가에 의한 무역 통제에 의해 뒷받침되었던 것이다.

특히 남미 출신의 종속 이론 경제학자 라울 프레비시(Raul Prebish) 등이 적극적으로 나서면서 UNCTAD가 1964년에 창설되었고 UNCTAD를 중심으로 제3세계 국가들의 보호주의 정책과 선진국에 유리하게 치우친 교역 조건을 개선하자는 목소리에 힘이 실리기도 했다. 개발도상국에 대한 관세 상 특혜는 일반 원칙으로 규범화되었고 한국도 그에 따른 혜택을 오랫동안 수혜했다.

이처럼 브레턴우즈 체제는 한편으로는 미국의 제국주의적 세계 지배를 뒷받침한 성격을 가지고 있지만 다른 한편으로는 국민 국가의 틀을 중시하며 적극적으로 자유 무역을 관리한 점에서, 즉 훗날 신자유주의 하에서의 무제한적 자유 무역이 아니라 어디까지나 '관리된 자유 무역'을 추구했다는 점에서 오늘날 우리에게 시사점이 없지 않다고 하겠다. 다만 관리되는 자유 무역을 위해서는 무엇보다도 자본 이동에 대한 통제가 전제되어야 한다는 것만큼은 분명하다.

이와 관련해 케인스가 전후 세계 질서 재편 과정에서 특정 국가의 통화를 기축 통화로 삼지 말고 대신에 '방코르(Bancor)'라는 세계 화폐를 도입하자고 주장했던 것이 받아들여졌더라면 전후 세계 경제 지배구조는 미국 패권의 영향이 제한된, 보다 다자주의적인 양상을 띠었을 수 있다. 진보 정치로서는 그런 사실도 대안적 비전의 한 부분으로 적극 고려할 필요가 있을 것이다.

자본에게 무제한의 자유를 부여한다는 것이 신자유주의 세계화의 핵심 가치라는 점에서 진보 정치로서는 향후 신자유주의 세계화에 고삐를 다시 물려 국민 국가의 정책 자율성, 다른 말로 정치적 자주와 경제적 자립의 회복을, 시대 변화에 맞춰 그 실체적 내용을 재구성함으로써 대안적 가치 지향으로 발전시킬 필요성이 인정된다. 비록 이상주의라고 쉽게 폄하될 수는 있겠지만, 노동권과 민주주의 같은 보편 규범에 충실하되 제국주의의 영향력이 억제되고 각국의 자주성이 보장되는 공정한 다자주의, 공정한 다극화를 진보 정치의 의제로 발전시키자는 것이다.

그와 같은 가치 지향의 현실화를 위해서는 국제적인 차원에서 자본 통제의 범위를 확대하고 그 기반 위에서 트럼프 행정부가 강요하는 것과는 다른 의미에서 자유 무역에 대한 일정한 제한을 설계하는 방향이 타당할 것이다. 즉 좀 더 진전된 국제 질서를 위한 진보적 대안에는 ① 자본 이동의 적극적 제한, ② 국가 간 합의를 중시한다는 의미에서 '관리되는' 자유 무역, ③ 국민 국가, 특히 소국들의 자주성에 대한 존중, ④ 노동권 보호, 환경 영향에 대한 규제 같은 보편적 규범의 준수, ⑤ 국가 간에 비차별의 호혜 원칙에 기초한 공정한 다자주의가 포함되어야 할 것이다. 국민 국가의 자율성과 보편 규범, 양자 사이의 균형이 중요하다. 이는 역사적으로 실재한 브레턴우즈 체제의, 전부가 결코 아닌, 상대적으로 진보성을 담지하고 있는 측면을 부분적으로 복원해 발전시킨다는 의미가 있다.

마지막으로 케인스가 대공황이 최악으로 치닫던 1933년 4월 아일랜드 더블린에서 강의한 것으로 전해지는 내용을 간단히 소개하고자 한다.[42] 오늘 우리에게 던지는 시사점이 크기 때문이다. 케인스는 자유 무역과 자본의 자유로운 이동을 옹호하는 경제적 국제주의는 쉽게 제국주의로 변질되어 평화 수호라는 인류의 과제를 그르치기 쉽다고 진단했다. 해외 자본의 이탈이 염려될수록 국내적으로 바람직한 정책의 시행이 어렵다는 사정도 지적했다. 케인스는 현대적 대량 생산 하에서는 나라별로 특정 재화에 특화하는 이득이 클 리 없으니, 재화는 비용 차이가 크지 않다면 가급적 자급하고 무엇보다도 금융만큼은 주로 국내적인 것이 되도록 해야 한다는 통찰을 제시하기도 했다.

케인스는 20세기 초반의 자본주의에 대해 정의롭지 않고 도덕적이지도 않아 실패했다고 평가했다. 미래 이상적인 사회적 공화국을 위한 다양한 경제 체계를 실험하려는 시도를 긍정하기도 했다. 자유 방임 자본주의라는 단일 이상에 집착하는 것을 비판한 것이었다. 그는 "전환의 국면에서 우리는 우리 자신에게 주인이 되고 싶은 것"이라면서 자본 이동의 자유 때문에 공동체가 지닌 사회적 선택의 자유가 제한되어서는 안 된다고 갈파했다. 경제적 자립의 미덕을 강조한 것이었다. 각국이 주권 국가로서의 발전 전략을 재수립할 필요성이 있으며 그 경우 케인스의 국가적 자급에 대한 담론이 개념적 단초를 제공할 수 있는 것이다.

---

42) Keynes (1933).

요컨대 케인스가 던지는 질문은 이런 것이었다. "빵 한 덩어리를 1원 더 싸게 수입할 수 있다고 농부를 망하게 하고 농사에 수반된 오랜 전통을 파괴하는 것이 정말 옳은가." 이는 생명과 녹색, 농업의 가치에 대한 확인이자, 동시에 문명의 진정한 변혁은 회계적 이윤 계산에 대한 불복종으로부터 시작되어야 한다는 담대한 주장이 아닐 수 없다.

참 고 문 헌

강구상·김혁중·박은빈 (2025), 「트럼프 2기 상호관세 조치의 주요 내용과 시사점」, 오늘의 세계 경제, 대외경제정책연구원, 2025년 4월.

강금윤 (2025), 「주요국 관세율 비교와 시사점」, 통상이슈 브리프, 한국무역협회 국제무역통상연구원, 2025년 4월.

강아롬·오중산 (2024), 「블록모델링을 활용한 한국자동차산업 공급네트워크 구조 분석」, ≪한국생산관리학회지≫ 제35권 제2호.

김종덕·김영귀·조문희·구경현·김현수·예상준·김혁중 (2024), 「2024 미국 대선: 미국 통상정책의 경제적 영향 분석」, 오늘의 세계 경제, 대외경제정책연구원, 2024년 10월.

나원준 (2023), 「현대 제국주의에 대한 이해」, 『미중 갈등과 한국경제』, 민주노동연구원.

나원준 (2024), 「21세기 한국자본주의의 조세 국가, 생산체제, 그리고 지정학」, 진보와미래 포럼 발표문, 2024년 11월.

나원준 (2025), 「외국인투자기업의 문제점과 규제 방향」, 외투기업·투기자본 행태 고발과 제도 개선 촉구 국회 현장증언대회 발표문, 2025년 4월.

데사이, 라디카 (2013/2025), 나원준 번역, 『지정치경제학』, 진인진. (근간)

라미령·정재완·김제국 (2025), 「트럼프 상호관세 부과에 대한 베트남의 대응과 한국에의 시사점」, 세계경제 포커스, 대외경제정책연구원, 2025년 4월.

맑스, 칼 (1858/2000), 『정치경제학 비판 요강 I』, 그린비.

박승호 (2020), 『한국 자본주의 역사 바로 알기』, 나름북스.

오민규 (2025), 「한국지엠 공급망 지속가능성 확보를 위한 간담회 제출자료」, 전국금속노동조합 한국지엠지부, 2025년 5월.

오태현 (2025), 「트럼프 상호관세 시행에 따른 EU의 대응과 전망」, 세계경제 포커스, 대외경제정책연구원, 2025년 6월.

이삼성 (2022), 「동아시아 대분단체제와 신냉전의 만남, 그리고 그 너머」, 제18회 한겨레-부산 국제심포지엄 발표문.

이삼성 (2023), 「동아시아 대분단체제론으로 보는 미중 갈등과 한반도 평화의 위기」, 6월 항쟁 36주년 기념 학술토론회 발표문.

이후권 (2025), 「철강·알루미늄 관세 인상 공식 발표 및 정책 신뢰성 논란」, 워싱턴 통상 정보, 한국무역협회 미주본부, 2025년 6월.

장하준 (2002/2020), 김희정 번역, 『사다리 걷어차기』, 부키.

장하준 (2006), 이종태·황해선 번역, 『국가의 역할』, 부키.

전병서 (2024), 「한국이 '중국경제폭망론'에서 놓치고 있는 것은?」, ≪한중저널≫ 제21호.

정성춘·이보람 (2025), 「트럼프 2기 정부의 관세정책과 일본의 대응」, 세계경제 포커스, 대외경제정책연구원, 2025년 4월.

정재환 (2010), 「미국 호혜통상협정법 성립에 따른 통상정책전환의 성격과 의미에 관한 연구」, ≪국제상학≫ 제25권 제3호.

트로츠키, 레온 (1931/1989), 정성진 번역, 「러시아 사회구성체에 대하여」, 『영구혁명 및 평가와 전망』, 신평론.

한주희 (2025), 「2025년 美 국별 무역장벽보고서(NTE) 주요 내용 및 시사점」, 통상이슈 브리프, 한국무역협회 국제무역통상연구원, 2025년 4월.

허드슨, 마이클 (2022/2023), 조행복 번역, 『문명의 운명』, 아카넷.

홍성우·박미숙 (2025), 「美 상호관세 및 불법 이민 관련 조치에 대한 중남미의 대응」, 세계경제 포커스, 대외경제정책연구원, 2025년 5월.

Baldwin, R. and Navaretti, G.B. (2025), US misuse of tariff reciprocity and what the world should do about it, VoxEU, April 2025.

Bordo, M. and McCauley, R.N. (2019), Triffin: Dilemma or Myth?, *IMF Economic Review* 67.

Bordo, M. and McCauley, R.N. (2025), Miran, we're not in Triffin land anymore, VoxEU, April 2025.

Bossone, B. (2025), Not Triffin, not Miran: Rethinking US external imbalances in a new monetary order, VoxEU, April 2025.

Bown, C. (2025), US-China Trade War Tariffs: An Up-to-Date Chart, Peterson Institute for International Economics.

Dornbusch, R. and Frankel, J. (1983), Macroeconomics and Protection, in Lake, D. (ed.), *The International Political Economy of Trade I*, 1983, p.59.

Ferguson, T. (2025), 7 Truths About Trump's Tariffs — And the High-Stakes Future They Shape, Institute for New Economic Thinking, April 2025.

Hudson, M. (2010), *America's Protectionist Takeoff 1815-1914*, ISLET.

Hudson, M. (2021), *Super Imperialism*, Third Edition, ISLET.

Hudson, M. (2025), Trump's Inverted View of America's Tariff History, https://michael-hudson.com

Keynes, J.M. (1933), National self-sufficiency, *Studies: An Irish Quarterly Review* Vol.22, No.86.

Magaziner, I. and Hout, T. (1980), *Japanese Industrial Policy*, Policy Studies Institute.

Marx, K. (1858/1973), Grundrisse, Penguin. https://www.marxists.org

Miran, S. (2024), A User's Guide to Restructuring the Global Trading System, Hudson Bay Capital.

Roberts, M. (2025a), Tariffs, Triffin and the dollar, https://thenextrecession.wordpress.com/

Roberts, M. (2025b), Donald Trump's 'big, beautiful' tax bill, https://thenextrecession.wordpress.com/

Schneitz, K. (2000), The Institutional Foundation of U.S. Trade Policy: Revisiting Explanations for the 1934 Reciprocal Trade Agreements Acts, *Journal of Policy History*, Vol.12, No.4, 2000, p.417.

USTR (2025), 2025 National Trade Estimate Report on Foreign Trade Barriers of the President of the United States on the Trade Agreements Program, U.S. Trade Representative.

2

동맹 수탈이 제조업 등에 미치는 영향

김성혁
민주노총 부설 민주노동연구원 원장

목차

1. **트럼프 관세전쟁과 한국경제 충격**
   1) 트럼프 관세전쟁 전개 과정
   2) 미국 관세 부과 이후 대미 수출 급락
   3) 미국의 대한국 무역수지 적자 원인
   4) 관세를 지렛대로 한 트럼프의 한국에 대한 추가 요구

2. **제조업에서 미국 우선주의 추구**
   1) 미국 패권주의로 다자간 무역 질서 붕괴
   2) 미국 현지 생산으로 이전 시 국내 부가가치 유출
   3) 국가 간 종속관계에 따른 자본 통제권의 차이

3. **트럼프 관세폭탄으로 제조업 산업공동화 우려**
   1) 자동차, 미국 현지 생산으로 산업공동화
   2) 자동차 부품, 국내 생산 감소로 일자리 감소, 협력업체 몰락
   3) 철강·알루미늄과 파생제품, 50% 관세 폭탄
   4) 한미 조선 협력으로 기술 이전, 하청기지화 우려
   5) 반도체, 중국 수출 통제로 한국 기업의 수익성 하락

4. **건설업·국제물류 간접 피해, 국방절충무역 비관세장벽**
   1) 건설 원가 상승, 산업공동화로 건설업 침체
   2) 미중 관세전쟁으로 국제물류 물동량 감소
   3) 국방절충무역 비관세장벽 문제 제기

   참고문헌

1. 트럼프 관세전쟁과 한국경제 충격

1) 트럼프 관세전쟁 전개 과정

트럼프 대통령은 미국의 대규모 상품 무역수지 적자 지속으로 인해 제조 기반이 공동화되고 중요한 공급망이 훼손되었으며 방위산업 기반을 적국에 의존하게 되었고, 상품무역 적자는 외국의 위조상품, 불법복제, 영업비밀 도용, 보조금, 비시장 관행 때문이며 외국의 번영은 미국의 수익과 일자리를 도둑질한 것이라고 주장했다. 이에 국가비상사태를 선언하고 국제비상경제권한법에 의해 대통령에 부여된 권한을 행사하여 미국 경제와 근로자를 보호하기 위해 상호관세를 부과하였다. 트럼프는 세계화에 따른 무역자유화 속에 미국의 근로자, 농민이 50년 이상 착취를 받았으므로 상호관세를 부과한 4월 2일은 독립기념일이자 미국 해방의 날이라고 주장한다.

트럼프는 이러한 입장에서 취임하자마자 〈표 1〉에서의 대통령 각서와 행정명령 등을 동원하여 고율 관세를 부과하기 시작했다.

〈표 1〉 트럼프 행정부 관세관련 주요 각서, 행정명령, 부서별 조치

구분	명칭/내용	발표	발효	주요기관	주요 역할/조치 및 비고
대통령 각서	미국우선무역정책 (America First Trade Policy) 대통령 각서	2025. 1.20	2025. 1.20	백악관, 상무부, 재무부, 국토안보부, USTR 등	무역적자 원인조사, 추가관세 권고, ERS 설립검토, 불공정무역관행 평가, 협의개시, 반덤핑·상계관세 강화, 소액소포면세 제도 평가, 외국의 차별적 세금 조사
행정 명령	캐나다, 멕시코, 중국 수입품 추가 관세 부과	2025. 2.1	2025. 3.4~	백악관, 상무부, USTR,	캐나다산 25%, 멕시코산 25%, 중국산 20% 관세 부과, 이후 인상 및 일부 품목 조정
행정 명령	상호무역과 관세(Reciprocal Trade and Tariffs)	2025. 2.13	2025. 4.1	백악관, 상무부, USTR,	국가별 상호관세 도입, 미-캐나다/멕시코/중국 등 주요 교역국에 상호관세 적용
부처별 조치	철강·알루미늄·자동차 등 특정 품목 고율관세	2025. 3~4월	2025. 3~4월	상무부, USTR	철강·알루미늄 25%, 자동차 25%, 맥주캔 25% 등 품목별 관세 확대
부처별 조치	중국산 전 품목 104% 관세	2025. 2.1	2025. 2~4월	USTR, 상무부	2월 4일 10% → 3월 4일 20% → 4월 9일 104%로 인상, 보복·상호관세 포함
부처별 조치	베네수엘라산 석유 수입국 25% 관세	2025. 3.24	2025. 4.2	국무부, USTR	베네수엘라산 석유 수입국(주로 중국) 대상 25% 관세 부과 발표
조직 신설 검토	대외수입청 (ERS)	2025. 1.20	-	재무부, 상무부, 국토안보부	관세 및 무역 관련 수입 징수 전담 조직 신설 타당성 검토

자료 : perplexity pro 응답(2025년 5월 19일 기준), 김장호(2025)[1] 재인용

□ 관세전쟁 주요 일지(2025년)

- 1월 20일 : 트럼프 취임. 100여 개의 관세·무역 관련 행정명령 발표
- 2월 1일 : 캐나다·멕시코(25%), 중국(10% 추가) 관세(IEEPA 근거, 2월 4일 시행)
- 2월 10일 : 중국, 미국산 석탄·천연가스에 15% 관세 부과, 원유·농기계·대형자동차·픽업트럭에 10% 관세 부과, WTO 제소, 구글에 대해 반독점법 위반 협의 조사 개시
- 3월 4일 : 트럼프, USMCA 미준수 차량(캐나다·멕시코산)에 25% 관세 적용
- 3월 12일 : 트럼프, 전 세계 철강·알루미늄 수입에 25% 관세 부과

---

1) 김장호 (2025), 「트럼프 통상정책과 세계경제의 변화」, 『트럼프 보호무역 시대 각국의 무역통상 정책 비교 및 우리의 과제』, 국회사무처.

- 3월 31일 : 미국 USTR, 2025년 무역장벽보고서 발표
- 4월 2일 : 트럼프, '미국 해방의 날' 선포, 모든 수입품에 10% 보편관세 부과. 4월 9일부터 적용하는 국가별 상호관세 발표(한국 25%, 일본 24%, EU 20% 등)
- 4월 9일 : 트럼프, 57개국에 상호관세 발효했다가 90일간 유예(중국 제외)
- 4월 10일 : 트럼프, 중국산 관세 145%로 인상, 중국은 미국산에 125% 보복관세
- 4월 12일 : 트럼프, 중국산 전자제품(스마트폰, 컴퓨터 등) 관세 면제 발표(단기적)
- 5월 2일 : 미국, 대중 소액소포 면세제도 폐지[2], 관세율 120% 적용, 미중 합의 후에도 800달러 미만 소액소포에 54% 관세부과
- 5월 3일 : 수입 자동차 엔진 및 부품(232개)에 25% 관세 확대, 미국에서 최종 조립되어 판매되는 차량에 대해서는 부품 수입관세 15% 완화, 미국·멕시코·캐나다협정(USMCA)을 적용받는 부품에 대해서는 관세 면제
- 5월 4일 : 트럼프, 외국 영화에 100% 관세 도입 제안(미국 영화산업 지원) 추진
- 5월 8일 : 미국·영국 관세협상 타결, 영국산 철강·알루미늄 관세 폐지, 영국산 자동차 10만대에 10%, 영국은 미국에 소고기 시장 개방하고 항공기 구매
- 5월 10~11일 : 미·중 관세 협상 합의. 미중 동일하게 115%씩 감축. 대중 관세 30% = 기본관세 10% + 2월 펜타닐 관세 20%
- 5월 28일 : 미통상법원 IEEPA 근거 보편관세, 상호관세 불법 판결, 트럼프 항소
- 6월 4일 : 트럼프, 철강·알루미늄과 파생제품에 50% 관세 부과
- 6월 5일 : 미국, 한국·중국·일본·대만·베트남·독일 등을 환율관찰 대상국으로 지정
- 6월 13일 : 철강 파생제품에 가전제품(냉장고·세탁기·청소기·음식물처

---

[2] 800달러(약 116만원) 이하 상품 수입시 관세 면제. 5월 2일 면세 폐지 발표 후 120% 관세 부과했다가 미중 관세 협상 합의 이후에도 5월 14일 관세율 54%로 유지.

리기·식기세척기·오븐·전자레인지 등)을 포함, 50% 관세 부과
- 6월 30일 : 1월~6월 27일 미국 관세 수입이 1,061억 달러(143조원), 이 중 815억 달러는 트럼프 취임 이후 발생한 수입
- 7월 1일 : 트럼프 상호관세 유예 조치 없고, 각국에 서한 보내면 협상 종료 발언

　미국에서 관세는 대통령 재량으로 의회 승인 없이 신속하게 행정명령이 가능하므로 트럼프의 통상정책에서 핵심수단이다. 트럼프는 대통령 재량을 최대한 넓게 해석하여 관세를 지렛대로 상대국을 압박하면서 미국의 요구를 관철시키고 있는데, 수십 년 전 사문화된 법령까지 동원하고 있다. 현재 트럼프가 중요하게 활용하고 있는 법적 근거는 〈표 2〉에 있는 1962년 무역확장

〈표 2〉 미국이 주요국에 부과한 상호관세율

연도	법령명	주요 내용	사례
1930	관세법 338조	부당한 요금·규제 등으로 미국 기업을 차별한국가의 수입품에 대해 대통령이 최대 50% 관세를 부과할 수 있는 권한 부여	EU의 디지털서비스세 한국의 쇠고기 30개월 월령 제한
1934	상호무역 협정법	프랭클린 루스벨트 대통령에게 양자간 관세 감축 협상을 허용하도록 한 역사적 선례 제공	원래 자유무역 확대를 목표로 제정했으나, 트럼프정부가 이를 뒤집어 보복관세 모델로 참조
1962	무역확장법 232조	미국 산업이 해외 수입품에 의해 붕괴될 가능성이 있거나 군사·안보상 위험이 발생할 경우, 대통령에게 50% 관세 부과 권한 부여	2018년 철강·알루미늄 25% 관세 2025년 자동차 25% 관세
1974	무역법 301조	미국 무역대표부가 외국 정부의 불공정 무역 관행을 조사(12개월)하고 필요시 보복조치(관세부과·수입금지) 시행 가능	1972년 불공정 환율 문제로 10% 보편관세 부과 경험으로 입법 1985년 일본 반도체 시장 접근 제한, 덤핑조사 사례
1977	국제비상경제 수권법(IEEPA)	국가비상사태를 선포할 경우 대통령에게 외국과의 거래 규제(수출입금지),자산동결, 경제제재 등의 권한 부여	북, 이란 금융제재, 자산동결 중국 화웨이 제재 2025년 상호관세 조치
2019 (시도)	트럼프 상호무역법	대통령 무역 권한을 대폭 강화하기 위해 제안했으나 의회 통과 실패	2025년 현재 의회에서 재논의 중, 통과 여부 불확실

자료 : 정재호 외, 『주요국의 수입규제제도 비교연구』, 한국조세재정연구원
김장호(2025) 재인용

법 232조[3], 1977년 국제비상경제수권법(IEEPA)[4] 등이다.

2) 미국 관세 부과 이후 대미 수출 급락

트럼프 관세 부과 이전 2024년 한국의 전체 수출은 6,387억 달러로 전년대비 8.1% 증가했고, 대미 수출은 1,278억 달러로 10.4% 증가하여 전체 수출과 대미 수출이 비슷한 추세를 보였다. 2025년 1분기에도 전체 수출은 1,599억 달러로 전년동기 대비 2.1% 감소했고, 대미 수출도 318억 달러로 1.3%로 감소하여 동반하여 소폭 감소하였다.

그러나 트럼프가 관세를 부과하기 시작한 4월부터 한국의 대미 수출이 급락하였다. 미국은 올해 4월부터 보편관세 10%, 자동차 25%, 철강·알루미늄 25% 및 비관세 쿼터제 폐지(3/12), 철강·알루미늄 50%(6/4) 등을 부과하였다.

〈그림 1〉에서 한국은 1~3월 기간에는 전체 수출과 대미 수출의 차이가 없었으나, 관세가 부과된 4월부터 격차가 커졌다. 4월 전체 수출이 582억 달러로 전년 동월대비 3.5% 증가하였으나 대미 수출은 109억 달러로 −7.0%를 기록했고, 5월에도

---

3) 미국산업이 해외 수입품으로 인해 붕괴될 위험이 있거나 국가안보상 위협을 받을 경우 대통령에게 50% 관세 부과 권한을 부여함.
4) 국가비상사태 선포 시 대통령에게 외국과의 거래 규제(수출입 금지), 자산 동결, 경제 제재 등을 할 수 있는 권한을 부여하여 국가 안보를 강화하고 경제를 무기화할 수 있는 법적 수단임. 이란 자산 동결, 북한 인권문제로 금융 제재, 중국 화웨이 제재 등에 사용.

전체 수출은 573억 달러로 –1.3%이나 대미 수출은 100억 달러로 –8.1%로 전혀 다른 추세를 보였다. 6월도 격차는 지속된다.

〈그림 1〉 전체 수출과 대미 수출 증감률 비교

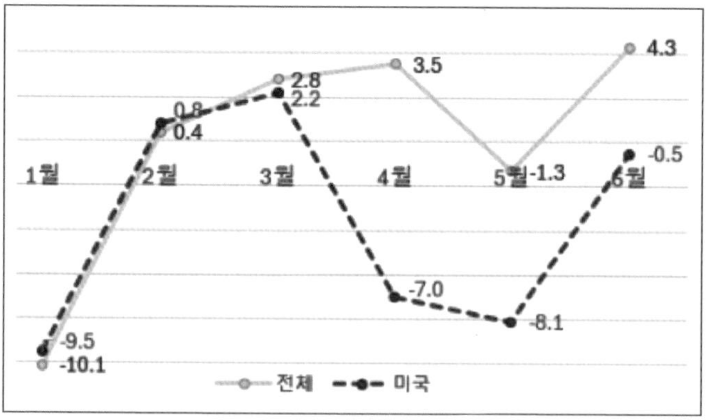

자료 : 한국무역협회 (전년 동월 대비, %)

〈표 3〉에서 품목별 수출 증감률을 보면, 관세가 부과된 자동차, 부품, 철강에서 두 배 이상의 감소율을 보였다.

〈표 3〉 5월 품목별 전체수출과 대미 수출 비교

구분	자동차	자동차 부품	철강
전체 수출	-4.4	-9.4	-12.4
대미 수출	-27.1	-17.6	-20.6

자료 : 산업부 (전년 동월 대비, %)

2) 미국의 대한국 무역수지 적자 원인

트럼프 대통령은 한미 간 무역수지 불균형이 비관세 장벽과 불공정한 관행 때문이라고 지적하며 다른 나라들이 미국의 재산을 도둑질했다고 주장한다. 이에 근거하여 FTA 체결국으로는 가장 높은 25% 관세를 한국에 부과하였다.

〈표 4〉 미국의 주요 상품 무역수지 적자국 대상 상호관세율 현황

(단위 : 억 달러, %)

국가	발표된 무역장벽	상호 관세율	환율조작 또는 관찰대상국	부가가치세 (VAT)	국별 무역수지	국별 수입액	국별 무역수지 비율(%)
중국	67%	125%	O	6~13%	-2,944	4,389	-67.1
EU	39%	20%	O(독일)	(평균)22%	-2,356	6,058	-38.9
베트남	90%	46%	O	8%	-1,235	1,366	-90.4
대만	64%	32%	O	5%	-739	1,163	-63.5
일본	46%	24%	O	10%	-685	1,482	-46.2
한국	50%	25%	O	10%	-660	1,315	-50.2
태국	72%	36%		7%	-456	633	-72.0
인도	52%	26%		18%	-457	874	-52.3
스위스	61%	31%		8.1%	-385	634	-60.7
말레이시아	47%	24%		10%*	-248	525	-47.2
인도네시아	64%	32%		11%	-179	281	-63.7

자료 : 대외경제정책연구원(2025.4), 트럼프 2기 상호관세 조치의 주요 내용과 시사점
주 : 1) 국별 무역수지 비율 = (국별 무역수지/국별 수입액)*100. 2024년 기준
    2) 말레이시아는 부가가치세 대신 판매세를 운영

트럼프는 국제무역에서 확립된 방법론을 이용해 관세율을 계산했다고 했는데, 미국 무역대표부(USTR)가 공개한 산식은 아래와 같다.

$$\text{추가 관세의 수준} = \frac{\text{미국의 무역수지 적자}}{\text{수입수요의 가격탄력성} \times \text{관세의 수입가격 전가율} \times \text{미국수입규모}}$$

이 식을 통해 미국의 무역수지 적자를 완전히 없앨 수 있는 추가 관세 수준을 구할 수 있다는 것인데, 수입 수요의 가격탄력성을 -4, 관세의 수입가격 전가율을 0.25라는 일률적인 값으로 설정했기 때문에 결국 추가 관세의 수준은 상대국에 대한 미국의 무역수지 적자를 상대국으로부터의 수입 규모로 나눈 값에 불과하다.

이렇게 구한 값이 〈표 4〉의 무역장벽에 해당하는 값이며, 이 값의 절반 정도를 대부분의 국가에 상호관세율로 정했다. 미국 정부는 추가 관세 수준의 절반만 적용한 관대한 조치라고 평가하였다. 만약 산식에 따른 값이 10 이하인 경우는 일률적으로 보편관세 10%를 부과한다.

그러나 이는 WTO 평균 관세 계산법과 전혀 다른 개념이며, 무역수지 적자 금액에서도 서비스수지(미국 주로 흑자)는 제외하고 상품수지(미국 주로 적자)만 계산하였다. 또한 트럼프가 그토록 강조했던 비관세 장벽은 산식 계산에 포함하지 않았다. 산식은 미국이 적자를 많이 본 나라는 모두 불공정 관행으로 분류하여 국가에 따른 특수성을 고려하지 않고 일률적으로 미국의 무역수지 적자만큼 관세를 부과한 것에 불과하다.

외국의 불공정 관행으로 미국이 적자를 보았다는 트럼프의 주장과는 달리, 한국무역협회에 따르면 한국에 대한 미국 무역적자가 확대된 원인은 '중국 대체효과', '미국 수입수요 증가', '한

국의 대미투자 확대에 따른 중간재 수출 증가' 등에 기인한다.[5]

첫째 2018년 트럼프 1기부터 미중 무역전쟁으로 미국의 대중국 관세가 크게 인상하였다. 이에 따라 미국 수입시장에서 중국 점유율은 2017년 21.9%에서 2024년 13.8%로 크게 하락하였다. 반면 한국은 동기간 3.1%에서 4.0%로 미국 시장 점유율이 확대되었다. 미국 수입시장에서 중국산 제품의 점유율이 하락하고 한국의 자동차·부품, 철강·비철금속 등의 제품 점유율이 늘어났다.

둘째 미국 수입시장 규모가 전체적으로 증가하면서, 한국으로부터 수입 금액도 동반 상승하였다. 물가상승과 경제규모의 증가 등으로 미국의 대세계 수입은 꾸준히 상승하였는데 2021~2024년 미국의 수입은 중국을 제외하고 모든 주요국에서 증가하였다. 전체 수입수요가 증가하면서 한국에서의 수입도 동기간 336억 달러 증가하였는데 요인분석으로 계산하면 이 중 143억 달러는 미국 전체적인 수입수요 증가에 따른 영향으로 볼 수 있다.[6]

셋째 바이든 때부터 한국의 대미 투자 확대로 중간재의 미국 수출이 크게 증가했다. 관세 압박과 미국의 요구로 〈표 5〉와 같이 한국의 대미 투자는 계속 확대되고 있다.

---

5) 김성혁 외 (2025) p93 참조.
6) 도원빈 (2025), 대미 무역수지 확대의 요인별 분석, 국제무역통상연구원.

〈표 5〉 한국 기업의 대미 투자 발표 내용

기업	발표시점	내용
삼성전자	2024.4	텍사스주 테일러시에 반도체 공장 건설 초기 발표 170억 → 440억 달러로 증액
LG에너지솔루션	2024.4	애리조나주에 7.2조원 규모 배터리 생산 공장 건설 전기차용 원통형 배터리, ESS용 LFP 배터리 생산 예정
현대차	2025.3	2028년까지 210억 달러(31조원) 투자 계획 자동차 86억, 부품·물류·철강 61억, 미래산업·에너지 63억 달러
대한항공	2025.3	미국 보잉사, GE(엔진)와 327억 달러 투자 협력 보잉 항공기 구매 249억 달러, GE 엔진 구매 및 정비 78억 달러

자료 : 각 언론사

〈그림 2〉에서 대미 해외직접투자는 2021년부터 4년 연속 200억 달러를 초과하였다. 미국에 법인을 설립하고 운영하기 위해 각종 장비·소재 등을 한국에서 조달하기 때문에 초기에는 한국의 대미 수출이 크게 발생하였다. 이는 2021~2024년 사이 〈그림 2〉 대미 투자와 〈그림 3〉 대미 수출 그래프의 추이가 거의 일치한 것에서 확인된다. 즉 최근 4년 간의 미국 수출 증가는 대미 투자 확대에 따른 것이다.

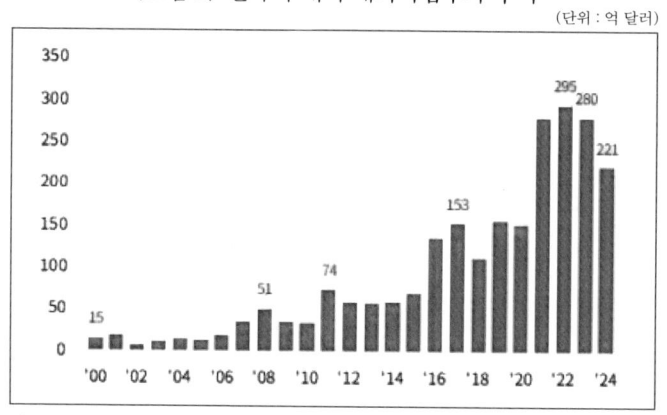

〈그림 2〉 한국의 대미 해외직접투자 추이

자료 : 한국무역협회

<그림 3> 한국의 대미 수출액 추이 (단위 : 억 달러)

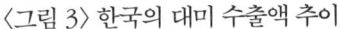

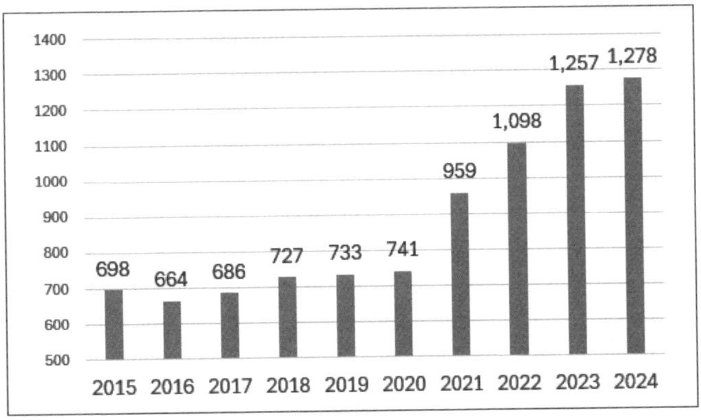

자료 : 한국무역협회

<그림 4>에서 한국 등 주요 국가들의 대미 해외직접투자가 증가로 최근 미국 내 신규 고용이 크게 늘어나고 있다.

반면 <그림 5>를 보면 한국 제조업 취업자 수는 2022년 이후 지속적인 감소 추세를 보이고 있다.

<그림 4> 리쇼어링과 해외직접투자로 인한 미국내 신규 고용 (단위 : 개)

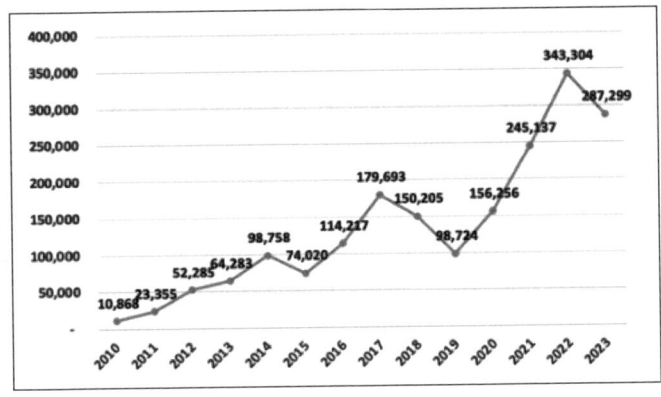

자료 : Reshoring Initiative Library data

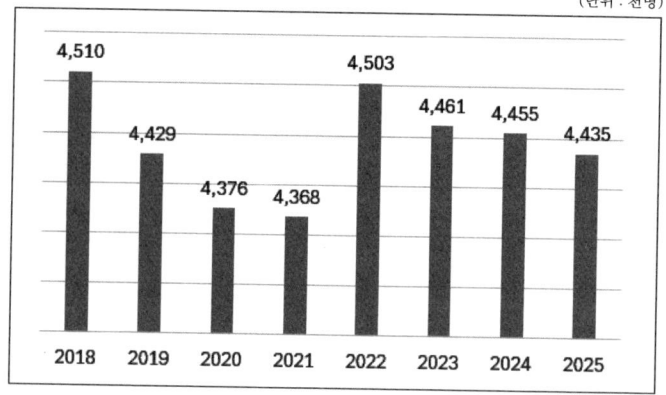

〈그림 5〉 한국 제조업 취업자 수 추이
(단위 : 천명)

자료 : 통계청

3) 관세를 지렛대로 한 트럼프의 한국에 대한 추가 요구

트럼프의 산업별 요구를 보면, 제조업은 한국이 강국이며 미국이 적자를 보고 있으므로, 고율 관세를 부과하여 한국의 수출을 줄이고, 한국이 미국에 첨단산업을 투자하여 미국 제조업을 부흥시키고 고용을 창출하는 것이다.

농·축산업은 미국이 세계 수출 1~2위를 다투고 있으므로 쌀, 옥수수, 체리, 면화, 소고기 등에서 한국의 수입을 더 늘리는 것이다.

디지털 교역은 한국의 검색, 광고, 유튜브, 콘텐츠, 소프트웨어, 클라우드 등의 시장에서 독과점을 형성하고 있는 미국 빅테크 기업에 대한 규제, 세금 등을 부과하지 말고 공공부문과 신산업에서 미국 기업의 진출을 더 확대하는 것이다.

트럼프는 한국에 25%의 상호관세를 부과하고 90일 협상 과정에서 이를 조금 낮추는 대신, 미국산 에너지와 농축산물 대량 구매, 알래스카 천연가스 개발 및 산업 분야 투자 확대, 방위비 분담금 증액 등을 요구하며 '패키지 딜'로 원 쇼핑을 추진하고 있다.

2. 제조업에서 미국 우선주의 추구

1) 미국 패권주의로 다자간 무역 질서 붕괴

트럼프 행정부의 관세 전략은 미란 보고서[7]를 바탕으로 하는데, 미국 경제자문위원회(US Council of Economic Advisers)의 스티븐 미란(Stephen Miran) 의장은 4월 7일 '허드슨 연구소'[8] 연설을 통해 트럼프 행정부의 관세 전략을 설명했다. 여기서 미란은 미국이 전 세계에 두 가지 글로벌 공공재를 제공한다고 주장하는데, 하나는 미군이 감독하는 안보 우산이며, 다

---

[7] 이 보고서의 공식 제목은 "세계 무역 시스템 재편을 위한 사용자 안내서(A User's Guide to Restructuring the Global Trading System)"인데, 트럼프 행정부의 경제 정책에 큰 영향을 미친 것으로 평가받음.
[8] 신보수주의 싱크탱크인 허드슨 연구소는 친공화당의 할란 크로우(Harlan Crow)와 같은 우파 신흥재벌의 자금을 지원받고 있음. 주요 후원자로는 루퍼트 머독(Rupert Murdoch), 폭스 뉴스(Fox News), 금융가 찰스 스왑(Charles Schwab), AT&T, 블랙스톤, 셰브론, 메타, 월마트, BAE 시스템, 보잉, 록히드 마틴, 노스롭 그루먼 등이 있음.

른 하나는 국제금융시스템에서 주요 준비자산으로 기능하는 달러와 미국 국채이다. 두 가지 공공재를 제공하는데 비용이 많이 들기 때문에 트럼프 행정부는 더 이상 다른 나라의 무임승차를 허용하지 않겠다고 한다. 이러한 주장은 미 제국을 운영하는데 드는 비용을 세계가 분담해야 한다는 논리로 이어진다. 즉 다른 국가들이 미국의 지정학적, 금융적 우산의 이익을 계속 얻고자 한다면 그에 걸맞는 공정한 몫을 지급해야 한다는 것이다. 여러 나라들은 자국의 비용으로 미국 경제에 도움이 되는 방향으로 상당한 양보를 해야 하며, 이에 동의하지 않는 국가에게는 미국이 높은 관세를 부과한다는 것이다. 미국은 달러 지배력의 필요성과 중요성을 강조하면서, 지속 불가능한 무역적자가 미국 제조업을 파괴시키고 있으므로 여러 나라들이 이의 완화에 협력해야 한다는 것이다. 여러 나라들이 수출품에 대한 미국의 관세 부과를 보복없이 받아들일 때 달러라는 공공재를 전 세계에 공급하는 데에 더 유리한 환경이 만들어지고, 여러 나라들이 시장을 개방하고 미국에서 더 많이 구매할 때 불공정하고 유해한 거래 관행이 중지된다는 것이다. 또 여러 나라들이 국방비 지출을 늘리고 미국 상품 조달을 확대하면 미군의 부담을 줄어들고 미국 내 일자리 창출은 증가하며 여러 나라들이 미국에 투자하고 공장을 세워 물건을 만들면 관세에 직면하지 않는다는 것이다.[9]

---

9) 김성혁 외 (2025), p66~68.

이러한 논리는 미국이 그동안 주장했던 WTO 등의 자유무역·보편주의·다자주의를 부정하고 일방주의·패권주의로 전환한 것을 보여준다.

미란의 주장과는 달리, 미국은 2차 세계대전 이후 브레튼우즈 체제에서 합의된 금과 달러를 연동한 금본위제를 일방적으로 폐지하여, 기축통화인 달러를 천문학적으로 발행하면서 수십년 간 무이자로 외국 상품을 구입하는 효과를 누렸고, 국채 시장을 통하여 중국 등 무역 흑자국의 자금을 미국으로 끌어들여 재정 지출과 수입품에 대한 소비를 유지할 수 있었다. 현재 미국 경제가 침체된 것은 다른 나라들이 미국의 자산을 도둑질해서가 아니라, 미국이 지대추구 금융경제로 전환하고 제조업을 글로벌 분업체제로 재편하여 실물경제가 약화되었기 때문이며, 세계 패권을 차지하기 위해 제국주의 전쟁과 해외 군사기지 운영에 과도한 지출로 재정적자가 급증했기 때문이다. 트럼프는 엉터리 논리로 무너진 미국 경제를 회생시키기 위해 관세를 지렛대로 우방까지 수탈하며 다른 나라의 희생을 압박하고 있다.[10]

그러나 미국의 일방주의와 팽창주의를 통하여 다른 나라들의 경제주권을 억압하는 트럼프의 통상정책은 미국의 고립을 자초할 수 있다.

---

10) 2025년 미국 1인당 국민소득은 약 9천 달러로 세계 7위이다. 무역자유화로 미국 노동자와 농민들이 50년 동안 착취를 당했다는 것은 트럼프의 엉터리 논리이며, 미국 내부 빈부격차가 더 중요한 문제이다. 미국 경제가 침체하고 있지만 달러 체제의 이점으로 외국 상품을 싸게 구입할 수 있어 국민들의 생활 수준은 높은 편이다.

트럼프는 올해 4월부터 무역확장법 232조를 적용하여 품목별 관세로 자동차 25%, 자동차 부품 25%, 철강·알루미늄 및 파생제품 50% 관세를 부과했고, 반도체, 의약품, 영화산업 등에도 비슷한 수준의 관세 부과를 예고하였다.

하지만 미국은 영국과 협상에서는 자동차 관세를 10%로 낮추고 철강·알루미늄도 50%가 아닌 25% 부과로 합의하였다. 일본도 자동차 관세를 면제하면 다른 부분에서 미국산 수입을 확대할 수 있다고 요구하고 있어, 트럼프의 협상에서는 품목별 관세도 하나의 기준이 아니라 이해관계와 국력에 따라 나라별로 다르게 적용될 것으로 보인다.

이는 국가안보 등 몇 가지 예외를 제외하고 모든 회원국에 동일 관세율을 제공하는 현재의 최혜국 대우[11] 기준을 양자간 상호시스템으로 전환하는 것으로 GATT 설립으로 국제 무역질서가 확립된 1947년 이래 가장 큰 변화로 볼 수 있다. 다자주의 핵심 원리인 최혜국 대우는 별도의 자유무역협정(FTA)을 체결하지 않는 한, WTO 회원국이 특정국과 조약을 신규로 체결 또는 갱신하면서 지금까지 다른 나라에 부여한 대우 중 최고의 대우를 그 나라에 부여하는 것을 의미한다.

---

11) 한 나라에 특혜를 주거나 한 나라에 불이익을 주지 못하도록, 어떤 나라가 다른 나라와 교역할 때, 가장 낮은 관세율을 적용하는 국가에게 동일한 관세율을 적용해야 한다는 비차별 무역 원칙이다. WTO 회원국들은 이 원칙을 준수해야 하며, 어떤 국가가 특정 국가에 대해 다른 나라와 다른 관세율을 적용하는 것은 최혜국 대우 위반으로 간주될 수 있다.

채드 바운 피터슨 국제경제연구소 선임연구원은 제품별·국가별로 미국의 수입관세를 일방적으로 인상하는 결정은 규칙 기반 무역 시스템을 부정하는 행위로, 먼저 각국에 다른 관세율을 적용하는 것은 WTO 회원국들이 서로 차별하지 않겠다는 약속에 대한 위반이며, 다음으로 미국이 다른 회원국들과 협상한 최대 관세율을 초과해서 관세율을 인상한다면 이는 무역 규칙 위반이라고 지적했다. 실제 중국 상무부는 지난 4월 WTO 방침 위반으로 미국의 상호관세 부과 방침을 제소하였다.

2) 미국 현지 생산으로 이전 시 국내 부가가치 유출

2024년 한국의 수출액은 6,838억 달러인데, 대미 수출은 1,278억 달러로 전체 수출의 18.7%이고, 대중 수출은 1,448억 달러로 19.5%를 차지했다.

대미 수출에서 14대 수출 품목을 보면 〈표 6〉과 같은데, 자동차는 10.4%, 자동차부품은 5.8%, 철강은 2.9%, 반도체는 31.5%의 비중을 차지한다.

〈표 6〉 한국의 대미 14대 수출 품목(2024년 기준)

(단위 : 억 달러)

자동차	일반기계	반도체	자동차부품	컴퓨터	석유제품	철강
347	151	107	82	58	51	44
석유화학	이차전기	가전	무선통신기기	섬유류	선박류	디스플레이
43	39	39	14	14	7	1

자료 : 한국무역협회

트럼프의 관세정책으로 한국 수출의 1·2위를 차지하는 대미, 대중 수출이 큰 타격을 받고 있다. 대미 수출은 관세로 인한 가격 경쟁력 하락과 비용 부담, 그리고 미중 관세전쟁으로 중국발 미국행 한국 경유·환적 물량 축소 등으로 감소하고 있으며, 대중 수출은 미국의 통제와 제재 그리고 미중 무역전쟁으로 중간재 수출 부진 등으로 감소하고 있다.

한국 제조 기업들이 고율 관세를 피해 미국 현지생산으로 이전하면, 한국은 산업공동화되어 지역소멸과 부가가치 유출 등이 발생할 수 있다.

미국으로 제조업 생산시설을 이전하면 기업 주주 차원에서는 배당금으로 이윤만 보장되면 큰 문제가 아닐 수 있으나, 국민경제 차원에서는 〈표 7〉과 같이 국내총생산(임금, 세수, 수출)이 감소하여 주주배당 외의 부가가치 대부분이 해외로 유출된다.[12]

현대자동차의 한국 주주는 법인 소재지 국가가 어디인가에 상관없이 순이익의 30% 정도를 배당받으면 이익이 보장된다.

---

[12] 장석우 변호사(회계사)에 따르면, 한국 세전이익 상위 50대 기업의 2021년 부가가치(100%) 분배는 감가상각비(22%), 인건비(26%), 이자비용(6%), 법인세비용(11%), 주주배당(13%), 내부유보(23%)로 나타났다. 미국으로 생산시설 이전 시, 미국 법인에서 한국 주주에게 주는 배당은 총부가가치의 13%이며, 나머지 87%는 감가상각비를 제외하면 인건비, 이자비용, 법인세비용, 내부유보 등이다. 이는 미국 노동자, 미국 금융권, 연방 및 주 정부, 미국법인 등에 귀속되므로, 한국 생산과 비교하면 부가가치의 80% 이상이 미국으로 유출된다고 볼 수 있다.

<표 7> 미국으로 생산시설 이전 시 부가가치 유출

부가가치	한국 생산	미국 이전
이윤(배당)	한국 주주	한국 주주
이자 및 지대	한국 금융권·부동산업체	미국 금융권·부동산업체
임금(후생)	한국 노동자	미국 노동자
세금	한국	미국
사내유보(재투자)	한국	미국
지역 생태계	한국	미국
	기술이전, 부품·원자재 현지 조달	

자료 : 김성혁 외(2025)

그러나 한국 노동자는 미국으로 이전할 수 없어 현지 법인은 미국 노동자가 고용되고, 미국 정부에 세금을 내며, 미국 은행이나 부동산업체가 이자와 지대를 받아 간다. 북미를 중심으로 설계·원자재·전기차배터리·부품·완성차·정비·판매까지 전기자동차의 산업생태계가 구축되며 한국은 고용과 세수가 감소하고 이전 규모가 클수록 지역 산업생태계가 붕괴할 수 있다.[13] 현대차 주주에게 L지급되는 배당(13%) 외에는 부가가치의 대부분(인건비, 이자비용, 법인세비용, 내부유보 등)이 미국으로 유출된다. 현대차의 자회사(미국법인)는 미국법에 따라 등록된 미국회사이다.

3) 국가 간 종속관계에 따른 자본 통제권의 차이

세계 대부분의 나라들은 기술 이전, 고용창출, 지역경제 활성화 등을 기대하며 자국에 제조업 투자를 유치하기 위해 다양한

---
13) 김성혁 외 (2025), p98.

혜택을 부여하고 있다.

일반적으로 외국인투자지역으로 지정되면 부지 임대료 감면, 취득세 및 재산세 감면, 법인세 감면, 현금 지원, 시설 및 인프라 지원 등이 가능하다.

한국의 외국인투자기업 지원제도를 보면 먼저 외국인 투자자 보호로 대외송금 보장, 외국환거래 정지 조항 배제, 내국민 대우, 조세감면 등 차별 적용 배제가 있고, 다음으로 투자 인센티브 제공으로 조세감면, 현금 지원, 입지 지원, 행정 지원 등이 있다. 한국에 진출한 외자기업들은 산업 발전과 고용창출에 기여하기도 하지만 '과도한 배당과 로열티, 이전가격 조작 등으로 이윤 유출', '조세회피', '자본철수', '구조조정과 감원', '부당노동행위' 등으로 사회적 문제를 야기하기도 한다. 주로 미국과 일본 기업들에서 한국법을 무시하고 기업의 사회적 책임을 해태하는 경우가 많으나 정부가 이를 제대로 단속하지 못하고 있다.

한국지엠은 매각과정에서 산업은행이 우선주를 매입하는 방식으로 인수자금을 지원하였고, 인천시는 청라지구 부지를 50년간 무상으로 임대했으며, 2018년 산업은행이 정책금융으로 8,100억 이상을 지원하였다. 그런데도 한국지엠은 한국법인의 수익을 낮게 처리하는 이전가격 조작으로 세금을 적게 내고, 군산공장 폐쇄와 구조조정을 감행하고, CSA 계약으로 과도한 연구개발비를 본사에 제공하였다.

코스트코코리아는 배당성향[14]이 2020년 217%, 2021년 141%, 2022년 50%, 2023년 89%로 당기순이익 이상인 경우가 많으며 직장어린이집 운영, 의무휴업제도 등 한국의 법을 수시로 어겼으며, 회사의 비협조로 노조 설립 이후 단체협약을 체결하기까지 3년의 기간이 소요되었다.

삼성전자(프린트사업부)에서 미국 HP에 매각된 에이치피프린팅코리아는 특허권 등 부가가치를 과소 측정하고 해외 특수관계자로부터의 상품매입 등을 높이 책정하는 이전가격 조작으로 매출원가가 매출액보다 높아 만년 적자를 기록했다. 매각 후 4년 만에 희망퇴직으로 임직원은 1,700명(2019년)에서 675명(2024년)으로 감소하였다.

한국암웨이는 22년간 당기순이익의 100%를 배당하여 해외 본사로 가져가고, 내부유보금을 일체 비축하지 않아 자본총계에는 법정 이익준비금만 존재한다.

한국의 쿠팡(주)은 조세회피처인 미국 벨라웨어에 등록한 모회사 Coupang Global LLC가 100% 지분을 소유한 외국인투자기업이다. 쿠팡은 비정규직 비율을 공식적으로 공개하지 않지만, 업계에서는 70% 이상으로 추정하고 있다. 〈표 8〉의 고용공시를 보면, CLS는 간접고용과 기간제가 7,528명인데 여기에 특

---

14) 배당금을 당기순이익으로 나눈 값의 백분율, 한국거래소에 따르면 코스피 평균 배당성향은 2020년 39.6%, 2021년 35.4%, 2022년 35.1%, 2023년 34.3%, 2024년 34.7%이다.

〈표 8〉 쿠팡 그룹 고용형태

사업체명	소속 근로자 수			소속 외	업종
	합계 (단시간)	기간 없음 (단시간)	기간제 (단시간)	간접고용	
쿠팡로지스틱스 서비스유한회사	13,282 (1,652)	7,384 (147)	5,899 (4,505)	1,629	운수 및 창고업
쿠팡풀필먼트 서비스유한회사	49,721 (2,164)	15,307 (244)	34,414 (1,920)	3,950	운수 및 창고업
쿠팡주식회사	11,003 (54)	8,129 (14)	2,874 (40)	2,696	도매 및 소매업

자료 : 고용형태 공시정보(2025)

수고용종사자(쿠팡 쿽플렉스 16,000명 이상)와 플랫폼노동인 일반인 배송(카플렉스, 수천명에서 최근 감소)은 표시되지 않았다. 이를 포함하면 CLS의 비정규직은 최소로 잡아도 23,528명 이상이며, 상용직은 7,384명이다. 쿠팡물류센터(풀필먼트 서비스유한회사)는 일용직·계약직·무기계약직이 섞여 있는데, 회사 자료로는 기간제와 간접고용이 38,364명이고 상용직은 15,307명이다

한국에 진출한 외투기업들을 한국 정부가 통제하지 못하는 것과는 달리, 미국에 진출한 한국 기업은 미국 정부에 의해 다양한 통제를 받고 있다. 미국 정부의 정책 변화로 인해 약속했던 보조금 삭감이 추진되고, 산업 관련법과 상무부 지침으로 경영권을 제한받고 있다. 한국 현지 자회사들은 미국의 초과수익 공유, 회계장부와 주요 시설 접근, 원자재·부품 현지 구입 등의 요구에 반대하지 못했다.

바이든 때 제정된 반도체지원법(CHIPS)에 따르면 △1억5천만 달러 이상의 보조금을 받은 기업은 예상치를 초과하는 이익 일부를 미국 정부와 공유(보조금의 최대 75% 환수) △반도체 생산시설에 국방부 등 국가안보기관 접근 허용 △재무·영업 회계자료 제출 △중국 등 우려국가에서 10년간 반도체 제조능력 확장하는 투자·거래 금지 등의 의무를 부과한다. 즉 초과이익을 환수하게 되며, 회계장부와 시설 접근으로 기업 기밀이 노출된다. 또한 최대 수출시장인 중국 현지법인 투자와 생산, 그리고 중국으로의 수출이 제약받는다.

전기차를 지원하는 인플레이션방지법(IRA)은 북미산 생산품에 대해서는 세액공제·보조금 혜택을 주고 중국산 광물과 이차전지는 금지한다. 이는 노골적인 미국의 보호무역이자 불공정행위로 세부 내용은 다음과 같다. △북미에서 최종 조립된 차량에만 세액공제 △배터리는 핵심광물[15]이 미국 또는 미국과 FTA 체결국(한국 포함)에서 채굴·가공되어야 함(2027년 북미산 80% 이상) △배터리 부품은 북미에서 제조·조립되어야 함(2029년까지 북미산 100%)

미국은 틱톡금지법을 제정하여 중국 틱톡의 미국사업을 중단시켰다. 개인정보 중국 유출, 중국 관점에서 편향된 콘텐츠 제공 우려 등으로 틱톡을 미국 기업에 매각할 것을 명령하고,

---

15) 리튬·니켈·망간·흑연·코발트 등이 핵심 광물로 정의되었다.

이를 이행하지 않으면 미국 앱 시장에서 틱톡을 제거해 신규 다운로드를 막고 서비스 업데이트를 금지한다는 것이다. 이에 틱톡은 매각 시한을 앞두고 서비스를 완전히 중단하였다(이후 한국 현지법인 조선, 철강 업체에 유사한 적용 우려).

트럼프는 일본제철의 US스틸 매각에서 1주만으로도 주주총회 의결사항에 대해 거부권을 행사할 수 있는 황금주를 설정하여 일본제철의 운영권을 통제하였다(이후 한국 현지법인 조선, 철강, 반도체 업체에 적용 우려).

미국 하원은 지난 6월 22일 외국 기업과 투자자를 대상으로 복수세(Revenge tax)와 비시민권자를 대상으로 송금세(Remittance tax)를 통과시켰다. 감세 법안 889조는 미국 기업을 불공정하게 대우한다고 판단되는 국가의 기업과 개인에 대해 추가 세금을 부과할 수 있도록 하여, 미국에서 얻은 이자, 배당금, 로열티 등의 수익에 대해 매년 5%씩, 최대 20%의 세금이 부과된다. 이는 미국에 사업장을 둔 외국기업이 한국 등 모회사로 송금하는 소득이나 미국 부동산 매각 소득에도 적용된다. 미국 국채, 회사채, 주식 등으로 이익을 얻는 개인들도 자국이 복수세 대상이 되면 추가적인 세금을 내야 한다. 미국은 자국 빅테크기업과 다국적기업에 디지털세와 최저한세를 부과하는 국가들에 이의 적용을 검토 중이다. 플랫폼 공정경쟁 촉진법 등을 도입하는 한국도 대상이 될 수 있다.

3. 트럼프 관세폭탄으로 제조업 산업공동화 우려

1) 자동차, 미국 현지 생산으로 산업공동화

2024년 국내 자동차 생산량은 413만대인데, 이 중 수출 278만대(67%), 내수 135만대(33%)로 수출 비중이 압도적이다. 한국은 자동차 수출의 49%를 미국에 의존하는데, 2024년 연간 대미 수출액은 366억 달러(약 52조원)로 멕시코(785억 달러), 일본(397억 달러)에 이어 3위이다.

2024년 대미 수출은 현대차·기아 101만대, 한국지엠은 42만대이다. 자동차 대당 수출가격은 평균 2만3천 달러인데, 25% 관세를 부과할 경우, 이를 판매가격으로 전가하지 못하면 800만원 정도의 추가 비용이 발생한다.

미국은 무역확장법 232조에 따라 국가안보를 위협하는 과도한 수입과 불공정 무역관행으로부터 미국 자동차산업과 공급망을 보호한다는 명분으로, 4월 3일부터 수입 자동차와 부품에 〈표 9〉의 25% 관세를 부과하였다.

관세 부과를 피해서, 현대차 그룹은 2028년까지 210억 달러(31조원)를 미국에 투자하고 미국 전체 생산을 현재 70만대에서 120만대로 확대할 예정이다. 이로써 앨리바마 36만대, 조지아주 34만대, 신공장인 조지아주 메타플랜트 아메리카

(HMGMA) 50만대의 생산능력을 갖추게 된다.

〈표 9〉 자동차 관세 조치 요약

구분	관세율	적용방식
일반 외국산 완성차		승용차 및 경트럭에 일괄 적용 (미 HS코드 기준 17개 품목)
USMCA산 완성차	25%	원산지 기준 충족시, 비 미국산 가치에 대해서만 관세 적용[16]
영국산 완성차		연간 10만대까지(25% 10%) 인하 적용 (10만대 초과 물량은 25% 부과)[17]

자료 : 한국자동차모빌리티산업협회

〈표 10〉에서 현대차그룹의 2024년 미국 판매량이 170만대이고, 국내 수출이 약 100만대인데, 현지에서 120만대를 수출하면 국내 수출은 50만대까지 감소할 수 있다.

〈표 10〉 현대차그룹 수출(국내 생산) 변화 예상

시기	미국 판매	미국 생산	수출(국내생산)
2024년	170만대	70만대	100만대
향후	170만대	120만대	50만대 ?

자료 : 각 언론사

실제 자동차 관세를 부과하기 시작한 4월, 5월부터 자동차 수출이 크게 감소하였다.

---

16) USMCA 요건 충족 완성차의 경우, 미국산 부품 가치에 대해 관세 면제 : USMCA 충족 완성차는 연간 수입차 약 810만대(2024년 기준) 중 약 370만대(46%) 수준.
17) 미·영 무역 합의(5.8)에 따라 쿼터제 적용, 영국산 자동차의 미국 수출 대수는 연간 10.2만대(2024년 기준).

〈표 11〉에서 자동차 지역별 5월 수출액 현황을 보면, 전체 수출은 전년 5월 대비 -4.4%인데, 대미 수출은 -27.1%로 6배나 감소하였다. EU, 아시아, 중남미는 각각 28.9%, 45.1%, 42.3% 증가하였으나, 작년 5월 수입액의 절반을 차지했던 대미 수출 비중이 올해 5월 40% 수준으로 하락하여 전체 수출이 마이너스를 기록했다.

〈표 11〉 2025년 5월 자동차 지역별 수출액 동향

(단위: 백만 달러, %)

구 분		'24.5월	'25.4월	'25.5월	'24.5월 대비 증감률	'25.4월 대비 증감률
북미		3,961	3,355	3,079	△22.3	△8.2
	미국	3,450	2,890	2,516	△27.1	△12.9
EU		649	953	837	28.9	△12.2
기타 유럽		396	501	518	30.9	3.5
아시아		471	681	683	45.1	0.3
중동		421	446	391	△7.2	△12.5
중남미		216	236	308	42.3	30.2
오세아니아		342	297	337	△1.3	13.5
아프리카		28	52	40	43.7	△22.9
전체		6487	6526	6201	△4.4	△5.0

자료: 산업통상부

　〈표 12〉에서 업체별로 살펴보면 5월 수출(대수)이 현대차 -9.3%, 기아 -2.0%를 기록하였는데 이는 대미 수출 하락 때문이다. 실제 현대차가 있는 울산의 5월 대미 자동차 수출액은 전년 대비 -37.8%로 급락했다.

　미국 시장의 자동차 판매는 수입관세 인상에 따른 사전 구매 수요 증가로 4월 신차 판매가 증가했으나(현대차 18.5%, 기아 13.8%), 현지생산 증가 및 재고 활용으로 수출은 감소하였다.

미국 조지아주 메타플랜트 전기차 전용 공장이 올해 3월부터 가동(1분기 아이오닉5 EV 11,033대를 생산하여 8,611대를 미국 현지 판매)되면서 수출 일부를 대체하였다. 현대·기아의 수출 감소 등으로 국내 생산은 2025년 5월 전년 동월 대비 3.7% 감소하였다(전년 동월 대비 현대 −6.0%, 기아 −3.8%).

〈표 12〉 2025년 5월 업체별 자동차 수출 동향

(단위 : 대, %)

구 분	'24.5월	'25.4월	'25.5월	'24.5월 대비 증감률	'25.4월 대비 증감률
현대	106,723	99,718	98,048	△8.1	△1.7
기아	91,694	96,492	89,690	△2.2	△7.0
한국지엠	47,618	40,315	48,622	2.1	20.6
KG모빌리티	4,580	5,096	5,360	17.0	5.2
르노코리아	4,777	5,175	5,658	18.4	9.3
타타대우	202	236	199	△1.5	△15.7
전체	255,594	247,032	247,577	△3.1	0.2

자료 : 한국자동차모빌리티산업협회

한국은행은 트럼프 관세정책이 지속될 경우, 한국 자동차산업의 대미 수출 규모는 4% 감소(GDP 0.6% 감소)하고, 대응 차원에서 생산기지를 미국으로 이전하면 전후방 산업까지 고용충격이 상당할 것으로 전망하였다.

KB증권에 따르면 현대차·기아 영업이익(작년 27조원)은 최대 10조원 감소할 전망이고, 한국지엠은 관세 적용시 차량당 900만원 정도의 비용이 추가되어 3조원 가량의 비용이 발생할 수 있다.

전기차 캐즘과 관세 영향으로 현대차 울산 1공장(전기차 아이오닉, 코나) 12라인은 올들어 네 번째로 휴업을 실시했으며, 울산공장에 1조원을 투자한 하이퍼캐스팅 생산시설 구축은 2028년으로 2년 연기하기로 했다. 미국 관세 부담을 분산하기 위해 국내 생산 계획을 조정하고 있는 것으로 보인다.

미국 GM은 트럼프의 관세 인상에 대응하여 본격적으로 해외 생산기지 구조조정에 돌입했다. 2년간 5조5천억원의 시설투자로 미시간주, 캔자스주, 테네시주 공장을 증설하고 미국 내 생산량을 연 200만대 이상으로 늘릴 예정이다. GM은 작년 미국에서 판매한 270만대 중 150만대를 미국 현지에서 생산하고 나머지는 멕시코(70만대), 한국(42만대) 등에서 수입했는데, 이번 증설로 멕시코 물량 중 50만대 가량이 미국으로 옮겨간다. 멕시코 다음으로 큰 해외 생산기지인 한국지엠도 생산라인 축소 등이 우려되고 있다. GM은 5월 말에도 미국 뉴욕주 토나완다 엔진공장에 1조2천억원을 투자한다고 발표했는데, 6월 초 한국지엠은 9개 직영 서비스센터 매각, 부평공장 유휴자산 등 시설과 토지 매각 방침을 발표하여 노동조합이 쟁의를 결의하였다.

현대자동차의 경우 〈표 13〉에서 국내 생산시설의 생산 비중이 2010년대 초에는 50% 후반이었으나 점차 하락하다가 2020년 팬데믹 국면에서 다시 50.2%를 기록한 이후 2024년까지 40% 중후반 정도의 비율을 유지하고 있다. 그러나 해외 수요의 증대 및 한정된 국내 수요와 세계적 자국 중심주의의 확산은 해외 직접 생산이 확대될 유인으로 작용한다.

<표 13> 현대자동차 생산시설별 생산실적 추이

(단위: 만대, 연결재무제표)

연도	10	11	12	13	14	15	16	17	18	19	20	21	22	23	24
한국	174	189	191	185	188	186	168	165	175	178	162	162	173	195	186
%	59.7	56.8	53.7	50.2	49.2	48.1	45.6	45.2	46.4	46.9	50.2	46.7	46.8	48.7	47.5
미국	30	34	36	40	40	38	38	33	32	34	27	29	33	37	36
%	10.3	10.2	10.2	10.8	10.5	10.0	10.3	9.0	8.6	8.8	8.3	8.4	9.0	9.2	9.2
인도	60	62	64	63	61	65	67	68	71	68	52	64	71	77	77
%	20.6	18.6	18.0	17.2	16.0	16.7	18.1	18.5	18.9	17.9	16.2	18.3	19.1	19.2	19.6
터키	8	9	9	10	20	23	23	23	20	18	14	16	21	24	25
%	2.6	2.7	2.5	2.8	5.3	5.9	6.2	6.2	5.4	4.6	4.3	4.7	5.6	6.1	6.3
체코	20	25	30	30	31	34	36	36	34	31	24	28	32	34	33
%	6.8	7.5	8.5	8.2	8.1	8.9	9.7	9.8	9.0	8.1	7.4	7.9	8.7	8.5	8.5
브라질			3	17	18	18	16	18	19	21	15	19	21	20	21
%			0.8	4.5	4.7	4.5	4.4	5.0	5.1	5.4	4.7	5.4	5.6	5.1	5.4
베트남										7	7	7	6	5	6
%										1.8	2.1	1.9	1.7	1.2	1.4
인니[18]													8	8	9
%													2.2	2.0	2.2
러시아	0	14	22	23	24	23	21	23	25	25	22	23	4	0	0
%	0.0	4.2	6.3	6.2	6.2	5.9	5.6	6.4	6.5	6.4	6.8	6.7	1.2	0.0	0.0
합계	292	333	355	369	381	386	368	366	377	381	322	347	370	399	391
%	100	100	100	100	100	100	100	100	100	100	100	100	100	100	100

자료: 전자공시, 각 년도 현대차 사업보고서 활용하여 온명근(2025) 작성

<표 14>에서 현대자동차 차량 부문 전체의 내수와 수출 비율을 보면, 내수(합계) 비율이 2020년 57.5%에서 2024년 40.8%로 하락하였다. 다른 측면으로는 내수 비율이 큰 상용 품목의 비중이 줄어드는 가운데, 수출 비율이 높았던 RV 품목의 비중이 늘어나는 모습도 확인할 수 있다.[19]

---

18) 인도네시아.
19) 온명근(2025), 금속노조 이슈페이퍼.

지금까지는 해외 수요의 비중이 늘어났지만, 국내 생산의 수출 비율을 높이는 형태로 진행되어 국내 생산 비중은 큰 변동 없이 유지되었다. 그러나 관세로 수출 장벽이 높아진다면, 미국 현지생산 비중이 더 늘어날 가능성이 크다. 실제 현대차 그

〈표 14〉 현대차 품목별 매출 비중 및 내수 수출 비율

(단위 : 조원, 별도재무제표)

연도		10	11	12	13	14	15	16	17	18	19	20	21	22	23	24
승용	내수	7.7	9.2	8.3	7.5	8.9	9.0	9.4	10.5	9.3	9.5	12.2	10.6	11.4	12.0	9.7
	%	45.2	42.8	37.1	36.5	41.1	42.7	48.6	54.2	57.0	59.8	72.8	58.3	49.3	43.9	39.1
	수출	9.4	12.3	14.1	13.1	12.7	12.1	9.9	8.9	7.0	6.4	4.6	7.6	11.7	15.3	15.1
	%	54.8	57.2	62.9	63.5	58.9	57.3	51.4	45.8	43.0	40.2	27.2	41.7	50.7	56.1	60.9
	합계	17.1	21.5	22.4	20.7	21.6	21.1	19.3	19.3	16.4	16.0	16.8	18.2	23.1	27.3	24.7
	%	53.9	57.8	58.6	56.1	56.4	53.4	52.3	52.4	43.3	37.1	37.0	36.8	40.2	39.9	35.8
RV	내수	2.1	1.8	2.8	3.5	3.4	4.3	3.6	3.1	5.5	7.0	8.7	9.4	8.8	10.7	11.9
	%	26.8	20.5	30.5	35.1	34.3	38.3	34.4	29.4	37.6	33.9	38.5	38.2	32.7	32.4	32.8
	수출	5.9	6.9	6.4	6.4	6.6	6.9	6.9	7.4	9.2	13.7	13.9	15.2	18.2	22.3	24.3
	%	73.2	79.5	69.5	64.9	65.7	61.7	65.6	70.6	62.4	66.1	61.5	61.8	67.3	67.6	67.2
	합계	8.0	8.7	9.2	9.9	10.0	11.2	10.6	10.5	14.7	20.7	22.6	24.7	27.0	33.0	36.2
	%	25.3	23.3	24.2	27.0	26.2	28.3	28.7	28.3	39.0	48.2	49.8	49.9	46.9	48.1	52.3
소형상용	내수	2.2	2.4	2.2	2.3	2.4	2.6	2.6	2.7	2.8	2.6	2.8	3.0	3.2	3.7	3.1
	%	63.5	61.8	63.7	68.3	70.9	68.0	72.9	74.4	76.5	76.6	83.8	80.8	76.0	74.6	71.8
	수출	1.3	1.5	1.3	1.1	1.0	1.2	1.0	0.9	0.9	0.8	0.5	0.7	1.0	1.3	1.2
	%	36.5	38.2	36.3	31.7	29.1	32.0	27.1	25.6	23.5	23.4	16.2	19.2	24.0	25.4	28.2
	합계	3.5	3.9	3.5	3.3	3.4	3.9	3.6	3.7	3.7	3.5	3.3	3.7	4.2	5.0	4.3
	%	11.0	10.4	9.2	9.0	8.9	9.8	9.7	10.0	9.8	8.0	7.4	7.5	7.3	7.3	6.3
대형상용	내수	2.2	2.2	2.0	1.8	2.3	2.3	2.6	2.8	2.4	2.4	2.4	2.5	2.9	2.9	3.6
	%	69.6	68.6	64.8	63.2	69.6	67.5	77.3	81.1	82.2	83.4	88.8	89.1	89.5	88.5	92.3
	수출	0.9	1.0	1.1	1.1	1.0	1.1	0.8	0.6	0.5	0.5	0.3	0.3	0.3	0.4	0.3
	%	30.4	31.4	35.2	36.8	30.4	32.5	22.7	18.9	17.8	16.6	11.2	10.9	10.5	11.5	7.7
	합계	3.1	3.2	3.1	2.9	3.3	3.4	3.4	3.4	3.0	2.9	2.7	2.8	3.2	3.2	3.9
	%	9.8	8.5	8.0	7.9	8.5	8.6	9.3	9.3	7.8	6.6	5.9	5.8	5.5	4.7	5.6
차량부문합계	내수	14.2	15.6	15.4	15.1	17.0	18.2	18.2	19.0	20.1	21.6	26.0	25.5	26.3	29.3	28.2
	%	45.0	41.8	40.2	41.1	44.4	46.1	49.5	51.6	53.3	50.2	57.5	51.7	45.7	42.7	40.8
	수출	17.4	21.7	22.8	21.7	21.3	21.3	18.6	17.8	17.6	21.4	19.3	23.8	31.3	39.3	40.9
	%	55.0	58.2	59.8	58.9	55.6	53.9	50.5	48.4	46.7	49.8	42.5	48.3	54.3	57.3	59.2
	합계	31.7	37.3	38.2	36.8	38.3	39.4	36.8	36.9	37.8	43.0	45.3	49.4	57.6	68.5	69.1
	%	100	100	100	100	100	100	100	100	100	100	100	100	100	100	100

자료 : 전자공시, 각 년도 현대차 사업보고서 활용하여 온명근(2025) 작성

룹이 조지아 메타플랜트의 연간 생산능력을 30만대에서 50만대(기아 화성공장의 연간 생산량은 52만대)까지 늘려 미국 내 생산량을 120만대로 확대하면, 미국 판매 물량의 70%까지를 현지 직접 생산으로 조달할 수 있을 것이다. 또한 철강·부품·조립의 공급사슬까지 미국 현지조달로 전환하여 국내 자동차 산업 생태계가 크게 위축될 것이다.

2) 자동차 부품, 국내 생산 감소로 일자리 감소, 협력업체 몰락

미국은 한국 자동차 부품의 최대 수출시장이고, 미국 기준으로 한국은 5~6위 수입국(6.4%)이다. 한국은 2024년 미국에 자동차 부품 82억2천만 달러(11조4천억원)를 수출했는데, 이 중 60~70%가 미국 현대·기아 현지공장에 공급되었다.

트럼프 대통령은 5월 3일 자동차 부품 약 332개에 25% 품목별 관세를 부과하였다.

〈표 15〉 자동차 부품 관세 조치 요약

구분	관세율	적용방식
일반 외국산 부품	25%	주요 부품 일괄 적용(엔진, 변속기 등) (미 HS코드 기준 130개 품목)
USMCA산 부품		원산지 기준 충족 시, 한시적으로 면제[20]

자료 : 한국자동차모빌리티산업협회

---

20) USMCA 요건을 충족하는 자동차 부품에 대한 25% 관세는, 상무부 장관과 관세국경보호청장이 협의해 비미국산 가치에만 관세를 적용할 수 있는 절차가 마련할 때까지 면제.

미국이 수입 완성차뿐만 아니라 자동차 부품에도 관세를 부과하자, 자동차 제조업체들은 공급망을 현지화하기 위해 노력하였다. 그러나 철강과 알루미늄, 자동차에 사용되는 반도체 칩, 백금·팔라듐 같은 원자재는 미국 현지에서 빠른 기간 내에 공급할 수 없다. 또한 일부 부품들은 미국 내에서 생산하는 비용보다 관세를 지불하고 수입하는 것이 훨씬 저렴할 수 있다. 미국산 부품 비율이 90%를 넘어 100%에 가까워질수록 공급사슬 비용은 훨씬 증가한다. 미국의 신차 평균 조립 비용은 멕시코·캐나다보다 높은데 미국산 부품 비율을 더 높인다면 더 많은 비용이 소요된다. 따라서 완전한 공급망 내재화보다는 차량의 75% 정도를 북미산 부품으로 하는 것이 현실적인 목표로 검토되고 있으며, 2025년형 모델 중 이 기준을 충족하는 것은 기아 EV6, 테슬라 모델3 등이 있다.[21]

관세부과로 글로벌 차원에서 부품을 조달하던 미국 자동차업체들의 타격이 크자, 트럼프는 현지에서 생산한 자동차에 한해 부품 관세 일부를 완화하였다. 이는 미국 자동차 기업들의 부담을 덜어주고 해외 자동차 기업들의 미국 현지생산을 유도하려는 조치인데, 미국에서 최종 조립·판매되는 차량에 대해 제조사는 차량 소비자가격의 15%에 해당하는 금액만큼 부품 수입관세를 환급받으며 2년 차에는 10%에 해당하는 금액을

---

[21] CNBC, 2025.05.16., "How much would a 100% 'Made in the USA' vehicle cost? It's complicated", 온명근(2025) 금속노조 이슈페이퍼 재인용.

환급받는다. CNN은 부품 관세 비용을 일부 환급하더라도, 이번 관세로 인한 추가 비용은 차량당 평균 약 4,000달러(561만 원)에 이를 것이라고 추산했다.

한편 미국·캐나다·멕시코 3국 자유무역협정(USMCA)에 부합하는 수입 부품에 대해서는 무관세 혜택이 적용된다. 미국 기업들은 캐나다·멕시코에서 주로 부품을 수입하는데 USMCA 기준을 80% 이상이 충족하고 있어 대부분 관세가 면제된다.

그러나 현대차·기아 미국법인은 한국에서 부품을 수입하므로 부품가격 15%에 대해서만 면제되고 나머지 부품가격 85%에 대해서는 25%의 관세를 물어야 한다. 현대차 그룹은 최근 부품 현지화 계획을 수립하고 있으며 멕시코에서 생산 중인 제품을 미국 공장에서 생산하는 등 미국·캐나다·멕시코 공급사슬을 재조정하고 있다.

이차전지의 경우, 관세부과에 따라 전기차를 생산하는 OEM들의 비용 상승이 예측되며, 전기차 가격 상승으로 인한 이차전지 수요 둔화가 우려된다. 또한 미국 현지에서 배터리를 생산하고 있는 업체들의 경우 핵심 소재 대부분이 한국에서 조달되고 있으므로 관세 부담이 늘어났다. 배터리 셀 및 소재에 부과되는 관세를 배터리 생산업체들이 모두 부담하게 될 경우 생산원가가 크게 늘어나 수익성이 악화된 것이다. 반면 관세 부담을 전기차 생산 OEM들에게 전가할 수 있는 경우, 배터리 생산업체들의 단기적 수익성은 유지될 수 있지만, 이는 전기차 가격 인상으로 연결되어 역시 출하량 감소를 초래할 수 있다. 관세는 완성차와 배터리 공급사가 절충된 선에서 분담하게 되지만, 이차전지 업체에 보다 부정적인 결과가 초래될 가능성이 크다.[22]

자동차 부품 전체 수출에서 미국 비중이 1/3이 넘으므로, 미국의 25% 관세부과는 국내 부품업계에게 큰 타격을 준다. 2024년 국내 부품업체의 전체 영업이익 규모가 7~8조원 정도인데 일부 완화 조치를 반영해도 부품 관세가 대략 14.5%에 이른다.

미국 기업과 가격 경쟁에서 불리한 현대차 그룹은 국내 자동차 부품 협력사들의 미국 이전을 요구하고 있어 주요 1차 협력사들의 진출이 확대되고 있다. 현대차 그룹의 미국법인은 필요

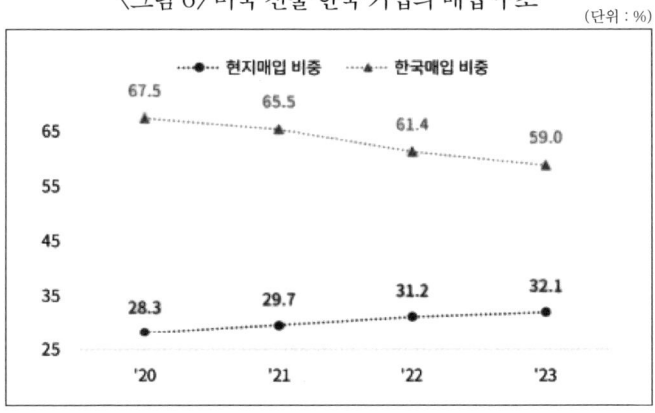

〈그림 6〉 미국 진출 한국 기업의 매입 구조

자료 : 수출입은행, 한국무역협회 재인용

---

22) 온명근 (2025).

한 부품 등의 중간재를 초기에는 국내에서 수입하나 점차 미국 내에서 조달하게 된다. <그림 6>을 보면 미국 내 부품 매입 비중은 2020년 28.3%였으나 2023년 32.1%로 증가하였다.

트럼프 2기에는 높은 관세부과로 인해 부품의 현지생산이 더욱 빠르게 진행될 것이다. 결국 미국 진출 기업들은 점차 북미 생태계에서 원자재와 부품을 조달하게 되어, 한국은 수출 감소와 연관 생태계의 쇠퇴로 이어질 수 있다. 중장기적으로 전기자동차 생태계는 북미 내에서 완결되고(설계-원자재-전기차 배터리-부품-완성차-정비-판매), 한국에서의 조달은 관세비용, 물류비용, 미국의 현지생산 요구 등으로 미미한 수준만 남게 될 것이다.[23]

자동차 부품 산업에는 33만명이 종사하고 있는데 전후방 연관업체까지 고려하면 고용 충격이 매우 클 것이다. 부품사 중 매출 100억원 미만의 영세 부품업체가 전체의 88%인데, 이들은 자본이 없어 완성차와 동반 이전이 불가능하다. 또한 자동차 부품은 대체 수요처 발굴이 어려워, 완성사의 국내 생산이 줄어들면 매출 감소가 크다.[24]

1차 협력사가 투자 비용을 부담하고 완성사와 동반하여 미국으로 이전하면, 현대차 그룹 납품뿐만 아니라 타국 완성사 납

---

[23] 김성혁 외 (2025).
[24] 김성혁 외 (2025).

품도 할 수 있을 것이다. 그러나 국내 2·3차 협력사로부터의 조달은 미국 현지화로 바뀌게 되고, 미국내 높은 인건비, 원자재·부품 조달비 등이 부담될 수 있다. 기업 입장에서는 새로운 기회가 되겠지만 국민경제 관점에서는 고용과 세수의 유출이 발생하며 국내 자동차 연관 생태계가 무너진다.

미국 이전과 수출 감소로 원청인 완성사 또는 1차 협력사의 국내 생산이 감소하면 2·3차 협력사의 납품 물량은 그만큼 줄어든다. 결국 미국으로 따라가지 못하고 다른 업종으로 거래를 바꿀 수 없는 부품사들은 감원과 폐업이 늘어날 것이다.

한편 트럼프의 관세 부과로 인한 완성사 비용 부담은 상당 부분 협력업체와 노동자들에게 전가될 것이다. 원청은 협력사에 납품단가 인하 등 관세 비용을 요구하고, 노동자들은 잔업·특근 감소, 임금과 후생 동결·삭감, 인력 축소 등을 요구받을 수 있다. 이럴 경우 노동조합과 단체협약 등 보호장치가 없는 비정규직 노동자부터 타격을 받을 것이다.

배터리 생산업체들 역시 일찍이 해외 생산을 늘려왔다. 배터리 핵심 소재 업체들도 대표적인 양극재 업체 엘앤에프가 2027년부터 미국에서 양산을 시작하기로 하는 등 최근 속속 현지생산 계획을 구체화하고 있다.[25]

---

[25] 한국경제, 2025.04.15., "소재사도 LEP 진출…엘앤에프, 미에 공장 2년 뒤 양극재 양산".

이차전지는 2023년 수출액이 98.3억 달러인데, 이 중 리튬이온 전지가 수출의 74%를 차지하고, 이차전지 최대 수출국은 미국(48.8%)이다. 그러나 IRA의 전기차 세액공제 규정에 북미 이외 지역 생산 수입차 우대 적용이 포함되지 않는다. 다만 배터리 핵심광물의 경우 미국과 FTA를 맺은 나라에서 가공해도 보조금 지급 대상에 포함되는데, 2027년까지 80%를 북미에서 채굴·가공해야 한다. 배터리 부품은 2029년까지 100% 북미에서 생산해야 한다. 이에 따라 배터리와 배터리 소재 업체들의 미국 이전이 늘어나고 있다.

배터리는 2011년까지 전량을 국내에서 생산했으나, 이후 해외 투자가 증가하여 미국, 중국, 폴란드 등이 생산거점이 되었고, 국내생산 비중이 2023년 7.6%까지 하락하였다. 〈그림 7〉을 보면 배터리 3사의 해외공장 생산 비중이 2023년 92.4%나 된다.

〈그림 7〉 국내 배터리 3사의 합계 이차전지 생산 캐파 비중

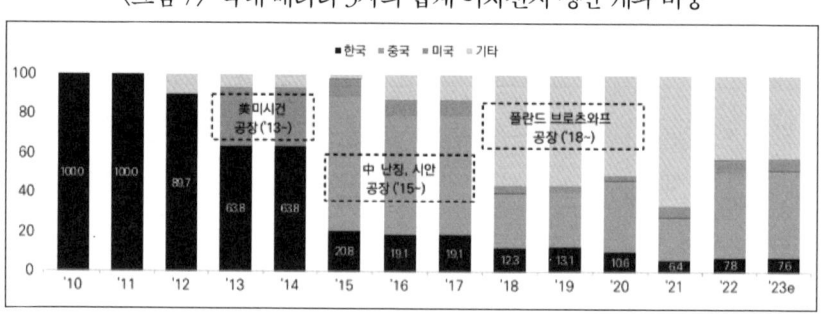

주 : 생산 캐파는 공장 완공 시점을 기준으로 하며, 실제 양산 시기와는 상이할 수 있음
자료 : BloombergNEF, Battery Cells Manufacturing Database(2024.2.19)

3) 철강·알루미늄과 파생제품, 50% 관세 폭탄

미국은 올해 3월 12일 철강·알루미늄과 파생제품에 25% 관세를 발효하고 연간 263만톤의 면세 쿼터를 폐기하였다. 블룸버그는 미국으로 수입되는 철강·알루미늄과 파생제품(259개) 1,500억 달러(218조원) 상당이 영향을 받을 것으로 전망하였다. 그런데 미국은 다시 6월 4일 철강·알루미늄과 파생제품 관세를 50%로 인상하였다. 이는 사실상 미국 수출이 불가능한 수준인데 미국을 향해 운송하고 있는 철강 제품까지 적용되었다. 김윤상 iM증권 애널리스트는 미국에 철강 제품을 수출하는 업체는 추가 관세를 현지 수요처에 부담시키는 것이 불가능하고 관세 인상분만큼 부담이 더해져 이윤이 줄어들 것이라고 예상했다.

또한 미국은 철강늄 파생제품[26]에 냉장고, 건조기, 세탁기, 식기세척기, 냉동고, 조리용 스토브, 오븐, 레인지, 음식물 쓰레기 처리기 등의 가전제품을 포함시켜, 제품에 포함된 철강 가치를 기준으로 6월 23일부터 50% 관세를 부과한다.[27] 삼성전자와

---

[26] 철강·알루미늄 파생제품은 완제품 전체가 아닌, 실제 함유된 철강·알루미늄의 가치(함량 가치)에 대해서만 무역확장법 제232조 관세가 부과된다. 반면 제품 내 비철강·알루미늄 부분에 대해서는 기본 관세율, 즉 최혜국 대우 세율이 적용되었다. 이는 미국이 WTO 체약국에 대해 통상적으로 부과하는 기본 관세율을 말한다. 그러나 6월 4일부터는 이러한 관세구조에 상호관세 10%를 추가 적용하기로 명시했다. 즉 비철강·알루미늄 함량 부분에 기본 최혜국 대우 세율 외에 상호관세가 10% 부과된다. 아울러 철강·알루미늄 함량에 대해 적용되는 무역확장법 제232조 관세율도 50%로 인상되었다. 이에 따라 파생제품에 포함된 철강·알루미늄 함량에는 추가 50% 관세가 적용되고 나머지 비함량 부분에서 최혜국 대우 세율에 더해 상호관세가 10%가 적용된다(관세청, 보도자료).

[27] 예를 들면 가전제품을 만들 때 철을 10% 사용한다면, 50%인 5% 관세가 부과된다. 가전 생산 시 철강 함량 비중은 대부분 20%가 되지 않는데, 철 함량이 20%라면 10% 관세가 부과된다.

LG전자는 미국 현지 공장 생산도 있지만, 국내 등 전 세계 생산기지(베트남, 멕시코, 중국 등)의 수출 물량도 상당하여 타격이 클 것이다. 2024년 가전제품 대미 수출액(광의의 개념)은 79억7500만 달러(약 10조8750억원)이다. 미국이 2018년 세이프가드(긴급수입제한조치)를 발동해 세탁기에 관세 50%를 적용한 것을, 트럼프는 덤핑 때문에 월풀 등 미국 업체가 망해가고 있었는데 관세로 살렸다고 자랑한 바 있다. 파생제품에는 가전제품뿐만 아니라 미국 알루미늄협회 등이 요구하는 알루미늄 케이블, 열 교환기, 태양광, 변압기, 배터리 부품, 자동차부품, 전선 케이블, 금속가공제품, 원자로까지 수백 가지 상품이 계속 추가될 예정이다.

관세 충격 등으로 지난 5월 한국의 전체 철강 수출은 전년 5월 대비 −12.4%인데, 대미 철강 수출은 −20.6%를 기록했다.

2024년 미국은 한국 철강 수입이 44억 달러(전체의 13.1%)

〈표 16〉 주요 철강사별 대미 수출량 추정(2022년 실적 기준)

품목	수출(추정량)	차지비중	주요 품목
POSCO (포항/광양)	70~80만톤	25~30%	판재류(열연/냉연/도금재/후판 등) 전반
현대제철	60~70만톤	20~25%	판재류(열연/냉연/도금재)+봉형강 일부
동국제강	20~30만톤	5~10%	후판, 봉형강(형강) 등
세아제강	25~35만톤	10% 내외	강관/튜브(OCTG,라인파이프 등)
KG스틸	15~25만톤	5~10%	주로 냉연/도금재
휴스틸, 넥스틸 등	업체별 10~30만톤 전후	개별 5~10%	유정용강관(OCTG), 라인파이프 등
합계	260만톤(쿼터 한도 수준)	100%	

자료 : 각 사 및 언론기사 종합, 메리츠증권 리서치센터, 2025.2

로 유럽연합(45억 달러, 13.5%)과 함께 한국의 최대 수출시장이다. 미국은 연간 철강 수요가 9천만톤 정도인데, 약 20%는 수입산을 사용했다. 철강사별 미국 수출 현황은 〈표 16〉과 같다.

한국 철강산업은 50% 관세부과와 쿼터제 폐지로 미국 수출이 어려워졌고, 세계 수출도 감소할 전망이다.

먼저 트럼프가 제조업을 미국으로 끌어모으면서 자동차·가전제품에 들어가는 고부가가치 특수강판 수요가 늘고, 석유 생산을 늘리면서 송유관·강관 등 특수철강 수요도 증가하였다. 이런 조건에서 고부가가치 제품 수출이 늘어나 한국이 공략할 수 있는 기회가 되었는데, 관세폭탄으로 미국시장 접근이 어려워졌다. 한국산 철강 제품은 미국 철강 수입량에서 약 10%를 차지하여 일본(4%) 및 중국(2%)에 비해 미국 시장에 대한 의존도가 더 높아, 한국의 타격이 클 것으로 전망된다. 포스코와 현대제철의 경우 미국 수출 물량 비중 자체는 높지 않지만, 상대적으로 타지역 수출 물량 대비 판매 가격과 수익성이 높기 때문에 피해가 클 것이다.[28]

〈그림 8〉에서 보듯이 품목별로는 미국 수출 비중이 높은 강관 부분의 타격이 예상된다. 강관 총수출 중 미국향 수출이

---

28) 철강금속신문, 2025.02.20., "S&P 미 철강관세, 한국 철강업계에 유독 치명적일 것".

60% 이상을 차지한다. 미국으로 수입되는 강관의 국가별 비중을 보면 한국이 22~23%(2024년 기준) 수준으로 가장 높은 비중을 차지하고 있다.[29]

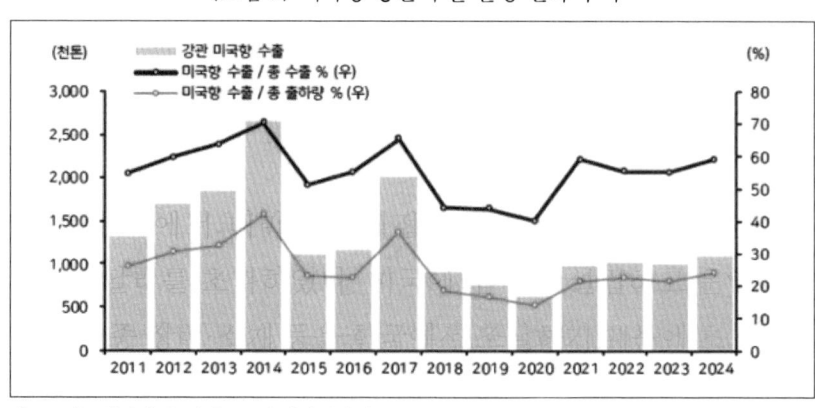

〈그림 8〉 미국향 강관 수출 물량 변화 추이

자료 : 한국철강협회, 메리츠증권 리서치센터

다음으로 한국은 미국 시장뿐 아니라 동남아 등 현재 수출시장마저 다른 나라에 잠식당할 처지에 놓여있다. 고율 관세로 미국 수출이 차단된 유럽연합, 중국, 일본 등의 철강재가 국제 시장에 범람하여 가격 경쟁이 치열해지므로 한국의 철강 수출은 축소될 수밖에 없다.

또한 신용평가사 S&P는 관세부과로 한국 철강업계가 다른 아시아권 철강사보다 더 큰 타격을 받을 것이라고 지적했다. 한

---

29) 페로 타임스, 2025.03.28., "미국 철강 및 알루미늄 관세부과에 따른 영향과 대응방안".

국은 그동안 쿼터제로 관세 면제 혜택을 받았는데, 실제 대미 철강 수출액은 면세 할당인 260만톤 수준에 머물렀다. 이제 3월부터 해당 조치가 종료되어, 면세 혜택이 없었던 역내 경쟁사들과 비교하면 경쟁력이 약화된다는 것이다.

트럼프는 5월 30일 US스틸 공장을 방문하여 50% 관세 부과를 6월 4일부터 발효한다고 발표하였다. US스틸은 2025년 1분기 전년동기대비 매출 -10.4%, 순손실 1억1600만 달러를 기록했다. 설비는 노후화되고, 투자는 정체, 수익성 저하로 경쟁력이 추락하여 이전부터 매각을 추진했으나 바이든이 국가안보를 우려하여 거부하였다. 그러나 트럼프는 관세를 인상하면 미국 철강산업의 경쟁력이 강화되고, 미국 내 철강업체에 투자하는 기업에 도움이 될 것이라고 주장하면서, 다음과 같은 조건을 전제로 일본제철의 US스틸 인수를 승인했다.

첫째 일본제철 인수 시 미국 정부가 황금주[30])를 보유하여 의사결정에 개입할 수 있고, 본사를 해외로 이전하지 않는다는 조건으로 국가안보 우려를 해소한다.

둘째 미일 철강연합을 형성하여 파트너 관계로 상생하고, 외

---

30) 황금주란 1주만으로도 주총 의결사항에 대해 거부권을 행사할 수 있는 권리를 가진 주식을 뜻한다. 영국 정부가 1984년 통신사 브리티시텔레콤을 민영화 할 때 채택, 당시 대처는 공기업을 민영화하면서, 시장이 소비자 피해와 공익 손실을 우려하자 거래할 수 없는 '특별주' 하나를 정부가 보유하여, 국민의 이익을 크게 침해하는 사안에 대해 거부권을 행사할 수 있게 하였다. 영국 정부는 한때 26개 기업의 황금주를 보유. 이후 유럽 전역과 미국에 걸쳐 황금주 제도가 확산하였고 차등의결주 등 다양한 형태로 파생되었다.

국산 철강에 대해서는 50% 관세를 부과하여 미국 철강 업체 경쟁력을 강화하는 등 산업을 보호한다.

셋째 철강 시설 등에 일본이 약 20조원을 투자하고, 관련 산업에서 추가로 10만명을 고용하며, 일본제철 인수 시 일회성 보너스 700만원을 지급한다.

현대차 그룹은 관세부과를 피하여 8조5천억원을 투자해 미국 루이지애나에 270만톤의 전기로 공장 설립을 발표했고, 포스코도 공동투자로 여기에 참가하는 것을 검토 중이다. 세아제강 지주는 미국 휴스턴에 25만톤, 넥스틸은 휴스턴에 12만톤 생산공장이 있고, 휴스틸은 클리블랜드에 7만톤 생산 설비를 짓고 있다.

반면 국내 철강사들은 경기침체와 관세폭탄으로 영업이익이 급감하고 있고 미국 수출 감소를 대비해 조업을 축소하거나 설비를 점검하며 희망퇴직과 공장폐쇄 등 구조조정을 진행하고 있다.

올해 1분기 현대제철은 영업손실 190억원으로 적자 전환하였고, 포스코홀딩스는 매출과 영업이익이 각각 전년 대비 -3.4%, -1.7%를 기록하였다. 동국제강도 영업이익이 전년 동기대비 -91.9%로 급감했다.

현대제철은 건설업 침체와 관세전쟁 등에 대비해서 3월부터 비상경영체제에 돌입하여 인천공장을 4월 한 달 셧다운하고, 포항 2공장은 6월 무기한 휴업에 들어갔으며, 포항 1공장 중기사업부는 6월 매각을 발표했다. 또한 미국 투자금 마련을 위해 자회사인 현대IFC(순천 단조공장) 매각을 추진 중이다.

포스코는 경기침체로 작년부터 저수익 사업 55개, 비핵심자산 71개 구조조정을 추진하여 올해 4월까지 9,500억원, 2026년까지 2조1천억원의 현금 창출을 계획하고 있다. 작년 11월 포항 1선재공장을 폐쇄했고 철근 단가 유지를 위해 의도적인 감산을 하고 있다.

포항 중견 철강업체 코스틸은 법정관리에서 3개 공장을 폐쇄하고 300명을 정리해고하였다.

동국제강 인천공장은 철근 수요 감소로 재고가 증가하고 전기료 인상 및 고정비 부담 등으로 7월 한 달 전면 셧다운에 들어간다.

4) 한미 조선 협력으로 기술 이전, 하청기지화 우려

미국은 한때 세계 최강의 조선 강국으로 2차대전 직후에는 75만명을 고용하였고 1년에 수천 척의 함선을 건조하였다. 그러나 정부 보조금 축소, 존스법 등으로 경쟁 제한, 한국과 중국 등 후발주자의 추격 등으로 점차 경쟁력을 잃고 쇠퇴하였다.

미국 존스법은 "미국 내 항구를 오가는 모든 화물은 미국에서 건조하고, 미국산 선적이며, 미국 시민이 소유하고, 미국 시민과 영주권자가 승무원인 선박으로만 실어 나를 수 있다"는 조항을, 번스-톨레프슨 수정법은 "군함의 경우 선박과 주요 부품은 외국 조선소에서 건조, 수리할 수 없다"는 조항을 명시하여 해외업체의 경쟁을 차단하고 있다.

미국의 조선업 고용 인원은 1981년 18만6700명에서 2018년 9만4000명으로 감소했다. 또한 클라크슨 리서치에 따르면, 2024년 발주된 선박 2,412척 가운데 미국이 수주한 것은 12척(0.5%)에 불과하다. 엄경아 신영증권 연구원은 최근 10년 미국이 선박 수주 점유율 1%를 넘은 적이 없다고 지적했다. 군함 건조와 수리도 자체적으로 할 수 없는 수준이다.

이런 조건에서 미국은 조선업 부흥과 중국의 해양 패권 견제를 위해 경쟁력을 갖춘 한국 조선업에 큰 관심을 가지고 있다. 코트라에 의하면, 한미 조선협력 분야는 해군 군함 건조 및 유지·보수·정비(MRO)뿐만 아니라 유조선, 쇄빙선 등으로 확대될 수 있어 한국 조선업 수출 증가를 기대하고 있다. 미국은 해군 신규 함정 조달을 위해 2054년까지 연 300억 달러(42조원)를 투입할 예정이며 향후 30년간 총 364척의 군함이 필요하다. 최근 미국 의회가 발의한 해군 준비태세 보장법은 한국 조선업계에 미 해군 함정 및 해안 경비대 선박 수주 기회를 열어 줄 수 있다는 내용을 담고 있다.

그러나 한국이 미국 함정이나 선박을 수주하는 데는 많은 장애물이 있다. 미국법에 의해 한국에서 선박을 건조하여 수출하는 것은 불법이므로, 다른 대안이 필요하다.

먼저 미국 의회에서 지난 6월 12일 존스법을 폐지하자는 미국의 수역개방법안(Open America's Waters Act)이 발의되었고, 한시적 예외조항으로 한국에서 미국 배를 건조하거나 반조립 후 미국에서 최종 건조하는 방안이 추진될 수 있으나, 결정까지는 찬반이 있고 시간이 많이 소요된다.

다음으로 한국 기업의 투자로 미국 내 조선소를 건조하거나 인수하는 방안이다. 한화 그룹이 미국 필리조선소를 인수하여 현지생산이 가능하나, 숙련 인력이 없고 인건비는 두 배이며, 설비가 노후화되었다. 1천억원에 인수했는데 완전 자본잠식 상태로 인수대금에 재무구조 부실까지 떠안아 총 3,500억을 부담해야 하고 설비 현대화 비용으로 1천억원이 추가되어야 한다.

또한 미국의 요구로 합작이나 기술이전 옵션 등으로 하청기지로 전락할 우려도 있다. 첫째 미국은 자국 내 자국 기업이 군함 등 주요 선박을 제조하는 것을 원칙으로 제도화하였다. 미국이 조선업 자립이라는 전략적 목표하에 한국 조선업을 하청기지로 활용할 수 있다. 둘째 한국 업체의 핵심기술이 합작법인이나 구매 옵션으로 미국에 유출될 수 있다. 셋째 자국 우선주의에 따라 원자재(강관, 전기기기, 반도체) 조달을 현지화 하도록 요구하면 한국기업은 원가 상승, 공급망 혼란이 발생할 수 있다. 넷째 군함 건조시 ITAR(국제무기거래규정) 등 미국의 무기수출통제 규정이 적용되면, 한국 조선사가 미국과 협력한 군수 조선기술을 제3국으로 확산할 때 미국의 승인이 필요해 수출이 제한될 수 있다(한수원 원자력 수출 시 웨스팅하우스 승인, 로열티 사례). 예를 들면 하부구조를 한국이 맡고 상부구조(전투 설비 시스템)를 록히드 마틴 같은 군수기업이 맡아 이윤을 많이 가져가고 군사 기술에 대한 권리를 주장할 수 있다. 다섯째 중국 틱톡처럼 미국에 진출한 현지법인의 사업을 제한하거나 미국 기업으로 매각을 명령할 수 있다.

한국은 조선 강국의 이점을 살려서 산업 주권을 행사해야 한다. 한국의 우수한 조선 역량을 미국에 지원하는 것인 만큼 한국의 조건이 우선되어야 한다. 우리 기술과 숙련된 노동으로 한국에서 배를 만들어 수출하는 것이 최선이므로 여기에 맞게 미국법의 수정을 요청하여 건조 및 유지·보수·정비를 한국에서 할 수 있어야 한다. 합작 시 한국기업에 불리한 조건이 포함되지 않아야 한다. 미국에 기술이전이나 로열티 지급, 향후 제3국 전투함 건조 시 미국 승인 조건 등은 한국 조선업의 독립성을 제한하는 것이다.

5) 반도체, 중국 수출 통제로 한국 기업의 수익성 하락

　미국은 반도체 공급사슬에서 부가가치가 높은 설계를 맡고, 제조(시스템반도체, 메모리반도체)와 후공정(패키징)은 일본, 한국, 대만, 중국 등에서 조달하였다. 그러나 반도체가 AI용 슈퍼컴퓨터 등 모든 전자기기의 핵심 부품(정보를 기억하고 수치를 계산)으로 사용되자 자국 생산으로 방향을 바꾸었다. 특히 핵심기술 이전을 막아 중국의 추격을 차단하고 반도체 내재화로 미국 중심 생태계 구축을 추진하고 있다.

　이러한 전략에 따라 바이든 때 반도체지원법(CHIPS)을 제정하여 미국에 투자하면 보조금을 주고 세금을 감면하면서 반도체 해외 기업을 유치하였다. 삼성전자는 440억 달러를 투자하여 텍사스주에 파운드리 공장을 짓고 보조금 47억 달러를 받기로 했고, SK하이닉스는 39억 달러를 투자하여 인디애나주에 패키징 제조공장을 짓고 보조금 4억6천만 달러를 받기로 하였다.

　문제는 미국이 자국 중심 반도체 생태계를 구축하면서, 한국의 중국 투자와 판매를 제한하는 것이다. 중국은 세계의 공장으로 가장 큰 반도체 수입시장이다. 삼성전자와 하이닉스의 중국 현지공장 생산 비중은 전체 생산의 40%인데, 투자와 생산에서 미국의 승인을 받아야 한다. 반도체지원법에 따르면, 미국에서 보조금을 받은 기업은 향후 10년간 중국에서 첨단반도체 생산능력을 5% 이상 늘릴 수 없다. 핀펫 기술을 사용한 로

직 칩(16nm 또는 14nm 이하) △ 18nm 이하 D램 △ 128단 이상 낸드플래시를 생산할 수 있는 장비·기술을 중국에 판매할 경우 허가를 받도록 해 첨단제품 수출이 제한받는다. 반도체는 장치산업으로 지속적인 투자로 설비를 개선해야 첨단 칩을 생산할 수 있으나, 매년 미국의 승인을 받아야 하므로 불확실성으로 안정적인 투자와 생산을 하기 어렵다.

미국은 반도체 대중 수출도 규제하여, 화웨이 등 중국 주요 기업에 첨단반도체 이전을 금지한다. 일본, 한국, 네덜란드가 미국 기술이 반영된 제품을 제3국을 통해 중국으로 들어가는 것도 차단한다. 미국의 해외직접생산품규칙(FDPR)은 다른 나라에서 생산된 반도체라도 미국 기술이 포함되었다면 중국에 공급하지 못하게 한다. 또한 전 세계에 화웨이 AI반도체 어센드칩을 쓰지 말라고 수출 가이드라인을 내렸다. 미국 기술로 개발된 반도체를 중국에 수출하려면 미 상무부의 허가를 받아야 한다. 이러한 수출 규제는 중국 수출 비중이 큰 한국의 삼성전자 등에 타격을 주고 있다.

최근 미 상무부가 엔비디아 반도체 그래픽 처리장치 H20(중국 전용 고성능 칩) 수출을 규제하여 삼성전자도 동반 손실을 입었다. 엔비디아는 H20 수출 규제로 1분기에 매출액의 32%에 해당하는 55조 달러(8조원)를 손실 처리하여 주가가 급락하였다. H20은 대만 TSMC의 시스템반도체와 한국기업의 메모리반도체를 패키징(포장)하여 완성하므로. H20 수출 규제로 삼성전자와 SK하이닉스의 HBM(고대역폭 메모리) 매출도 타격을 입었다. 또한 미국이 한국기업의 HBM과 반도체 장비를 대중 수출 통제 대상에 추가하면서 수출이 감소하였다.

한국의 대미 반도체 수출은 2024년 107억 달러이다. 트럼프는 반도체에 대한 품목별 관세부과를 예고한 바 있는데 이는 1997년 미국 주도로 발효된 정보기술협정(ITA)[31]에 따른 무관세 원칙 위반이다. 한국 정부는 반도체 관세 면제를 요구했지만 수용 여부는 불투명하다. 반도체는 스마트폰(아이폰) 등 많은 전자제품에 들어가 애플 등 미국 기업의 타격이 크며 미국 내 생산으로 대체하기까지는 시간이 많이 소요되기 때문에 관세 부과를 유보하고 있는 것으로 보인다.

4. 건설업·국제물류 간접 피해, 국방절충무역 비관세 장벽

1) 건설 원가 상승, 산업공동화로 건설업 침체

건설업은 관세전쟁과 환율 상승으로 간접적인 피해가 확산되고 있다. 관세 인상으로 미국 수출이 줄어들면 국내 철강업

---

[31] 정보기술(IT)제품과 소프트웨어에 대해 세계무역기구(WTO) 회원간 관세를 폐지하기 위한 협정이다. 1997년 컴퓨터 휴대폰 등 203개 품목에 무관세를 적용했고 2015년 404개 품목으로 확대했다. 미국과 한국의 경우 FTA에서도 정보기술 무관세를 체결하고 있어 소프트웨어에 대한 관세 적용을 받지 않았다.

체들은 감산 및 3국 수출로 국내 공급을 통제한다. 따라서 공급과잉으로 가격이 하락하기보다 기업의 감산 전략, 유통심리, 국제 원자재 가격 등이 더 큰 영향을 미쳐 결과적으로 국내 가격상승으로 이어질 가능성이 크다. 철강 제품에 대한 중국 수요도 유지[32]되어 철광석·석탄·알루미늄 등 국제 원자재 가격상승, 선매입 투기수요 등에 따라 철근·형강 가격상승, 건설원가 상승이 발생한다. 또한 관세전쟁으로 대외의존도가 높은 한국경제는 원화가치가 하락하여 수입 원자재 가격이 상승하였다. 이러한 요인들은 건설원가 상승으로 이어져 건설사 수익성을 악화시키고 있다. 공사비 상승은 신규 건설 프로젝트의 경제성을 저하시켜 신규 착공을 줄이는 요인으로 작용하고 있다.

한편 미국의 관세폭탄 등 경제침략으로 인해 한국 전체 산업의 수출 감소는, 한국경제를 더욱 침체시켜 국내 투자를 감소시킨다. 특히 한국의 생산 설비가 미국으로 이전하여 국내 신규공장 설립이 감소하였고, 경기침체로 준공 중인 (삼성전자 평택 반도체공장, 현대차 울산 전기차 전용공장, LG 대산 PBAT:생분해성 플라스틱 소재 공장 등) 사업이 연기 또는 축소되고 있다. 가동 중인 공장도 폐쇄하거나 일시 휴업(포스코 1선재공장, 현대제철 포항 2공장, 동국제강 인천공장)에 들어간 경우가 많다. 이는 산업공동화로 이어져 산업 인프라 건설

---

[32] 경제 침체를 막기 위해 중국 정부와 지방정부는 철도, 발전소 등 공공 인프라 투자를 지속하여 건설 원자재 가격이 상승하고, 중국 제조업과 풍력 등의 수출 수요 확대로 철광석, 알루미늄, 구리 등의 원자재 가격이 상승할 수 있다.

과 공장 정비 등에서 일하는 플랜트 등 해당 노동자들의 일자리를 감소시키고 지역소멸을 가속화시킨다. 경기침체 속에 미국의 관세폭탄으로 한국경제는 다음과 같이 악순환이 발생할 수 있다.

☆ 미국 관세폭탄(경제침략) → 생산설비 해외 이전 →
한국 수출·투자·생산 감소 → 산업공동화 → 건설업 침체

2) 미중 관세전쟁으로 국제물류 물동량 감소

□ 공항 물류

미중 관세전쟁으로 항공 물동량이 크게 감소하였다. 100% 넘는 관세 부과와 보복관세로 4월부터 미중 양국의 수출입이 사실상 중단되었다. 5월 12일 관세인하에 합의하고 90일간 협상에 들어갔지만, 여전히 쟁점들이 남아 있고, 중국의 기술 굴기를 저지하는 것이 미국의 전략적 목표이므로 완전한 합의는 어려울 것이다. 트럼프 임기 내내 미중은 일시적 합의와 영역별 충돌이 지속될 것이다.

인천공항은 동북아 중심에 위치하여 미주 노선과 연결성이 좋고, 우수한 통관 시스템과 인프라를 갖추어 환적 화물 처리에 최적화 되어 있다. 미중 갈등으로 중국발 미국행 화물이 직접 운송 대신 인천공항을 경유하는 경우가 많은데, 중국발 화물은 미국에서 통관절차가 까다로우나 한국발로 바뀌면 수월

하게 처리할 수 있고, 중국과 한국의 화물을 모아서 미국으로 운송하는 경우 시너지 효과가 있으며, 인천공항에는 미국 물류회사들이 많고 이커머스 화물에 적합한 다양한 인프라를 갖추고 있다.

그러나 미국이 정밀부품 관세부과 및 대중 소액면세제도 폐지 등으로 미중 사이에 끼인 한국이 타격을 받고 있다. 미국은 기존에 면세를 적용했던 800달러 미만 소액소포에 120% 관세를 부과하였고, 미중 합의 이후에도 54% 관세를 부과하고 있다. 이에 따라 중국에서 한국을 경유하여 미국으로 가는 중국산 물량이 감소하고 미국행 화물기 운항도 축소되었다.

대한항공 화물 매출은 36%가 중국발 화물인데, 전자상거래 (알리, 태무, 쉬인) 해외직구 증가로 항공화물 매출이 작년 9.4% 증가했으나 올해 상반기에는 윤석열 정부의 반중 외교통상 정책, 중국 혐오 의식 상승(중국이 한국 대선개입 투개표 조작 루머), 미중 무역전쟁 영향 등으로 감소하였다. 1분기 인천공항 항공화물이 69.5만톤으로 작년 대비 0.3% 감소했고, 하나증권에 따르면 2분기는 15% 감소가 예상된다.

□ 항만 물류

미중 무역전쟁으로 한국의 중간재 수출이 감소하여 항만·해운 물동량도 감소하였다. 부산항은 동북아 제조업 가치사슬의 환적 허브로 중간재 물류 비중이 매우 높은데, 소비재나 완제품보다는 반도체 부품, 자동차 부품, 석유화학 원재료, 전자기기 부품 등 중간재의 환적과 수출입 비중이 크다. 그런데 미중 갈등과 글로벌 공급망 재편으로 중간재 무역이 축소되어 올해 상반기 물동량이 감소하였다.

중국발 미국·유럽 수출 화물의 경유지인 부산항은 전체 화물의 30% 이상이 환적 화물이다. 미국 서해안 항만과 직결되는 노선이 풍부하며, 중국 내항에서 미국으로 가는 것보다 부산에서 환적하는 방식이 저렴하고 빠른 경우가 많다. 중국과 부산 사이에는 고빈도 피더(Feeder) 선박 서비스가 운행되며, 이는 소규모 화물을 빠르게 부산으로 연결한다. 미국의 중국 제재 또는 고율 관세 적용을 우회하기 위해서 부산항을 이용하는 경우도 많다.[33]

부산항 등 항만 물동량이 감소하면 항만을 경유하는 화물과 선박 수의 감소로 부대사업(보급·정비·하역)이 축소된다. 이는 컨테이너 물동량 감소, 운임 하락, 환적 물량 감소, 비정규직 항만노동자 고용불안, 수출입 화물트럭 기사의 물량 감소 등으로 이어진다. 한국해양수산개발원에 따르면 미국 고율관세로 한국의 항만 물동량이 2026년까지 5~6% 감소할 예정이다.

---

[33] 김성혁 외 (2025).

3) 국방 절충무역 비관세장벽 문제 제기

　미국은 USTR 국가별 보고서에서 한국의 절충무역이 비관세장벽에 해당한다고 제기하였다. 한국 정부가 국방 절충무역 프로그램을 통해 외국 방위 기술보다 국내 기술 및 제품을 우선하는 정책을 추진해 왔다는 것이다.

　절충무역[34]은 외국무기를 수입할 때 반대급부를 요구하는 것으로 세계 공통의 무기거래 관행인데, 계약상대국으로부터 무기 지식·기술을 이전받거나 자국산 무기·장비·부품을 수출하는 식으로 일정한 반대급부를 제공받을 것을 조건으로 한다. UAE, 인도네시아, 영국, 캐나다 등은 1천만 달러 이상 무기 거래에 절충무역을 적용하며 계약금액의 75~100%까지 의무를 부여한다.

　우리나라 방위사업청은 해외에서 군수품을 구입하는 경우, 정하는 절충무역을 추진하는 것을 원칙으로 한다.

---

34) 절충무역은 2차세계대전 후 미국이 우방국가의 군사력 강화를 지원하기 위해 소요물자와 병력 등을 무상으로 원조하면서, 미국의 국제수지 적자가 늘어나자 이를 해소하기 위한 방편으로 등장하였다. 미국은 독일 등 우방에 군사력을 원조하기 위해 지원한 비용만큼 미국 무기를 구매하게 하여 현금지불이 서로 상쇄되도록 해당 국가에 압력을 행사하였다. 이후 절충무역은 고가의 군사장비를 해외로부터 도입하는데 소요되는 막대한 외화를 절감하고 향후 독자적인 방위산업 체제를 수립하는데 필수적인 기술을 획득하기 위한 방안으로 제시되었다. 미국 무기수출통제법(AECA) 및 국제무기교역규정(ITAR)에서는 "군수품과 군수관련 용역의 정부간 또는 정부와 민간업체간의 무기 조달계약을 조건으로 이행되는 산업 및 교역에 관련된 반대급부를 의미한다"라고 정의되어 있다. 미국은 세계 무기시장을 주도하고 있어 무기공급자로서 절충무역을 제공한다.

〈방위사업법〉

제20조(절충교역) ① 방위사업청장은 제19조제1항의 규정에 의하여 국외로부터 군수품을 구매하는 경우 대통령령으로 정하는 금액 이상의 단위사업에 대하여는 절충교역을 추진하는 것을 원칙으로 한다.
② 방위사업청장은 절충교역을 통하여 확보할 수 있는 기술 등을 선정하고자 하는 경우에는 국방과학기술혁신 촉진법 제6조에 따른 국방과학기술혁신 기본계획 및 국방과학기술혁신시행계획과 연계되도록 하여야 한다.
③ 방위사업청장이 절충교역을 추진하고자 하는 경우에는 다음 각호의 어느 하나에 해당하는 조건을 충족하여야 한다.

1. 방위력개선사업에 필요한기술의 확보
2. 구매하는 무기체계에 대한군수지원능력의 확보
3. 계약상대국에서 생산하는 무기체계의 개발 및 생산에의 참여
4. 방산물자 등 군수품의 수출
5. 계약상대국의 무기체계에 대한 정비물량의 확보
6. 군수품 외의 물자의 연계 수출 등 대통령령으로 정하는 사항의 추진

제26조(절충교역의 기준) ①법 제20조제1항의 규정에 의하여 절충교역을 추진하여야 하는 군수품의 단위사업별 금액은 1천만 달러 이상으로 한다. 다만, 다음 각 호의 어느 하나에 해당하는 경우에는 절충교역을 추진하지 아니할 수 있다.

1. 수리부속품을 구매하는 경우 : 1의2.「국방과학기술혁신 촉진법」제8조에 따른 국방연구개발사업에 사용하기 위한 핵심부품을 구매하는 경우
2. 유류 등 기초원자재를 구매하는 경우 : 2의2. 외국정부와 계약을 체결하여 군수품을 구매하는 경우
3. 그 밖에 국가안보·경제적 효율성 등을 고려하여 위원회의 심의를 거친 경우
   ② 법 제20조제3항제6호에서 "군수품 외의 물자의 연계 수출 등 대통령령으로 정하는 사항"이란 다음 각 호의 사항을 말한다.
1. 군수품 외의 물자로서 산업통상자원부장관, 중소벤처기업부장관 또는 우주항공청장의 추천을 받아 방위사업청장이 선정한 물자의 연계 수출
2. 방위사업청장이 방위산업 경쟁력 향상을 위하여 산업부 장관과 협의하여 정하는 외국인투자(「외국인투자 촉진법」제2조제1항제4호에 따른 외국인투자에 한정)의 유치
   ③ 절충교역의 추진절차 등 그 밖에 절충교역의 추진에 관하여 필요한 사항은 방위사업청장이 정한다.

한국은 외국 무기 구입 시 1천만 달러(약 140억원) 이상의 사업에 절충무역을 적용하며, 계약금액 대비 수의계약은 30%, 경

쟁계약은 50%까지 적용한다(미국산 무기 1조원 구매 계약시 미국 업체가 한국에 5천억원의 기술이전이나 부품 수입을 해줘야 한다). 한국은 1982년 절충무역 제도를 도입하고 이를 통해 T-50 고등훈련기 공동개발, 재래식 잠수함 자체 개발 능력을 확보하면서 K-방산의 토대를 마련하였다. 미국 무기 수입 과정에서 이행하고 있는 절충무역 사업 규모는 57억7900만 달러(약 8조5천억원)이다.

미국도 미국산 우선 획득 제도(BAA)를 통해 미국산 원자재 65% 이상을 사용해야 가격 할증 적용이 제외되도록 하고 있다.

〈표 17〉과 같이 한국은 최근 5년간 세계 12위 무기 수입국이며, 최근 5년간 무기수입 규모는 13.6조원(연평균 2.7조원)이

〈표 17〉 2020~2024년 국제무기거래 동향

(단위 : %)

국가	수입	국가	수출
우크라이나	8.8	미국	43.0
인도	8.3	프랑스	9.6
카타르	6.8	러시아	7.8
사우디아라비아	6.8	중국	5.9
파키스탄	4.6	독일	5.6
일본	3.9	이탈리아	4.8
호주	3.5	영국	3.6
이집트	3.3	이스라엘	3.1
미국	3.1	스페인	3.0
쿠웨이트	2.9	한국	2.2
한국	2.6		

자료 : 스톡홀름국제평화연구소(SIPRI)

고, 미국으로부터 수입이 50% 정도를 차지한다.

한편 미국은 무기 수출이 최근 5년간 21% 늘어났고, 전 세계 무기 수출에서 차지하는 비율도 43%로 8%포인트 상승하여 압도적인 세계 1위이다. 일본은 동기간 93%의 무기 증가율을 보여, 세계 6대 무기 수입국이 되었다. 러시아의 무기 수출은 동기간 64% 급감하여 전 세계의 7.8%(3위)를 차지했다.[35]

그동안 미국 무기 수입에서 한국의 방위사업법이 잘 지켜지지 않아, 한국의 일방적 양보와 손해가 컸다. 2015년 F-35 도입 시 통신위성, AESA 레이더 등 기술이전 절충교역이 이행되지 않았다. 따라서 이런 내용을 공론화시킬수록 미국이 불리하다. 최근 한국의 절충무역이 감소하고 있는데도, 미국무역대표부(USTR)가 한국의 절충교역을 문제 삼는 것은 추후 한국과의 군수 관련 협상에서 활용할 수 있는 카드를 미리 준비하기 위한 트럼프의 거래 전술일 수 있다.

윤석열 정부(2022년)에서 국방 분야의 자유무역협정(FTA)이라 불리는 상호군수조달협정(RDP) 체결에 대해 한미 간 논의를 시작하였는데, 미국에 유리하게 귀결될 가능성이 크다. 상호군수조달협정은 체결국 상호 간 조달 제품 수출 시 무역장벽을 없애거나 완화하자는 취지의 협정이다. 미국과 유럽

---

35) 스톡홀름국제평화연구소(SIPRI), 국제 무기이전 2024년 동향보고서.

주요국 사이 RDP 체결 전후 대미 방산 수출입 변화를 보면, 체결 전 5년보다 체결 후 5년이 영국을 제외한 대부분의 나라에서 미국으로부터 수입이 크게 증가하였다. 즉 미국의 이익이 증가하였다.

〈한미 상호군수조달협정 진행 내용〉

□ 주요 내용
○ 미국 국방부는 새로운 한미 국방 상호조달협정을 협상 중
○ 미국 국방부는 국방부 또는 국군이 수행하거나 대행한 공공 방위비 조달 경험에 대한 업계 피드백 요청

□ 상호방위조달(RDP) 협정
○ 미국 국방부는 DFARS 225.003에 정의된 28개 적격국과 RDP 협정 체결
 - RDP 협정의 목적은 동맹국 및 기타 우호적인 정부와 재래식 방위장비 합리화, 표준화, 상호호환성 및 상호운용성 촉진

□ RDP 협정의 내용
○ 당사자가 다음과 같은 특정 이행 절차에 따라 방위 조달을 수행하는 것에 동의 필요
 - 매입 제안 공고
 - 제안구매 권유내용 및 이용가능 여부
 - 실패한 각 제안자에 대한 통지
 - 실패한 제안자에게 구매 참여 불가 또는 계약 실패 이유 피드백
 - 가능한 범위 내에서 공평하고 신속하게 해결되도록, 불만 사항 심리 및 검토 제공

□ 협정 혜택
○ 협정에 따라 각 국가는 상호 국내법과 규정에 부합하는 일부 혜택을 상대 국가에 제공
 - 적격국 최종 산출물의 제안은 미국의 Buy American 법과 국제수지 프로그램에서 요구하는 가격 차이를 적용하지 않고 평가
 - 화학전 방호복 규정 및 특수 금속 규정은 적격 국가에서 제조된 제품에 미적용
 - 관세와 세금은 국가 최종 산출물 및 방위 조달 구성 요소에 대해 면제

□ 미국 국방부의 요구
○ 미국 국방부는 대한민국 국방부나 국군을 대표하여 조달에 참여한 미국 기업에게 대한민국의 국방 관련 조달이 투명하고 공정하게 이루어졌는지, 그렇지 않은 경우, 발생한 문제의 성격을 알려 주도록 요청

자료 : KODITS : 방산물자교역지원센터, 2024.2.23.

상호군수조달협정을 체결하면 미 연방조달시장 진입으로 방산수출 증대가 가능하나, 국방과학기술 수준 고려 시 국방기술 종속이 심화될 수 있으므로, 각종 자료를 종합하여 기 체결국의 현황 분석과 신중한 접근이 필요하다. 미국의 세계정책이 동맹에서 달러 우선으로 지속되는 걸 전제한 대안이 필요하다.[36]

미국이 최근 함정 조달과 유지·보수·정비(MRO) 분야에서 한국의 도움이 필요한 상황임을 고려할 때, 상호군수조달협정(RDP) 적용이 필요한 것은 현재로서는 미국이며 RDP 협상을 조금 더 유리한 형국으로 끌어가고자 절충교역을 카드를 꺼냈다는 분석이 제기된다.[37] USTR의 지적은 한국이 시행 중인 절충무역의 법적 비율을 줄이려는 의도로 추정된다.

---

36) 이창희 (2025.4.11.) 미국 USTR보고서 : 한국의 무역장벽 진단, 방산분야.
37) 연합뉴스 (2024.4.1.) 전 세계 다 하는데. 절충교역 문제삼는 미, 군함 조달협상 노리나.

참고문헌

강금윤(2024), 디지털세 주요 내용 및 입법 동향, KIET 통상 리포트, 2024 VOL.2

김성혁 외(2025), 트럼프 보호무역 시대 각국의 무역통상 정책 비교 및 우리의 과제, 국회사무처

김성혁·이한진·오민규(2023), 외국인투자기업 현황 및 노동의 대응, 민주노동연구원

김성혁·장석우·노종화(2022), 윤석열 정부의 재벌정책 분석, 민주노동연구원

도원빈, '대미 무역수지 확대의 요인별 분석', TRADE FOCUS 2025년 12호, 국제무역통상연구원

박성근·김정현·김지현(2025.4.11), 한국 대미 수출의 구조적 분석, 수지 불균형을 넘어선 산업 연계 구조, i-KIET 산업경제이슈 제184호

이재윤·이고은(2025.8), 미국의 보편관세 공표 후 철강 수출 동향 및 시사점, i-KIET 산업경제이슈 제184호

온명근(2025), 2기 트럼프 행정부의 관세정책 및 영향, 금속노조 이슈페이퍼 5월호

유지윤(2024), 미 행정부 관세정책의 국내법적 근거와 시사점, KIET 기초자료 24-07

진보당 정책위원회(2025.4.11), '미국 USTR보고서-한국의 무역장벽' 진단과 대응 좌담회

트럼프 관세정책 워크숍(2025.3.18), '트럼프 관세정책이 산업과 고용에 미치는 영향', 민주노동연구원·금속노동연구원

트럼프의 동맹수탈과 안보위협 분석, 전망 그리고 대응 토론회(2025.5.20), 전국민중행동·민주노총·자주통일평화연대

한국무역협회 통상지원센터(2024.4.6), 2024년 미 국가별 무역장벽보고서(NTE) 주요 내용 및 시사점, 통상이슈브리프

한국은행, "미 관세정책이 우리 품목별 수출에 미치는 영향", 5월 경제전망보고서

관세청 보도자료, 2025년 3월 월간 수출입 현황

관세청 보도자료, 2025년 4월 월간 수출입 현황

산업부 보도자료, 2025년 3월 수출입 동향

산업부 보도자료, 2025년 4월 수출입 동향

산업부 보도자료, 2025년 5월 수출입 동향

산업부 보도자료, 2025년 5월 자동차산업 동향

통계청 보도자료, 2025년 4월 산업활동동향

한국자동차모빌리티산업협회, 4월 자동차산업 동향, 산업통계 2025-10

한국자동차모빌리티산업협회, 5월 자동차산업 동향, 산업통계 2025-12

USTR(2025), FOREIGN TRADE BARRIERS of the President *of the United States on the Trade Agreements Program*

3

트럼프 관세 약탈이 산업과 일자리에 미치는 영향과 대처 방향

- 예측과 실 동향(2025년 상반기), 반도체·가전·에너지를 중심으로

백 일
전 울산과학대 교수

목 차

1. 트럼프 관세 약탈 문제 제기

2. 트럼프 2기 관세 도발 후 미국의 주요 품목별 수출입 변화 동향

3. 2025년 트럼프 관세 전략의 실 전개와 주요국 수출입 동향

4. 한국의 장단기 국가별 무역수지 변화

5. 한국의 무역 다변화와 품목별 수출입 동향

6. 반도체 전자 및 철강 LPG 산업의 현지생산 전망

7. 한국경제 위기 지표, 일자리 삭감과 업종별 산업공동화 실태

8. 다극화와 보호무역주의 시대 한국경제 전환 방향

1. 트럼프 관세 약탈 문제 제기

　트럼프 2기 관세 약탈(일방적 통보와 산업 현지 이전 강요)은 한국경제에 대한 산업공동화 및 일자리를 더 악화시킬 치명적인 소재다. 트럼프 발 관세폭탄, 철강 품목별 상호관세 50%가 추가되면 철강의 주 소비산업인 자동차 조선은 물론 철강 결합 산업인 세탁기 냉장고 등 주요 백색가전 산업(6월 부과 예정)에 미치는 원가 영향(약 15% ~30% 이상)이 막대한 만큼 피해도 작지 않을 것으로 예상된다. 이 글은 트럼프 2기 관세 실행의 실 영향(2025년 상반기)과 산업 전반에 미치는 실태 중 자동차(별도)를 제외한 전자 반도체 철강 에너지를 중심으로 피해 예측과 대처 방향에 집중될 것이다.

　대책의 경우의 수는 크게 세 가지이다. 트럼프 2기를 맞이하는 미국의 일극화 구질서 모색에 순종하는 경우, 둘째 다른 질서인 BRICS를 감안한 다극화 다변화를 모색하는 경우, 셋째 한반도를 중심으로 하는 동북아의 독자적 지역 질서를 능동적으로 구상, 국제 동조와 중립교역, 사실상 유명무실화된 한미 FTA 폐기와 상호주의 원칙에 따라 상대방 미국에 대한 보편관세 $10\%+\beta$ 부과, 즉 경제실익 우선 노선의 개척이다.

2. 트럼프 2기 관세 도발 후 미국의 주요 품목별 수출입 변화 동향

트럼프 2기 관세 도발은 대 중국 관세 145%까지 공격적 세계 무역전쟁을 불사하였으나 추후 협상하여 중국 30%, 미국 10%로 타협하는 등 결과적으로 3차례 유예(2025.07.08.)되었다. 트럼프 1기와 마찬가지로 트럼프는 엄포를 통해 거래에 유리한 지위를 선점하는 특유의 장사꾼 기질을 상용한다. 이 스타일을 따라 보편 관세 10% 전 품목 적용, 자동차 및 부품 25%, 철강 50%에 대한 품목별 상호관세를 호언하며 유례없는 미치광이 전법을 세계에 각인시켰다. 그럼에도 불구하고 잦은 관세 유예와 타협의 여지를 남겨두는 것은 4년에 불과한 트럼프의 임기 제한, 물가상승과 생산비 상승, 소비저하에 따른 경기위축과 테슬라 NVIDA 등 관계기업들의 반발, 국제분업구조에서 미국 고립과 상호주의에 따른 중국 EU 캐나다 멕시코 등 각국의 보복관세 등등 저지 요인이 많기 때문이다. 이 공방의 장기화에 따라 트럼프 2기 무역전쟁이 본격화하지 않은 결과 2025년 전반기까지는 미국 및 세계 무역동향과 변화가 분명히 드러나지는 않으나 유예되지 않은 보편관세 10%도 결코 작은 것이 아니며, 특히 품목별 상호관세 품목인 자동차 및 부품과 철강, 세탁기, 냉장고 등 철강 연관 품목들은 즉시 부과, 정상적 무역불가 조건에 해당한다. 일방적이고, 공격적 관세인 만큼 실 적용 기간의 과소에 관계없이 집중적인 무역충격으로 나타날 것으로 예상되며, 그러므로 추후 협상여지에도 불구하고 관심 품목의 수출입에 대한 긴급한 동향 파악과 산업변화의 영향 분석이 요청된다.

<표 1> 미국의 주요 수출 품목별 동향

(연도별, 단위 : 백만 달러, %)

연도	총수출	품목	2025년(1~4)		2024년	
			10대 상품	비중	10대 상품	비중
2025	711,202		256,091	36.0	739,410	35.7
1위		항공기 및 부품	46,424	6.5	122,175	5.9
2위		석유 역청유	35,722	5.0	117,499	5.7
3위		석유 역청유의 기타 조제품	34,612	4.9	117,416	5.7
4위		가스 LNG, LPG	29,170	4.1	63,831	3.1
5위		금 및 귀금속	21,287	3.0		
6위		산업용 기계 및 부품들	18,915	2.7	68,222	3.3
7위		전자 집적 회로	17,795	2.5	54,856	2.7
8위		자동차	17,765	2.5	59,370	2.9
9위		혈액 백신, 기타의료조제품	17,532	2.5	54,856	2.7
10위		컴퓨터자동자료처리 부분품	16,870	2.4	40,162	1.9
2024	2,068,537					
2023	2,019,160					
2022	2,062,937					
2021	1,753,941					
2020	1,431,406					

자료 : IMF(국제통화기금), KITA(한국무역협회)

미국의 총 수출 품목은 캐나다 중국 EU 등 미국 대항 상호 보복관세 표방국가들이 다수 등장함에 따라 급격한 변동이 예상되었으나 수 차례 관세 번복, 3개월 유예 해제 달인 7월까지는 큰 변동이 없다. 그러나 보편관세 10%가 적용되는 주요 품목 및 품목별 상호관세가 즉시 적용되는 자동차 등은 예상대로 변화의 조짐이 나타나기 시작했다. <표 1>은 2025년(1~4월)과 2024년 미국의 주요 수출 품목 동향이다. 미국의 연간 수출은 약 2조 달러(2024년) 수준이며, 2025년 10대 품목 총수출비중은 36%, 2024년 대비 0.3% 변화, 관세 유예로 아직은 미미하다. 그러나 석유류와 정유 조제품은 비중 0.7~0.8% 감소로 관세 적용 4개월의 짧은 기간임에도 보복무역 시사국인 캐나다 등으로 수출량 감소라는 의미있는 변화 지표가 포착된다. 한편 LNG 가스류는 오히려 1% 수출 증가라는 반대 효과가 발견된다. 이는 트럼프의 LNG 가스 수출에 대한 강압적 압력을 인도 등지에서 받아들인 비관세 효과로 추정된다. 두드러진 변화는 전년도에서는 미미했던 금과 귀금속 수출 증가(3.0% 비중)와 자동차 및 자동차 부품의 수출 감소 현상이며, 이는 마찬가지의 미국에 대한 각국의 보복관세 영향으로 보여진다. 예비 징후가 이 정도라면 협상 부결 시 상호 교역부담은 당연히 더 커질 것으로 전망된다.

〈표 2〉 미국의 주요 수입 품목 변화와 동향

(연도별, 단위 : 백만 달러, %)

순위	상품	2025년(1~4월)		2024년 총 3,267,389	
		10대 상품액	비중	상품수입액	비중
2025년	총수입액 1,224,182	475,776	38.9	1,135,058	34.7
1위	귀금속 및 부분품	73,901	6.0		
2위	자동차	65,120	5.3	216,806	6.6
3위	컴퓨터 및 자동처리기계와 부분품	59,828	4.9	140,233	4.3
4위	석유류 및 원유	48,884	4.0	167,481	5.1
5위	혈액과 백신 의약조제품	44,014	3.6	108,942	3.3
6위	유무선 전화기 및 부분품	43,939	3.6	113,758	3.5
7위	의료기기 및 부분품	41,327	3.4	94,130	2.9
8위	호르몬 및 기타 조제품	36,897	3.0		
9위	수출 반입품	33,860	2.8	95,253	2.9
10위	자동차 부분품	28,006	2.3	87,593	2.7

자료 : IMF

〈표 2〉는 같은 기간 미국의 주요 상품 수입 동향이다. 주요 품목 총 수입액 비중은 38.9%로 전년 대비 4.2% 증가해 수출과 다른 의미있는 변화를 보인다. 자동차 및 부품의 감소는 예측되는 바이나 기타 품목에서 반대의 총량 수입 증대가 발생한 것은 관세 인상 실행을 회피하는 사전 조치, 관세 인상 전

수입량 증대 요인으로 생각된다. 금 및 귀금속의 뚜렷한 수입 증가 현상은 트럼프 관세 도발과 달러 가치 혼란 대비 안전자산 금의 수입 증가 효과로 추정된다. 자동차(-3.3%)와 부품(-0.4%), 석유류(-1.1%) 수입 감소는 품목별 관세 인상 즉시 실행 효과로 예상된 것이며, 기타 유예된 품목은 효과가 미미하다. 물론 7월로 예정된 관세 부과가 본격화되면, 수출의 더 빠른 감소와 일시적 수입 감소, 대체효과에 따라 장기적 수입 증대[1], 최종적으로 총수지 악화가 재현될 소지가 크다. 물론 3차례 유예했는데 4차례 유예가 또 시행되지 않는다는 법도 없고, 이스라엘 우크라이나 양대 전쟁이 부담인 트럼프가 일방적 무역전쟁을 계속 강행할 여력이 얼마나 있을지도 의문이다. 현재로서는 애초에 무리한 관세 도발인 만큼 결국 타협 조정될 것이 유력해 보이지만, 최소한 보편 관세 10% + 조정된 상호관세 a는 불가피할 것이며, 이 정도만 해도 트럼프 2기 세계 무역 및 미국 경기가 출렁일 것은 자명하다. 2017~2019년 1차 트럼프 보호무역 전쟁기 미국의 총 수지 감소(-20%, 440억 달러 경상수지 적자, 2018년) 현상에 따르면, 1기보다 더 큰 규모의 2기 트럼프 관세 효과는 원하는 바인 수지 개선 효과보다 오히려 1기 이상의 더 많은 수지 악화(적어도 20% 이상)를 예상할 수 있다.

---

1) 부품 조달의 국제분업 생태계에서 내국 생태계 구축으로 급속한 전환은 불가능. 시간과 비용이 더 필요하고 동시에 가격경쟁력이 문제임.

3. 2025년 트럼프 관세 전략의 실 전개와 주요국 수출입 동향

트럼프 2기는 1기와 유사하게 바이든 정부와 차별화하면서도 본질적으로는 고립주의 몬로독트린, 미국 중심 보호무역주의 행보 강화라는 축에서 크게 벗어나는 수준은 아닐 것이다. 다만 그 변화의 행태는 미국 중심이 돼 범서방진영 공조를 상대적으로 더 강조했던 바이든 정부보다는 환경규약 재탈퇴 등 미국 이익 중심, 그린란드, 파나마운하 매입 시사, 알래스카 LNG 개발 참여 압력 등등 남 눈치 볼 필요없다는 듯 더 공격적인, 더 철저한 미국 독점이익의 전 세계적 강화, 패권주의적 지역화(bloc) 속성을 노골적으로 드러낸다는 정도가 차이일 것이다. 국제법과 상호 조약을 일거에 무너뜨릴 것을 허용하는 미국의 보호무역주의 주요 법령 및 조항은 반덤핑, 상계관세는 물론 환율조작국 지정 등 수십 종류[2]에 이르며 안보라는 이름 하에 무역통상법 201조 등을 동원하고, WTO 질서까지 가볍게 무시한다. 물론 트럼프는 한 단계를 더 건너 기존의 FTA 조약까지 무력화시키는 동맹 해제, 더 험악한 구 시대 법망인 국제

---

2) - 환율조작국 지정 조건 : ① 對미국 무역수지 흑자 200억 달러 이상, ② GDP대비 경상수지흑자 3% 이상, ③ 연간 GDP대비 2% 이상 규모의 반복적 외환매입 지속 중 2개 이상 해당 시 발동 가능.
  - AFA : 무역집행 효율화법(2015.6)에 따라 피 조사 기업이 자료제출 요구에 최선을 다하지 않았다고 판단되면 '불리한 이용 가능 정보'(대체가격 사용 덤핑마진 높게 판정)에 기초해 판정.
  - 비시장경제 (Non-market economy : 중국 WTO 가입 의정서 15조) 통상법: 122조(심각한 무역적자 시), 201조 301조(미국권리 침해 시 조사).
  - 무역확대법 (Trade Expansion Act of 1962) 232조 : 안보상 관세 제고.

비상경제권한법(IEEPA) 동원 등등 의회 행정부의 삼권분립 경계를 넘는 선까지 개의치 않는다. 심지어 미연방법원은 트럼프 상호관세 적용에 대해 의회 승인없는 '전례없는 권한 남용'임을 들어 소송전에 돌입할 정도이다.

캐나다 멕시코 중국은 미국의 1, 2, 3순위 교역대상국으로 이 물동량은 미국의 수입물가에 지대한 영향을 끼치는 존재이다. 코로나 사태 이래 미국의 평균 물가는 5~6% 증가로 물가상승은 세계적으로 최상위권에 속하며, 그 중심인 수입물가는 주요 대미 상위 10개국 수입량에 거의 전적으로 의존한다. 이들의 전미 수입량은 총수입량의 69%인 1조 8670억 달러(2023년), 상위 3개국으로부터 수입량은 거의 절반인 42%에 달한다. 즉 트럼프 관세가 전자 자동차 철강의 특정 품목과 특정 국가에 대해 표적 부과하는 것은 자유이겠으나, 덩어리가 너무 커서 맘 먹은 대로 될지 의문이다. 불과 4년 임기의 트럼프 정부가 과거 유산을 모두 부정하고 미국의 군사력과 경제력 재정능력이 과거보다 현저히 약화된 수준에서 동맹국과 관계를 무시하고 독자적으로 진행할 수준인가를 묻지 않을 수 없다. 즉 트럼프 2기의 보호무역 강화 수준은 상대국에 대한 압박용 협상의제가 본질일 것이며, 상품 일반이 아니라 미국 우선 이익을 강조하는 환경규약 탈퇴의 부수 효과, 주 타격 대상으로 선정한 주요 상품 품목별(배터리 전기자동차 태양광 등 전지구적 환경규제 해당 품목, 디지털 장비, AI 반도체 및 반도체 칩과 같은 첨단기술 및 보조금 전쟁 품목, 철강 희토류, 석유류 가스 에너지 등등 기초 원료 소재)로 초점이 축약될 가능성이 높다.

한국은 주 표적국인 상위 3국의 다음 순위, 대미 무역 흑자 상위 10국 대열, 역시 주요 감시국에 해당한다. 2024년 미국시장에서 한국 수출 지위는 7위, 무역수지 560억 달러 흑자로 환율조작국(3년 이상 200억 달러 무역흑자) 대상에 해당한다. 2025년은 3년 연속 관찰대상국 지정을 다행이라고 해야 할지 모르겠지만 이 정도만 해도 미국기업 투자 시 금융지원금지 등의 충분한 압박조치 대상이며, 경우에 따라서 삼성, LG, SK, 현대기아차 등 바이든 정부하에서 지급되거나 결정된 수백억 달러 대의 미국 투자대비 보조금 및 세제 혜택 반환 또는 축소 가능성도 감안해야 한다.[3] 2025년 한국의 대미 수출액은 10위로 3계단 하락하였으며, 이는 한국의 대미 주력 수출 품목이 반도체, 전자제품, 자동차 및 부품, 철강 등 미국 측의 주 관심품목

〈표 3〉 연도별 미국의 대세계 무역 국가별 수입 동향

(단위 : 백만 달러)

연도	총수입액	10개국	비중(%)	연도	총수입액	10개국	비중(%)
2025년	1,224,182	829,559	67.8	2024년	3,267,389	2,241,216	68.6
1위	멕시코	173,168	14.1	1위	멕시코	505,851	15.5
2위	캐나다	138,368	11.3	2위	중국	438,947	13.4
3위	중국	128,036	10.5	3위	캐나다	412,696	12.6
4위	아일랜드	70,503	5.8	4위	독일	160,437	4.9
5위	스위스	68,497	5.6	5위	일본	148,209	4.5
6위	독일	55,162	4.5	6위	베트남	136,561	4.2
7위	베트남	54,531	4.5	7위	한국	131,549	4.0
8위	일본	50,948	4.2	8위	대만	116,264	3.6
9위	대만	48,675	4.0	9위	아일랜드	103,286	3.2
10위	한국	41,671	3.4	10위	인도	87,416	2.7

자료 : KITA

---

3) 2024.12월 삼성전자 47억4500만 달러(약 6조9000억원)의 반도체 보조금, SK하이닉스 4억5800만 달러의 보조금 확정.

이자, 품목별 상호관세(25~50%) 대상이기 때문에 영향받은 현상이다.

　미국의 수입국가 1 2 3 순위, 멕시코 캐나다 중국의 3국 수입 합은 관세 실행 5개월 만에 41.5%(2024년)에서 2025년(1~5월) 35.9%로 5.6%p 크게 하락했다. 미국 적자 수지 주요국을 표적으로 한 결과일 것이다. 이로써 수십년간 유지되어 온 대륙간 블록경제, 북미자유무역협정(USMCA)은 사실상 붕괴되었다고 할 수 있다. 대중국 관세 타결(5월)이 멕시코와 캐나다보다 먼저인 것은 중국을 제 1경쟁자로 보는 시각, 중국의 강력한 보복 조치, 즉 디지털 핵심소재의 자원무기화(희토류 봉쇄), 미 국채 매각 등의 영향인 것으로 추정된다. 한편 독일 일본 한국 베트남 대만 등등 대미 흑자 2군의 집단 2단위 추락[4], 6~10위권으로 순위 하락은 전자제품 및 자동차 철강 관련 품목이 주력인 이들 국가들의 공통 성향에 기인한다. 특히 전기차 캐즘(전기차 전환 과도기 현상)과 트럼프의 MAGA 복고 전략에 따른 자동차 철강 반도체 에너지 등 구제조업 복구 의지와 미국으로 자본투자 현지생산화 강행의 영향일 것이다. 정리하자면 트럼프 관세 도발은 보편 관세 10% + 품목별 상호관세 α(15~30%)의 고관세 전략과 비관세 전략(현지 직접 투자 확대)의 두 가지 축으로 압축된다.

---

4) 반도체 자동차 및 부품 철강 중심의 독일 일본 한국 등을 제친 아일랜드 스위스는 의약품 초국적 기업(존슨엔존슨 등) 및 시계 귀금속 품목 등등 조세회피성 국제분업이 활발한 국가군. 상위 표적국 과세 즉시 부과의 대체 효과 발생, 그 수혜국으로 대미 수출 4, 5위국으로 상승.

4. 한국의 장단기 국가별 무역수지 변화

트럼프 2기 압박의 실체는 중국보다 한국에 더 심각할 수 있다. 중국이 초점임에도 한국경제에 대한 선제타격(환율 폭등락, 성장률 악화, 물가 인상 등)이 시기상으로 더 빨리 작동할 여지가 큰 것은 그간 미국의 집중 견제로 인해 중국의 대미 무역규모가 지속 감축되어(대미 수출 비중 중국 GDP의 3% 이내) 그 영향이 축소되었다는 점, 본질적으로는 한국의 대세계 교역내 원료수입-가공-중간재/완성재 수출이라는 중간자적 위치, 대중국 대미 교역량 1, 2순위라는 한국측 교역환경의 특징 때문이다. 한중미 3자는 국제분업 네트워크에서 상호 밀접하게 산업연관되어 한쪽이 규제를 가하면 다른 쪽의 피해(일종의 풍선효과)로 나타날 수밖에 없다(AI반도체 칩의 대중국 수출을 금지한 바이든 정부의 조치에 대해서 오히려 AI공급 당사자인 엔비디아가 적극 반대하는 사태가 발생). 트럼프 2기 미국측의 대중국 압박이 강화되면, 한국의 대중국 무역흑자가 감소하며, 중국상품 대체효과로 대미국 무역수지흑자가 확대되면 환율조작국 및 반덤핑 등 미국 측의 대한국 무역규제 확률이 상승한다. 트럼프 1기 때 경험처럼 대미 무역흑자 상위국인 한국에 대한 관세처분은 (한미) FTA 체결국 간 법률이나 국가간 조약 유효성과는 상관없는 자국 안보상의 이유로 언제든지 해제할 수 있는 무소불위의 무역확대법 201조나 국제비상경제권한법(IEEPA)에 따른 패권주의적 절차가 동원된 사례에 해당한다.

2025년 한국의 수출입 동향은 변곡점을 맞이하는 바, 미국 패권주의 시대 보호무역주의 경향에 따른 여파 첫 번째 신호는 기존의 교역 중심 국가 비중의 변화 단초가 형성되었다는 것이다. 우선 트럼프 2기 미국의 보호무역주의는 트럼프 1기 수준을 넘어선 것으로 대외무역 축소와 국제분업으로부터 미국 고립과 무역수지를 더 한층 악화시킬 가능성이 높다. 한국 무역은 대미 의존도가 높은 만큼, 그 여파는 한국으로 연결될 것이며, 트럼프 1기 때처럼 미국의 보호무역주의에 순종할 경우, 연 20% 이상의 무역 축소 충격과 산업공동화는 불가피하다. IRA(인플레이션법)과 미국의 보조금에 의존했던 한국의 주력 산업들은, 트럼프 2기의 압박에 현지화를 더 가속중이며, 잇따른 대미 투자 현지투자 계획(2029~2032년)에 의하면 미국 경기 악화 시, 연동된 동반 충격을 받을 가능성도 상승한다.

<표 4> 한국의 연도별 대미 무역흑자 및 경상수지 동향

(단위 : 억 달러)

	2016	2017	2018	2019	2020	2021	2022	2023	2024	2025
대미 무역흑자	233	179	138	114	166	227	280	444	560	
증감률		-23%	-23%	-17%	46%	37%	23%	59%	26%	
경상수지 대세계 (10억 달러)	97.92	75.23	77.47	59.68	75.9	85.23	25.83	35.49	72.01	70.09

자료 : IMF, 통계청

<표 4>에 따르면 트럼프 1기 집권기인 2017~2019년 3년간 대미 한국 무역흑자가 대폭 (-)축소(연간 17~23% 축소)된 바 있다. 한편 바이든의 대중국 집중 견제기인 2021~2024년간 한국측의 대미 무역흑자 상황은 주로 중국 대체효과의 영향이며, 그 실적으로 인해 트럼프 경고(Dirty 15국에 포함)처럼 더 강한

관세/비관세조치의 후속 조치가 예견된다. 원인이 무엇이든 2020년 이후 최근 4년간 두드러진 한국경제의 대미무역 흑자 현상은 트럼프 보호무역의 타깃에서 한국이 벗어날 수 없는 조건이다. 특히 이는 트럼프 1기 당시 한미 FTA 재협상이 결코 한국측에 유리하게 개정된 효과(한국의 주요 대미 흑자 상품 품목은 FTA와 상관없는 ITA-정보기술협정 관련 무관세/저관세 품목인 전자, 철강, 자동차 등)가 아님에도 발생한 것임에도 불구하고 더 혹독한 한미 FTA 재재개정의 명분이 될 소지가 크다.[5] 즉 트럼프 2기 위험의 높은 가능성에 따르면 기존의 대미 의존형 무역 기조에 연연할 가치란 거의 없다.

〈표 5〉 한국의 연도별 세계 수출입 현황

(단위 : 억 달러, %)

	국가명	2024					2025년 (5월)				
		수출액	증감률	수입액	증감률	수지	수출액	증감률	수입액	증감률	수지
	총계	6,836	8.1	6,318	-1.7	518	2,749	-0.9	2,562	-2.5	187
1	미국	1,278	10.4	721	1.2	557	509	-4.4	299	-0.8	210
2	중국	1,330	6.6	1,399	-2.1	-69	501	-5	559	-3.5	-58
3	베트남	583	9.1	284	9.6	299	242	5.7	123	7.9	119
4	대만	340	68.3	302	24	38	161	62.5	123	5.9	38
5	홍콩	350	39	23	23.2	327	116	-22.5	13	5.3	103
6	일본	296	2.1	476	-0.1	-180	115	-5.1	204	6.6	-89
7	인도	187	4.2	64	-4.4	123	79	1.4	28	7.8	51
8	싱가폴	182	-2.8	106	-5.5	76	77	-2.8	47	6	30
9	호주	156	-12.3	300	-8.7	-144	53	-24.8	130	-2.4	-77
10	멕시코	136	11.3	75	-1.5	61	50	-12.9	34	16.8	16
11	말레이	104	7	140	-8.2	-36	48	14.8	63	13.1	-15
12	독일	90	-12.4	223	-5.6	-133	44	3.5	86	-4.7	-42
13	캐나다	104	22.7	69	10.6	35	43	-3.5	26	-11.8	17

통계 : KITA

---

5) 엄격히 말해서 2023~2024년의 대미 흑자 증가는 한미 FTA 개정효과가 아니라 미중 갈등에 따른 반대급부 효과, 즉 미국의 대중국 견제에 따른 반사이익 대체효과이거나 세계 공통의 ITA에 따른 자연성장률, 환경규약 강화(전기차, 이차전지 등)효과라고 할 수 있다. 미중 교역량을 가감하면 총량적으로 한국 무역수지는 오히려 악화된 결과로 나타난다. 2022년, 2023년 한국의 총무역수지는 역성장(-478억 달러 2022년. 수출 증감률 -7.5%, 무역수지 -104억 달러 2023년)하였으며, 무역수지(-)는 IMF사태 이후 수십년만의 기록이다. 대

〈표 5〉의 한국의 총수출(2025년 5월 누계)은 -0.9% 하락이다. 대미 수출 증감률은 -4.4%로 2024년 10.4% 상승 대비 총 14.8% 감소하였다. 대중국 수출은 -5% 감소, 무역 수지는 -58억 달러로 2년 연속 적자로 전환하였다. 미중 경제 갈등에 따른 중국의 미국의존도 축소와 그와 연관된 한국의 대중국 중간재(IT 소재) 수출 감소 여파로 추정된다. 그러나 한국의 대중국 교역 의존도는 총수입 599억 달러, 대미 수입의 거의 2배로 산업연관도는 더 밀접한 관계에 도달했다.

한국의 북미 수출, 특히 멕시코(-12.9%), 캐나다(-3.5%) 수출 급감은 USMCA의 사실상 해제 여파로 추정된다. 한편 트럼프 관세도발과 무관하게 한국의 베트남 대만 인도 말레이시아 등에 대한 수출 증가율은 지속적이다. 즉 트럼프 1기, 바이든, 트럼프 2기에 일관되는 미국발 보호무역주의 강화에 따른 한국 무역의 불가피한 생존 모색, 미국 이외 국가와의 무역 다변화 현상의 고착화 과정이라고 할 수 있다.

미 무역수지 흑자 최대폭인 444억 달러(2023년), 560억 달러(2024년 추정)에도 불구하고 달성된 것으로 이전의 수출 중심 한국경제효과가 중미 갈등으로 인해 거꾸로 역작용하여 저성장 및 경제위기로 반전하며, 이는 무역질서 변화로부터 비롯한다. 그 근저 원인은 한국의 대중국 무역 적자 전환(2023년 -181억 달러, 2024년 11월 현재 -63억 달러)이다. 한국의 대중국 무역은 최고 연간 500~600억 달러 흑자(2016년)이며 이를 감안하면 최대 연 800억 달러의 손실 발생, 결국 대미 무역흑자로 대중국 무역효과가 가감되어 총량적으로 부정효과가 발생하였음을 의미한다.

5. 한국의 무역 다변화와 품목별 수출입 동향

한국의 미국 중국 외 교역 다변화 현상은 대미 대중 수출 감소의 당연한 여파이다. 트럼프 관세 도발은 한국측 의지가 아니며 결국 10% 이상 적용될 것이고, 관세회피용 대미 현지 투자 증가만큼 한국측 산업공동화와 수출량 감소는 불가피하다. 코로나 직후인 2022년 무역적자(-478억 달러)는 충격적인 결과인 반면, 2024년 무역수지는 총 518억 달러 흑자로 2023년 위기론 운운을 무색하게 한다. 그러나 2024년 흑자 기조는 한미 FTA 효과와는 거의 무관하며, 주로 고환율 효과이거나 전기차 캐즘(전기차 교체 과도기), 미국의 대중국 견제 대체효과, 또는 고환율로 인한 수입량 감소(-1.7%)에 의한 착시현상과 같은 복합적인 무역환경 변화의 결과다.

〈표 6〉 한국의 주요 수출입 품목 및 증감률

(단위 : 억 달러)

연도		2024년					2025년 (5월)			
	품목명	수출액	증감률	수입액	증감률	수지	수출액	증감률	수입액	증감률	수지
	총계	6,836	8.1	6318	-1.7	518	2,749	-0.9	2562	-2.5	187
1	전기기기와 부분품	2,129	24.3	1,238	3.6	890	836	4.5	497	1.2	339
2	자동차와 부분품	919	0	198	-10.4	720	385	-2.5	81	-2	304
3	원자로기계류 부분품	804	10.6	660	4.7	144	330	2	301	12.9	29
4	광물연료, 석유, 역청유	526	-2.6	1,621	-5.4	-1,095	187	-21	609	-14.5	-422
5	플라스틱과 제품	362	3.4	131	3.2	231	144	-6.4	53	-0.6	91
6	선박과 수상구조물	240	18.3	32	91.8	208	107	12.2	16	51.2	91
7	철강	248	-3.6	142	-13.5	105	98	-6.1	48	-26.1	50
8	유기화학품	222	4.7	141	4	80	81	-16.1	59	-2.1	22
9	광학기기, 정밀기기와 부분품	169	0.3	228	3.8	-59	67	-4.5	98	11.1	-31
10	정유와 화장품	99	19.6	21	0.4	78	44	13.4	9	0.8	35
11	철강의 제품	99	-8.9	82	11.3	17	40	-4	36	10.1	4
12	의료용품	80	28.2	95	-4.8	-16	37	17.7	37	-8.1	0
13	무기화학품,귀금속 희토류금속	96	-41.6	122	-43.3	-27	36	-17.2	42	-26.3	-6

자료 : 통계청, KITA

〈표 6〉에 따르면 2024년 한국의 총수출은 전년 대비 8.1% 증가한 6836억 달러, 총수지 518억 달러 흑자, 2025년(1~5월)은 전년 동기간 대비 －0.9% 감소한 총수출 2749억 달러, 수지는 187억 달러이다. 반도체 및 전기기기는 4.5% 증가로 전년 (24.3% 증가) 대비 총증가율 19.8%가 소실되었다. 그 밖의 주요 하락 품목은 자동차 －2.5%, 연료 역청유 －21%, 플라스틱 －6.4%, 철강 －6.1%, 유기화학품 －16.1%, 철강제품 －4% 등이다. 선박(12.2% 수출 증가)을 제외하면 대부분의 수출 주력 품목에서 뚜렷한 하강 징조가 나타나며, 상승세의 선박도 철강 품목별 관세 50% 상향이 적용되는 6월부터는 상승세를 장담할 수 없다. 관세 유예가 해제되는 7월 이후, 보편관세 10% ＋ a를 최소 적용으로 가정해도 2017년 트럼프 1기를 넘는 전 산업의 피해는 어떤 경우의 수에도 불가피하다.

6. 반도체 전자 및 철강 LPG 산업의 현지생산 전망

IRA(인플레이션법)와 무역통상법, IEEPA 등을 무소불위로 휘두르는 트럼프는 관세부과 이외에도 타국에 대한 비관세 강제력을 동원하며, 자동차 반도체 알래스카 LNG 등에 대한 대규모 투자를 포함한 현지 생산을 압박한다. 자동차 및 부품(배터리) 현대기아차 현지투자(210억 달러)와 삼성(파운드리 170억 달러), LG(GM과 이차전지 합작 43억 달러), SK(배터리 6조 원, R&D센터 10억 달러) 등의 투자가 예정되어 있다. 한편 알래스카 LNG 사업이란 가스개발과 가스관 설치 및 수송사업(1300km, 440억 달러 비용 추정)을 포함한 것이다. 단독투자가 아닌 다국적 합작 사업에 대한 동참 강요이며, 험란한 알래스카 동토 개발 사업으로 미국의 자체 개발이 10여년 이상 지체된 예측불허 사업에 해당한다. 실제 개발과 투자가 임박한다고 해도, 현실화까지 투자비중 및 투자액 결정, 사후 수익, 판구매 유통경로 설계가 복잡하다. 수년 내에 완공이 불가능한 것이 현실이고 기간이 예측불허로 늘어질 수 있는 장기 사업이라는 점이 걸림돌이다. 현재까지 참여를 결정한 국가는 없고 서두를 이유란 당연히 없다.

자동차 및 이차전지, 혹은 반도체 등에 대한 현지 투자는 알래스카 LNG 사업보다는 구체적이지만 완공까지 최소 3~5년 이상의 장시간이 필요하므로 역시 사업의 불확실성이 존재한다. 몇몇 관련 기업은 트럼프 관세 도발 회피용으로 미국 시장 선진출 이익을 기대하나, 억지춘향이기 쉽다. 관세 인상 실 용시점으로부터 미국의 수입 물가 인상과 소비 저하가 수반될 것이며, 트럼프가 표적 산업으로 지적한 철강 반도체 가전 이차전지 전기차 등에서 미국 수출이 미미했던 것은 단순 시설, 기술 격차의 문제이기 전에 경쟁력 없는 생산비의 문제이다. 미국의 인건비는 한국의 1.5배, 중국 멕시코의 5배, 베트남의 10배 정도로 이 지역 간 임금 격차는 짧은 기간내에 극복되지 않는다. 즉 미국 현지 생산 품목은 타국으로부터 저렴한 중간재 부분품을 수급받지 못하면 가격경쟁력 부족으로 세계적 확장력 없는 내국 소비용으로 전락한다.

  2023년, 2024년의 2년 연속 대미 자동차 흑자는 전기차 등 친환경차 의무 조달과 각국의 전기차 할당 의무 생산물량(2030년 이후 내연기관차 생산 중단), 일시적 전기차 공급 정체(2026년, 2027년 전기차 공장 및 배터리 공장 완성)현상이 복합된 일시적 수출 증대효과라고 볼 수 있다. 그러나 2024년 자동차 수출 정체(성장률 0%), 2023~2024년 연속 철강 및 철강 제품 수출 감소는 세계적 불경기 및 철강재 수요 감소, 선박 수출 증가와 석유류 및 에너지 수입 감소는 양대 전쟁(우크라이나 전쟁, 팔레스타인 전쟁)과 수에즈운하 폐쇄에 따른 에너지 이동경로 증대와 에너지가격 상승 효과라고 볼 수 있다. 2025년 시점에서 중미 간 관세 협상 타결은 이러한 중국 대체 효과를 기대하기 어렵게 하는 요인이며, 중국의 미중 갈등 회피, GDP 대비 3% 이하의 대미의존도 축소 조치는 중국산 완성재에 산입되는 한국산 소재의 중간 부분품으로 비중 하락, 대중국 수출량 감소, 한중 무역수지 적자 상태 유지 요인으로 역작용한다. 미국 현지 반도체 공장 증설(삼성 20년간 총 1921억 달러 대미투자계획), 전기차 증설(총 120만대) 및 배터리 준공 시점인 2026~2029년경, 트럼프 관세도발과 상관없이 한국의 전자부품과 자동차 및 부품 수출은 현지 생산 물량만큼 대폭 감소(내국 산업공동화)할 운명이다. 위험한 미국의존도 축소와 미국 외 다른 수출처 다변화 발굴로 근본적 전환이 필요한 이유다.

트럼프 관세 도발은 기대와 달리 미국을 구원하지 못할 가능성이 더 크다. 미국의 인플레이션은 2022년을 정점(7.99%)으로 고금리 정책을 유발하였으며, 다양한 물가하락 정책에도 불구하고 중국 일본 캐나다보다는 여전히 2~3배 가량 높고, 무역적자는 연 9000~9500억 달러, 트럼프 1기 대비 적자 폭은 2~3배 규모로 확장되었다. 이것은 트럼프 1기 후 잘못된 바이든 효과로 오해해서는 곤란하다. 트럼프 1기 요란했던 보호무역주의 강화 효과는 2017년 단 1년간 30억 달러의 미미한 (경상수지)적자폭 감소 후 임기말까지 오히려 3년간 증가한 바 있다. 그러므로 2022년 이후 성장률 반전 실적은 트럼프와 바이든 간 무역정책 차이가 아니라, 코로나 이후 미국경제 회복기의 수입 반등효과라는 특수성 요인에 해당한다. 지속적 보호무역주의 경향 미국은 2020년 코로나사태 직후의 반등 효과로 추정되는 5.8% 성장(2021년)을 제외하면 평균치이거나 급감치인 평균 1.9~2.5% 성장에 불과하다. 트럼프 2기 2025년 1/4분기 성장률 실적 -0.3%는 마찬가지의 공격적 관세도발에 따른 부정 효과이다.

중국 인도 브라질 러시아 등의 이른바 BRICS 국가들은 전쟁 기간에도 불구하고 3.6%(러시아)~7.0%(인도)의 고성장률을 기록하는 바, 특히 전쟁기 러시아 성장은 특별한 해석을 필요로 한다. 미국과 유럽, 소위 G7 국가들로부터 경제적 고립이 큰 영향을 끼치지 못하며 오히려 그 반대 현상, 즉 러시아의 성장은 주요 수출 품목인 석유와 가스류의 에너지 물동량 동결에도 불구하고 인도 중국 이란(주로 BRICS 국가군) 등에 대한 에너지 대체 수급 경로의 개척이 아니면 설명되지 않는다. 마찬가지로 중국(혹은 이란)은 미국과 유럽의 집중 경계에도 불구하고 5%를 넘는 성장률을 기록하고 있다. 이는 미국의 패권주의 혹은 독자적 이익화 시스템에 대항하고도 이루어진 성과로서 미국 이외의 다른 교역경로가 구성되고 있음을 보이는 것이다. 즉 미국의 대중국 및 러시아 동시 봉쇄를 통한 미국의 독자적 이익 실현 경로는 기대에 어긋나며 유효성을 상실하는 것으로 해석된다. 다른 한편 트럼프 2기는 중국을 넘어 BRICS에 대해 (BRICS가 달러 대항 단일통화 추구 시 100% 관세 부과) 경계 범위를 확장하는 신호를 지속해서 보내고 있다.

한편 독일과 영국은 우크라이나 전쟁 이후 에너지 공급망 변경으로 가장 피해를 보는 G7국가들이며 전쟁 기간 －0.3% 혹은 0% 성장률로 전쟁 후과를 치르고 있다. 즉 우크라이나 이스라엘 양대 전쟁으로 이익을 실현하는 국가군은 전쟁 당사국인 러시아와 중국 봉쇄령에도 불구하고 다른 교역경로 개척으로 이익을 실현하는 중국 이란 인도 등등 비서방권 국가들, 구체적으로 BRICS 국가군이 된다. BRICS는 이전의 개발도상국가들로 세계 교역의 변방이 아니라, 미국 중심의 일극 체계에 맞서는 다극체계의 또 한 축으로 성장한 것으로 평가된다.

⟨표 7⟩ 연도별 주요국 경상수지(무역수지+무역외수지+이전수지) 동향

(단위 : 10억 달러)

	2016	2017	2018	2019	2020	2021	2022	2023	2024	2025(추정)
한국	97.92	75.23	77.47	59.68	75.9	85.23	25.83	35.49	72.01	70.09
캐나다	-47.19	-46.23	-41.01	-34.05	-33.4	0.3	-7.92	-15.54	-21.16	-29.36
멕시코	-25.28	-21.4	-25.93	-3.87	26.91	-4.49	-17.6	-5.48	-13.7	-15.5
미국	-396.3	-367.6	-439.8	-441.7	-601.2	-867.9	-1012	-905.4	-948.6	-933.9
중국	191.34	188.68	24.13	102.91	248.84	352.89	443.37	252.99	263.72	316.98
독일	299	289.06	316.18	317.8	253.94	311.81	173.5	278.73	311.72	313.44
일본	197.78	203.54	177.82	176.34	149.94	196.21	89.98	150.01	154.03	158.7

자료 : IMF, 통계청

⟨표 8⟩ 세계 주요국 물가 변동

(단위 : 10억 달러)

	2021	2022	2023	2024	2025(추정)
한국	2.5	5.09	3.59	2.6	2.03
중국	0.85	1.88	0.33	0.34	1.33
인도	5.51	6.65	5.35	4.35	4.24
인도네시아	1.56	4.21	3.67	2.86	2.86
이스라엘	1.51	4.39	4.23	2.46	2.51
일본	-0.26	2.51	3.25	2.13	1.95
튀르키예	19.6	72.31	53.86	55.45	28.95
캐나다	3.4	6.8	3.88	2.37	2.05
멕시코	5.69	7.9	5.53	4.48	3.11
미국	4.68	7.99	4.13	3.03	2.21
아르헨티나	48.05	72.36	134.53	208.09	71.24
브라질	8.3	9.28	4.59	4.04	3.34

자료 : IMF, 통계청 통계포털

⟨표 9⟩ 연도별 주요 국가 경제성장률

(단위 : %)

국가별		2016	2017	2018	2019	2020	2021	2022	2023
세계		2.8	3.5	3.3	2.6	-2.9	6.3	3.1	2.7
한국		3.2	3.4	3.2	2.3	-0.7	4.6	2.7	1.4
BRICS	중국	6.8	6.9	6.7	6	2.2	8.4	3	5.2
	인도	8.3	6.8	6.5	3.9	-5.8	9.7	7	7.6
	인도네시아	5	5.1	5.2	5	-2.1	3.7	5.3	5
	이란	8.8	2.8	-1.8	-3.1	3.3	4.7	3.8	5
	러시아	0.2	1.8	2.8	2.2	-2.7	5.6	-2.1	3.6
	브라질	-3.3	1.3	1.8	1.2	-3.3	4.8	3	2.9
	사우디	1.9	0.9	3.2	1.1	-3.6	5.1	7.5	-0.8
G7	일본	0.8	1.7	0.6	-0.4	-4.1	2.6	1	1.9
	미국	1.8	2.5	3	2.5	-2.2	5.8	1.9	2.5
	독일	2.2	2.7	1	1.1	-3.8	3.2	1.8	-0.3
	영국	1.9	2.7	1.4	1.6	-10.4	8.7	4.3	0.1
	캐나다	1	3	2.7	1.9	-5	5.3	3.8	1.1
멕시코		1.8	1.9	2	-0.3	-8.6	5.7	3.9	3.2
이스라엘		4.5	4.3	4.1	4.2	-1.9	8.6	6.8	2

자료 : IMF

7. 한국경제 위기 지표,
일자리 삭감과 업종별 산업공동화 실태

한국의 산업공동화는 매우 심각한 단계로 접어들었으며 실업율 지역별 부도율 상승으로 현실화 되고 있다.

〈표 10〉 한국의 연도별 경제성장률 및 주요 물가지수 추이

	2016	2017	2018	2019	2020	2021	2022	2023	2024
실질성장률	3.2	3.4	3.2	2.3	-0.7	4.6	2.7	1.4	2.0
생산자물가지수	95.3	98.58	100.43	100.46	100	106.38	115.29	117.11	119
생활물가지수				0.2	0.4	3.2	6	3.9	
신선식품지수				-5.1	9	6.2	5.4	6.8	9.8

자료 : 통계청

〈표 11〉 지역별 어음부도율

(단위 : %)

행정구역별	2024.10	2024.11	2024.12	2025.01	2025.03	2025.04
전국	0.22	0.34	0.19	0.06	0.19	0.23
서울특별시	0.13	0.2	0.11	0.04	0.18	0.21
부산광역시	0.21	0.13	0.11	0.08	0.47	0.29
대구광역시	0.15	0.12	0.1	0.04	0.21	0.23
인천광역시	0.17	0.44	0.01	0.23	0.03	0.35
광주광역시	2.82	0.24	0.02	0.03	0.24	0.5
대전광역시	0.14	0.38	0.35	0.03	0.21	0.47
울산광역시	0.5	0.03	0.08	0.03	0.81	0.78
경기도	3.27	4.29	2.41	0.16	0.1	0.36
강원도	0	0.04	0.09	1.11	0.46	0.08
충청북도	0.37	0.87	0	0.04	0.42	1.17
충청남도	0.29	0.32	0.08	0.39	0.21	1.52

자료 : 한국은행

〈표 10〉은 연도별 경제성장률 추이와 주요 물가지수, 〈표 11〉은 지역별 어음부도율 실태다. 물가지수(식품지수)는 9.8%, 특히 제조업을 압박하는 생산자 물가지수는 119로 2020년 대비 4년간 20% 상승하였다. 어음부도율은 2024년

2/4분기 이후 급증하기 시작하여 전국적으로 9월 0.21에서 11월 0.34로 2.5배로 폭등, 2025년 4월 0.23 증가세로 다시 돌아섰다. 특히 수도권에 집중하여 0.44, 0.35(2025. 04), 반도체 디지털 산업이 주력인 경기의 어음부도율은 전 지역중 최고치인 4.29(2024.11)이다. 이는 미중 갈등과 칩4 등에 의해 수도권(평택 등)에 대한 대단위 투자 중단 여파로 생각되며, 2025년 일시 회복 후 다시 0.36(2025.04)으로 재악화, 울산은 자동차 기계 정유 등지에서 트럼프 관세 여파의 직접 징후로 보이는 부도율 0.78(2025.04)로 악화된 양상이다.

<표 12>는 실업률 동향이다. 일자리 수 계측의 일차 지표인 총실업률은 2025년 현재 2.8%로 안정화 경향을 보이지만 이는 정부개입에 의한 60대 이상 사회적 일자리 위주 노년층 고용증가(실업률 5.8% 감소)의 영향이다. 20대 청년실업률은 6.7~7.5%(2025년) 구간으로 2024년 대비 최고 1.6% 악화되었다. 청년 취업률의 지속적 부진이란 신규 일자리를 위한 산업가동률의 장기 부진, 산업공동화를 가리키는 간접 지표로 응용할 수 있다.

<표 12> 연령별 실업률 동향

연령계층별	2024.12	2025.01	2025.02	2025.03	2025.04	2025.05
계	3.8	3.7	3.2	3.1	2.9	2.8
20 ~ 29세	5.9	6	7.1	7.5	7.3	6.7
30 ~ 39세	2.2	2.6	2.8	2.9	2.8	2.6
40 ~ 49세	1.8	2	2.3	2.2	2.1	2.3
50 ~ 59세	1.8	1.8	1.9	2.1	2.1	2.1
60세 이상	8	7	3.6	2.6	1.9	2.2

자료 : 통계청

<표 13> 연도별 직종 연령별 비정규직 규모와 비중 동향

(단위: 천명, %)

연도 연령, 산업, 직업별	2022.08 규모	2022.08 비중	2023.08 규모	2023.08 비중	2024.08 규모	2024.08 비중
계	8,156	100	8,122	100	8,459	100
15~19세	159	1.9	154	1.9	143	1.7
20~29세	1,414	17.3	1,423	17.5	1,461	17.3
30~39세	983	12	989	12.2	1,072	12.7
40~49세	1,323	16.2	1,311	16.1	1,310	15.5
50~59세	1,725	21.1	1,627	20	1,661	19.6
60세 이상	2,553	31.3	2,619	32.2	2,812	33.2
농업, 임업 및 어업	62	0.8	61	0.8	63	0.7
광·제조업(B, C)	661	8.1	650	8	689	8.1
C 제조업	660	8.1	649	8	689	8.1
사회간접자본기타서비스업	7,433	91.1	7,411	91.2	7,706	91.1
건설업	845	10.4	748	9.2	736	8.7
도소매·음식숙박업(G, I)	1,519	18.6	1,495	18.4	1,616	19.1
사업·개인·공공서비스	4,285	52.5	4,384	54	4,524	53.5
전기·운수·통신·금융업	785	9.6	784	9.6	830	9.8
전문·기술·행정 관리자	1,357	16.6	1,411	17.4	1,458	17.2
사무 종사자	852	10.4	859	10.6	874	10.3
서비스·판매 종사자	2,070	25.4	2,171	26.7	2,269	26.8
농림어업 숙련종사자	30	0.4	33	0.4	47	0.6
기능·기계조작·조립·단순노무 종사자	1,130	13.9	1,085	13.4	1,053	12.5
단순노무 종사자	2,718	33.3	2,564	31.6	2,758	32.6

자료 : 통계청

<표 13>의 업종별 현황에 따르면, 제조업(비정규직) 일자리는 2022년 대비 2만7천명 증가로 고용불안정 상승, 일용직이 많은 건설업 일자리는 17% 감소하여 건설업 불황의 여파를 가리킨다. 기계 조립 단순노무자는 14% 감소로 하층 고용형태 순으로 고용의 질이 악화되고 있음을 보인다.

8. 다극화와 보호무역주의 시대 한국경제 전환 방향

트럼프 2기 보편관세 10%, 상호관세 25% 적용에 한미 FTA 재재협상이 더해지면 한국경제는 적어도 트럼프 1기의 피해 수준(무역수지 −23%)을 넘어선다는 예측은 결코 과다한 설정이 아니다. 결론적으로 이를 심각한 위기 사태의 겹치기로 간주하면 이에 대한 현실적 대책으로 한국경제 및 무역의 전환 경우의 수를 다음의 3가지 방향으로 제시한다.

전환 방향 1 : 미국 일극 보호무역 패권주의 독주체계에 편승

미국 일극의 독주체계에 편승하는 경우다. 캐나다 유럽 등의 트럼프 대항 무역보복 조치가 미국을 제동시키지 않는 한, 한국의 대응책(손해도 수용. 한미 FTA 철회 용의 없음, 자해성대응 자제 등등, 탄핵기 과도기 행정부 발언 참조) 수준이란 수십년간 미국 순응의 전통적 경로를 따라 무기력하게 진행(7월 패키지협상)할 가능성이 결코 작지 않다. 그러나 이 방향은 트럼프 1기 실적처럼 무역수지 급감을 감수해야 한다.

트럼프 1기 효과에 따르면 미국의 고관세 조치는 중국 대신 다른 수입국(캐나다 멕시코 베트남 등) 상품으로 대체 효과(트럼프 2기는 아일랜드 스위스 등)를 유발하며, 미국의 무역적자는 총량적으로 더 악화되고, 성장률 하락 현상이 재현될 가능성이 크다. 미국의 보호무역주의, 아메리카 지역화는 극대치의 제조업 부활(대대적인 각국의 미국내 공장 현지 이전)로 매진하며, 사양화 직전 단계인 철강산업(일본제철의 US스틸 인수) 조차도 구제하는 방향으로 돌아섰다. 그러나 전 단계의 GM 크라이슬러 등에 대한 지나친 보조금 지출, 결국 고비용으로 대세계 경쟁력 상실/퇴출이라는 어려운 과정을 통과해야 한다. 환경규약 재탈퇴, 전기차 배터리 AI 등 차세대 첨단산업 지목 분야의 국수주의적 산업내국화, 기술독점의 보수화를 주장하면, 타국 대비 고임금과 고비용, 물가상승, 국제분업 고립과 세계적 경쟁력 상실, 또는 세계 공동의 환경규제에 뒤떨어져 기후위기 지역고립화 등 각종 부메랑효과를 효과적으로 수습하기 곤란하다.

트럼프 2기 미국인들이 트럼프에 열광하는 진정한 신망은 구제조업 부활이라는 빛좋은 개살구가 아니라 세계를 대상으로 미국의 총체적 패권 부활을 선전함으로써 투기꾼들의 일확천금, 금융자본 투기화 고양에 보내는 것일 수 있으며, 이것이 트럼프 당선을 미국 증권금융시장이 대대적으로 환영하는 진정한 속내일지 모른다.

트럼프 2기는 최소한 보편관세 10%+a 다. 이는 한미 FTA 전 단계인 미국 평균관세 2.5%를 훨씬 추월한다. 결과론적으로 양국 모두에 해가 되는 양패구상 가능성이 크다. 손해를 모두 감수할 정도로 선택의 여지가 없다면 모를까, 이 방향 선택은 가능한 회피하기를 권장한다.

전환 방향 2 : BRICS 등 경제 다극화의 가능성 모색

　트럼프 2기가 중국 견제 일색에서 BRICS를 포괄적 견제의 또 한 대상으로 지목한 것은 미국 주도 지역화에 대항되는 또 하나의 다른 지역 축으로 이 그룹의 성장이 예사롭지 않기 때문이다. 이미 단일 시장으로는 EU27을 넘어섰고 기존의 중국 인도 러시아 브라질 등 BRICS 9개국에 최근의 인도네시아까지 10개국+로 확장하였으며[6], 신흥 경제국 주도연합체 개념 도입, 신결제시스템 브릭스클리어 등을 제청하고 있다. 세계경제 위치는 결성 10여년의 짧은 시간내에 G7규모에 육박하는 단계로 성장하였다. 2024년 수출액 규모로는 G7과 동격, 4조8천억 달러(1~9월 합계, BRICS) 대 5조 달러(G7)로 50 대 50의 수준에 이른다. 〈표 14〉는 G7과 BRICS 교역량 비교표이다. GDP 규모로도 BRICS가 G7을 넘어섰다는 평가도 있으나, 2024년 현재 대략 세계 총 GDP 중 30% 대 30%, 즉 1대 1의 규모이며, 성장 속도로 보면 곧 G7을 추월하거나 이미 추월한 것으로 예상된다.

　트럼프 2기가 중국 또는 BRICS를 어떻게 견제하든 간에 한국측으로 보면 주요 국가들과 교역비중이 거의 동등하여 G7과 BRICS 중 한쪽에 편중하면 다른 측으로부터 불이익을 감

---

[6] BRICS는 2024년 10월, 러시아 카잔에서 제16차 BRICS 정상회담을 개최하고, 이집트 에디오피아 등 20여개 후보국이 포함된 BRICS+를 구성하며, IMF와 세계은행(World Bank)의 서구주도 금융체제에 대한 대안 마련, 신흥 경제국의 주요 국제 연합체라는 개념을 제청하는 카잔 선언(Kazan Declaration : UN의 포괄적 개혁)'을 발표. 새로운 결제 시스템 '브릭스 클리어(BRICS Clear)'를 제청하여 달러의존도를 줄일 것을 목표로 함.

〈표 14〉 G7과 BRICS 교역량 비교

(단위 : 백만 달러)

	2023년 수출액	2023년 수입액	2023년 수지	2024년 (1월~9월) 수출액	2024년 (1월~9월) 수입액	2024년 (1월~9월) 수지
중국	3,422,171	2,563,585	858,586	2,623,193	1,927,258	695,935
러시아	416,153	167,883	248,270	338,301	194,251	144,050
인도	423,492	671,197	-247,705	332,930	514,884	-181,954
브라질	339,696	255,240	84,456	254,999	208,099	46,900
사우디아라비아	327,043	205,723	121,320	236,021	150,689	85,332
인도네시아	267,367	232,765	34,602	196,004	171,262	24,742
아랍에미리트	352,677	414,204	-61,527	277,413	345,215	-67,802
홍콩	576,133	655,528	-79,395	469,283	513,607	-44,324
남아프리카공화국	110,526	113,227	-2,701	82,338	79,562	2,776
BRICS계	6,235,258	52,793,52	955,906	4,810,482	4,104,827	705,655
미국	2,019,552	3,084,110	-1,064,558	1,547,408	2,419,504	-872,096
독일	1,688,405	1,462,498	225907	1,278,461	1,069,312	209,149
일본	717,254	785,566	-68,312	520,102	552,657	-32,555
이탈리아	676,887	639,240	37,647	477,997	445,761	32,236
프랑스	648,132	785,850	-137,718	456,339	554,118	-97,779
캐나다	567,944	590,461	-22,517	423,463	444,048	-20,585
영국	487,526	722,185	-234,659	347,359	539,867	-192,508
G7계	6,805,700	8,069,910	-1,264,210	5,051,129	6,025,267	-974,138

자료 : 통계포털

수해야 한다. 한국으로 보면 중국 인도 인도네시아 브라질과 거래(한중 FTA, 한인도 FTA, 한ASEAN FTA, RCEP-아세안 10개국과 한국, 중국, 일본, 호주, 뉴질랜드 등 15개국 참여)하며, 다른 한편으로 G7인 한미 FTA, 한EU FTA도 참여하여 양 진영은 총량적으로도 모두 한국의 주 무역대상이다. 미국 측으로 보면 중국을 적대할 수는 있어도 무역 전반에서 차지하는 중국의 비중(세계 1위)으로 인해 중국을 전면 배제하기 어려운 환경이며, 전기자동차, 반도체 칩 등 집중 목표 품목에서 경쟁자이자 국제분업 협력자로서 중국과 BRICS를 견제하는 수순이라는 쪽에 설득력이 간다. 그러나 중미 갈등의 첨예화는 그들 사정이고, 한국 측으로 보면 이 문제는 각 진영의 역학관계를 분석하고 중립적으로 조정하며 협상의 결과에 따라서 자국의 교역 실리를 추구하는 다극화 무역환경에 대한 장기 종합과정에 불과하다. 트럼프 2기의 관세도발에 순응해서 중국 등과 불편한 교역관계 적용을 미리 설정할 필요는 당연히 없다.

전환 방향 3 : 한국의 능동적 무역경로 개척과 경제 대전환의 방향

기본적으로 트럼프 관세 10%+a가 발동되면 한미 FTA는 목표 상실이므로 폐기하는 절차를 밟아야 할 것이다. 상호주의에 따라 미국측에 대한 대응 관세 10%+β 부과는 당연 수순이다. 품목별 상호관세 β의 구체화는 상호주의가 기본, 협상 여지는 동병상련의 EU 일본 멕시코 캐나다의 관세 협상을 참고하는 후순위 대응이 유력하다. 초점은 더 유리한 협상이 가능한가 여부일 것이지만 거의 희박하므로 기대하지 않는 것이 좋다. 즉 적어도 트럼프 2기 임기 내에서 0 관세, 자유무역 관계로 회귀는 불가능하다는 것을 전제로 해야 한다. 문제는 중국이 협상의 주무기로 사용한 무역의 미국 의존도 축소 또는 디지털 기본소재 희토류의 자원무기화에 필적할 한국측 소재란 무엇인가 하는 것이다.

향후 미국의 보호무역주의 강화, 관세도발의 빈번화를 가정하면, 세계 무역계의 문제아 미국으로 현지 투자는 미국 내수시장 공략 차원의 적정 범위라면 몰라도 세계시장 지향으로 범위 확대를 기대하며 과잉투자하는 것은 좋은 선택이라고 볼 수 없다. 차라리 미국의 국제분업으로 복귀 시까지 기다리거나, 무역 다각화, 중립무역, 장기적으로 미국으로부터 회피, 대미의존도 감축이 피해를 최소화할 수 있는 구조전환으로 몸사리는 것이 차선의 좋은 선택일 것이다. 중간재 비중 확대는 매우 유력한 생존수단이다. 한국은 세계 6~7위권의 무역대국이자 반도체 배터리 등 몇몇 품목에서 독보적 기술을 확보한 기술대국임에도 불구하고 비경제적 요인, 즉 한반도 특유의 정치군사적 환경에 경제적 실익을 헌납하는 불합리를 종종 발휘한다.

트럼프 2기는 한미 교역현황인 560억달러(2024년) 적자실적을 들어 각종 무역규제 수단(관세비관세, 경제안보, 투자협력, 통화 환율의 4대 패키지)으로 압박할 예정이다. 그러므로 이는 이 불합리를 감당해서 눈뜨고 불리한 조치를 더 당하든지, 아니면 트럼프 백악관에 이해관계자들이 개별적으로 꽃다발이라도 보내서 관세 예외 혹은 보조금 감면을 취소하지 말라고 눈도장을 찍든지 해서 조금이라도 유불리를 모면해 볼까 하는 불가피한 선택의 문제로 본다면 사태의 심각성을 전혀 잘못 이해하는 것이다.

가령 트럼프는 전직인 장사꾼 속성상 눈앞의 가시적 전시효과에 익숙하기 때문에 실질적인 장안의 화제거리로써 대인 직접 접촉의 길, 예컨대 김정은과 재회동을 전격 제의함으로써, 경제적 협상의 소재를 정치 군사적 소재로 치환할 수 있다. 즉 한미 관세협상을 앞 순위로 당기고 정치군사적 요인을 개입시켜 미국측에 유리한 결과를 만든 후 이 경우를 타국과 협상의 기준으로 제시하는 시나리오라면 사정이 복잡해진다. 트럼프 1기 김정은 전격 회동이 있었고, 대선기 트럼프 김정은 재회동이 자주 거론된 전례로 보면 전혀 터무니없는 시나리오는 아니다. 트럼프 2기 시점에서 북핵은 사실상 완성되어 주 의제로써 가치가 없기 때문에 CVID(완전핵감축)는 아니고, 군비감축(핵무기 감축이거나 미사일 개발 중단 등등)이 가능성 있다. 회담결렬이면 한반도 긴장악화와 방위비 분담 요구(현재 방위비의 10배)가 연결되는 명분이다. 변수는 트럼프 발, 미국 러시아 신데탕트전략[7]의 향방이며 미러 데탕트분위기가 지속된다면 트럼프의 북한러시아협력 용인, 결국 2차 북미회담 가능성이 열린다. 두 번째 경우의 수는 회담의제가 비군사적일 때이다. 이는 트럼프 2기 무작정 경제실익 추구로부터 실마리를 찾을 수 있는데, 그린란드 경제부진의 탈피 명목으로 제기한 희토류 등 지하자원 탐구, 또는 파나마 운하장악 시 물류비용 획득 주장처럼 실현 여부와 상관없이 정치적 화제거리 소재로 이용할 가치가 충분한 예이다. 희토류 등 북한 지하자원이 세계수준이라는 것은 공공연한 비밀이며, 이에 대한 자원개발 운운, 또는 나진선봉 개발 재개, 철도연결, 러시아산 LNG 무역 양성화 등도 협상 소재로 등장할 수 있다. 어떤 전략이 실행될지는 당사자가 아닌

---

7) 미국방부 잠정국방전략지침 Interim National Defense Strategic Guidance 2025.03.29 : 대중국 군사대응 최우선, 러시아 이란 북한 위협 억제 주도, 우크라이나 종전, 중러갈등 유발. 1970년대 중소분쟁과 중미데탕트시절과 반대의 미중데탕트, 대중국 고립 친러시아정책 전환 시사.

한 특정할 수 없지만, 중국 고립 우선, 러시아 친교 경향은 바이든 때와 분명히 다른 전략 전환 징후다. 어느 경우의 수이든 트럼프 김정은 경제 회담 성사 기대치는 작지 않으며, 이스라엘 이란 중동전쟁 확전 분위기 속에서 부담스러운 소재인 정치 군사 목적의 북핵 직접 타격 소재보다는 가능성이 크다. 이 경우 대북 협상 경로가 완전히 차단된 남한 당국은 1기 트럼프와 때와 유사하게 들러리 처지로 전락할 가능성이 높다. 즉 남한 당국은 한미 FTA 재협상 시 구태, 미국측 요구와 처분대로 휘둘리는 피동자의 입장을 벗어나서 적극 해결책을 제시하는 능동자로 지위 전환하는 작업이 필요하다. 경제협력은 누구나 할 수 있지만 아무나 할 수 없으며, 이를 동원하는 경우의 수는 상대방의 공격성을 약화시키는 상호이익의 근거를 제시하는 것, 이른바 경제데탕트 분위기 조성시 발생한다. 트럼프 2기는 희토류 등 첨단 디지털 소재를 자원 무기화하는 중국의 이해관계 부림이 거슬리며, 미국에 대항하는 다른 축의 독자적 세력으로 성장하는 BRICS의 경제규모와 단일화폐의 등장에 위협된다. 어느 경우든 트럼프 김정은 2차 회동의 소재적 가치(경제협상에 정치군사적 소재를 끼우는 다양한 방식)는 충분하다. 트럼프 관세 도발은 정권 초기 바람몰이 효과라면 몰라도, 고물가 고비용 산업경쟁력 악화로 오래 지속될 수 없는 한계가 있다. 그러므로 다자 관계를 애초에 험악한 분위기로 몰아가려고 특별히 의도하지 않는다면, 긴장완화와 동반성장의 조화, 예컨대 중국과 미국측에는 평화공존과 국제분업 네트워크 재구축의 타협점을 제시하고, 한반도 전쟁 갈등에 대해서는 정치군사문제와는 별개의 중립적 경제협력, 동반성장, 상호이익을 제안하는 능동력을 단행할 주체는 각 진영과 다각적으로 얽혀 있는 중간자 위치로서 남한이다.

남한측의 동반성장론 시도는 개성공단 등 남북협력이 완전히 폐기된 현재 관계로서는 쉽지 않다. 신뢰 회복 과정이란 많은 시간과 지난한 상호노력과 인내를 필요로 한다. 가능한 접근 방법이라면, 정치군사 문제 배제, 경제협력을 중심으로 단계적으로 접근하는 EU27의 선례를 꼽을 수 있다. 즉 한국경제 대전환이 필요하다면, 위기에 대응하는 시급한 우선순위 과제로 남북한중미 다자간 동반성장, 한반도 평화체제 조성론이 제출될 가치는 충분하다. 트럼프 2기의 최고 약점은 시간제약이다. 충격적인 관세 인상으로 다수의 세계 국가와 복잡한 협상을 시간 내에 완수해야 한다. 미국의 세계시장내 위치 약화는 현재도 진행중이고 MAGA는 과거 영화에 대한 향수에 불과하다. 급한 것은 미국이다. 결국은 비슷한 유형의 동시다발적인 타결 가능성이 높다. 한국은 당연히 먼저 매를 맞을 필요가 없다. 트럼프 관세 도발 이후 국제교역의 세계는 미국에 상응하는 모든 나라 또는 블록별 보호무역주의 유행, 현지 생산 확대, 느슨한 국제분업구조 확대, 완성재 고관세 중간재 저관세 추세가 유력하다. 한국의 주력 산업들은 반도체 배터리 등 주요 국제분업네트워크에서 필수적 필요품목, 중간재 부분품의 생산기반을 확보하고 있다. 한국 산업의 가공단계별 수출 품목 현황은 다음과 같다.

〈표 15〉 가공단계별 한국의 수출입 구조
(2024년, 단위 : 억 달러)

순번	가공단계별	수출액	수출증감률	수입액	수입증감률
	총계	6,836	8.1	6,318	-1.7
1	1차산품	36	-12	1,402	-4.2
2	소비재	1,014	3.1	817	-2.6
3	자본재	945	2.5	858	3.6
4	중간재	4,803	10.3	3,213	-1.7
5	기타	39	86.4	27	5.9

자료 : 통계청

〈표 15〉에 따르면 2024년 총수출액(6,836억 달러)중 반도체 이차전지, 플라스틱 소재 철강 등 국제분업 필수 소재 중심, 중간재 비중은 70%를 상회하며, 소비재(완성재) 비중은 14.8%에 불과하다. WTO 이래 확대된 국제분업구조에 따르면 경쟁력 있는 중간재 부품의 교역을 저지하면, 해당국은 높은 생산비에 직면하여 경쟁력을 상실한다. 보호무역주의시대 산업의 성장 기반은 이와 같은 경쟁력 있는 기초 소재 부품, 중간재 기반을 자국의 주요 산업으로 얼마나 빨리 구축하여 보급하는가에 달려있다. 다극화된 세계, 다양한 국가와 국제분업 협업 확대, 수출 다변화 추진, 현지생산 증가 추이에 따라 완성재 수출 축소가 보호무역주의 시대 대세라면, 중간재 생태계와 세계적인 중간재 공급 유통허브(항) 구축, 경쟁국과 연구개발 격차를 위한 집중투자 등등 구태의연할지 모르지만 해야 할 일이다. 보호무역주의 시대 누구처럼 약탈하지 않고 경제실익 중심 동반성장이 모든 나라의 미래 희망인 시대가 머지않아 개화할 것을 기대한다.

4

비관세장벽 등 농업에 미치는 영향

이수미
농업농민정책연구소 녀름 소장

목차

1. 미국 우선주의에 담긴 농축산물 수출 확대의 욕망

2. 비관세조치(동·식물 위생검역)의 무력화를 꿈꾸는 미국
   1) 식량작물
   2) 축산(쇠고기)
   3) 과수

3. 미국의 통상압박이 국내 농·축산업에 미칠 영향
   1) 수입의 증가로 국내 생산기반 붕괴
   2) 비관세조치의 무력화가 불러올 비극
      ① 외래 병해충의 급증, 국내 생태계 위협
      ② GMO, 먹거리 안전 위협과 식량시스템 회복력 훼손
   3) 기후위기, 식량위기에 대한 취약성 확대

4. 식량주권에 기반한 우리의 대응과 전략
   1) 비관세조치는 공공의 이익을 위한 방어 장치
   2) 중장기적인 식량 생산기반의 보전
   3) 연대 기반의 무역메커니즘 개발

5. 결론 : 지금이 식량주권을 주장해야 할 때다

참고문헌

1. 미국 우선주의에 담긴 농축산물 수출 확대의 욕망

2024년 11월 도널드 트럼프 미국 대통령이 당선되면서 1기 때 내세웠던 미국 우선주의가 재등장했고, 전 세계는 다시 통상문제에 주목하게 되었다. 트럼프 대통령은 취임 3개월도 채 되지 않아 행정명령을 통해 일련의 관세 조치를 신속하게 도입했다. 2025년 3월 12일, 국가 안보를 이유로 무역확장법 232조를 발동하여 모든 국가의 철강 및 알루미늄 수입품에 25%의 추가 관세를 부과한 것이다. 대상이 된 57개 경제권에는 중국, EU, 인도, 인도네시아, 필리핀, 한국, 대만, 일본 등이 포함되었다. 상호 관세에 명시된 목표는 무역 적자 해소, 국내 제조업 활성화, 그리고 감세 재원 마련을 위한 세수 확보 등이다.

1) USTR 무역장벽보고서의 목적

1985년부터 매년 정례적으로 발표하는 미 무역대표부의 국별 무역장벽 NTE보고서(National Trade Estimate Report on Foreign Trade Barriers)는 약 60여개 교역국의 무역환경 및 주요 관세·비관세조치 현황 등을 평가해 발표하고 있다(산업통상자원부). 미무역장벽보고서는 주로 미국 측 주요단체의 의견을 받아 무역장벽을 낮추거나 제거하기 위한 목적을 담고 있다.

2025년 4월 발표된 무역장벽보고서는 트럼프 대통령의 통상정책 방향을 보여주었다. 트럼프 대통령은 연설에서 중국, 한국, 일본이 미국산 쌀에 부과한 관세를 구체적으로 언급하기도 했고, 행정명령에서는 인도, 말레이시아, 터키로 수출되는 쌀에 대한 관세를 언급했다. 그리고 올해 미 무역장벽 보고서에 담긴 농업 관련 내용은 농업 바이오 기술, 쇠고기 및 쇠고기 제품, 반추(되새김)동물 성분을 포함한 반려동물 사료의 시장접근, 체리 수입 프로그램 개선, 사과·배·베이비 당근·딸기·캘리포니아산 핵과류(씨 있는 과일), 냉동 라즈베리 및 블랙베리 등 원예 제품, 잔류허용기준(Maximum Residue Limits, MRLs) 등이다.

2) 미국 농축산물 무역의 파급 효과

미국 제33대 농무부장관 브룩롤린스는 취임 후 6개월 동안 해외 시장 6곳(베트남, 일본, 인도, 페루, 브라질, 영국)을 방문하여 시장 확대와 미국 농산물 수출 증대를 꾀할 예정이다. 미국 농무부(USDA)는 세계 시장을 다각화하고 기존 시장을 강화해, 교역국들이 협정에 따른 의무를 다하도록 촉구할 예정으로 알려졌다.

수출은 미국 농산물과 식품에 중요한 시장으로 미국 경제 전반의 활동에서 파급효과를 낸다. 미국 농무부 경제연구서비스(ERS)에서는 농산물 및 식품 무역이 미국 경제에 미치는 고용 및 산출 효과를 측정하여 매년 농업 무역승수 효과를 추산한다. 2022년 1,974억 달러에 달하는 미국의 농산물 수출은 2,146

억 달러의 추가 경제 활동을 생성하여 총 4,120억 달러를 산출했다. 이처럼 미국의 농업 부문은 미국 경제의 초석이며, 경제 생산량을 증대시킬 뿐만 아니라 다양한 부문의 고용을 촉진하는 핵심 동력 역할을 한다. 농산물 수출 과정은 경제 전반에 걸쳐 광범위한 고용 기회를 창출한다(USDA)[1].

하지만, 최근 2024년 미국 농산물 수출은 1,705억 달러에 달하고 수입은 2,195억 달러로 증가하면서 사상 최대 규모의 무역 적자를 예상하고 있다. 미국이 FTA를 체결한 20개국 중 16개국은 협정이 완전히 이행되면 농산물의 98% 이상을 무관세로 적용받게 된다(USTR). 세계 수요의 변화로 주요 품목의 수출액은 감소하고 있어 트럼프행정부 출범 이후 새로운 관세 부과가 이러한 현상에 영향을 미치는 요인이 될 수 있다는 전망이다.

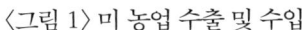

〈그림 1〉 미 농업 수출 및 수입

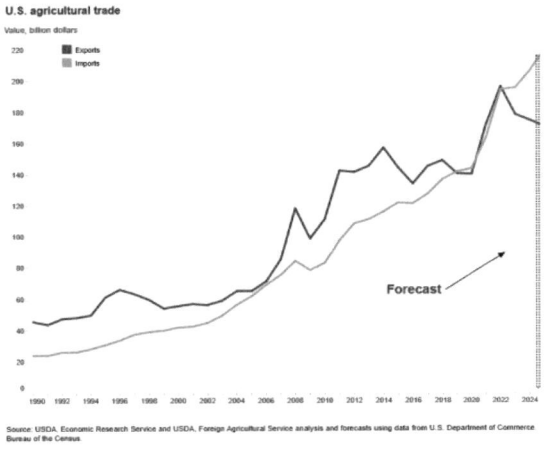

---

1) USDA ERS(https://www.ers.usda.gov/data-products/agricultural-trade-multipliers)

2. 비관세조치(동·식물 위생검역)의 무력화를 꿈꾸는 미국

1) 식량작물

○ **쌀 수출의 확대**

우루과이 라운드(UR) 협상에서 농산물에 대한 특별대우 조치가 마련되었고, 쌀을 제외한 대부분의 농산물은 시장개방되었다. 우리나라 쌀은 2014년까지 관세화가 두차례 유예되었고, 2015년부터 관세화로 전환하였다. WTO농업협정 부속서 5에 따라 관세상당치(TE)는 1986~1988년 평균 국내·외 가격차를 기준으로 산정하는 식에 따라 결정되었다.

관세화 이후에도 한국정부는 국영무역 방식으로 408,700톤의 쌀을 수입하고 있다. 현재 미국, 중국, 베트남, 태국, 호주 등 5개국에 국가별 쿼터를 적용해 매년 쌀을 들여오고 있다. MMA 쌀(2015년부터는 TRQ)은 멥쌀, 찹쌀, 메현미, 쇄미, 특수미 등으로 입찰하고, 용도에 따라 가공용 쌀과 밥쌀용 쌀로 구분하고 있다.

미국산 쌀의 경우 매년 13만2천톤이 메현미, 멥쌀 형태로 들어오는데 특히 밥쌀용인 멥쌀 형태 수입비중이 높다. 최근 5년간 수입된 멥쌀 중에서 2020년 89.1%, 2021년 94.1%, 2022년 90.2%, 2023년 80.7%, 2024년 90.6%가 미국산이다.

〈표 1〉 최근 5년간 우리나라 쌀 수입 현황

(단위 : 톤)

구분	2020년	2021년	2022년	2023년	2024년
메현미	484,192.0	433,805.6	427,072.9	245,959.6	375,661.2
찰현미	-	0.4	0.2	0.1	0.3
멥쌀	41,567.4	42,528.7	41,052.4	16,097.3	44,194.8
찹쌀	0.3	5,000.8	0.3	0.3	1.3
쇄미	0.1	11,500.2	15,000.5	20,000.3	40,000.4
쌀가루	35	63.6	30.7	21.8	20.3

자료: kati 홈페이지
별도로 수율은 적용하지 않은 수치임

미국은 아칸소, 캘리포니아, 플로리다, 루이지애나, 미시시피, 미주리, 텍사스 등 7개 주 약 300만 에이커 규모의 경작지에서 쌀을 재배하고 있다. 미국 쌀 수출업체는 오랫동안 한국 쌀 시장에 관심을 표명했고, 이번에도 이를 숨기지 않고 표출했다. 미국쌀연맹(USA Rice Federation)이 작성한 의견서[2]에는 국가별 쿼터 계약 조건만 보장된다면 한국에서 보다 안정적인 고객들을 확보할 수 있으며, 2,500만 달러(365억원) 가량의 수출 증대를 기대할 수 있을 것으로 예상했다.

○ 판도라의 감자

미국은 38개가 넘는 주에서 감자를 재배하고 있다.[3] 우리나라에서 곡물로 분류되어 있는 감자가 미국에서는 채소로 분류되어 있는데, 채소 중 섭취량 1위가 바로 감자일 정도로 미국내에서 많이 소비되는 품목이다.

---

2) 미국쌀연맹(USA Rice Federation)의견서(2025. 3)
3) Potatoes. (http://uspotato-korea.com/)

매년 우리나라에 수입되는 감자는 18만~19만톤 정도로 우리나라 2023년 감자 생산량 550,293톤의 33%를 차지하고 있다. 2024년도에는 183,336톤의 감자가 수입되었는데 이 중 48.9%(89,583.1톤)가 미국에서 수입되었고, 그 다음이 벨기에 13.7%, 호주 13.3%, 중국 10.8% 등이다(KATI).

○ 사료용 옥수수, LMO도 미국산 수입 증가

미국, 아르헨티나, 브라질, 캐나다, 인도, 중국이 전체 GM작물 재배면적의 96% 차지하고 있다. 현재 미국에서 상품화가 완료되어 판매되고 있는 LMO작물과 품종은 옥수수 20종, 토마토 5종, 면화 4종, 유채 4종, 감자 3종, 대두 3종, 호박 2종, 사탕무 2종 등 총13작물 48종이다(농림축산검역본부)[4].

한국생명공학연구원에서 조사발표한 자료에 따르면, 2024년 전체 LMO 수입량 1,092만 2천 톤 중 사료용 LMO가 945만 7천 톤으로 전체의 86.6%를 차지하고 있다. 작물로는 옥수수가 90.4%(987.5만 톤)로 대부분을 차지한다.

LMO 주요 수출국은 아르헨티나, 브라질, 미국, 루마니아, 파라과이 등이며 2023년에 비해 미국산 옥수수 수입은 증가하였다. 2024년 사료용 LMO옥수수 수입량의 23.5%가 미국산으로 2023년 8.7%에서 급격히 증가하였다.

---

4) 농림축산검역본부(https://www.qia.go.kr/plant/lmo/plant_lmo_crop.jsp)

〈표 2〉 사료용 옥수수 국가별 수입현황

(단위 : 톤, 달러)

국가명	수입량		수입금액	
	2023년	2024년	2023년	2024년
아르헨티나	2,716,309.08	3,196,592.42	781,233,775.46	791,092,157.12
브라질	3,361,798.17	3,128,489.76	1,021,261,231.08	775,061,491.19
미국	776,438.58	2,190,335.97	261,773,074.84	549,006,542.08

자료 : 한국생명공학연구원(2025)

농식품부(2025.3.21.)[5]에 따르면 미국산 감자는 22개 주(州)로부터 수입이 가능하다. 현재 진행 중인 미국 11개 주(州) 감자에 대한 수입 허용절차는 2019년 미국 측 제기에 따라 진행되고 있고, 현재 8단계 중 6단계가 진행 중이다.

2025년 NTE 보고서에서는 LMO(Living Modified Organism, 유전자변형생물체)법이 비효율적으로 운영되어 미국 농산물 수출을 저해하는 장애물로 작용하고 있다고 언급하였다.

2) 쇠고기

2012년 한미 FTA 발효 이후 미국산 쇠고기의 최대 수출시장은 한국이다. 미국 축산협회(National Cattlemen's Beef Association, NCBA)의견서[6]에 따르면 미국산 소고기의 연간 수출액이 한미FTA 협정이 완전히 이행되면 최대 18억 달러까지 증

---

[5] 농림축산식품부. 2025. 3. 21.보도자료. "11개주 감자 수입허용절차는 현재 6단계로 과학적인 근거에 따라 진행 중입니다".
[6] 미국축산협회의 소고기 무역 관행 개선 촉구 관련 의견서(2025. 3)

가할 것으로 예상하고 있다. 미국협회에서는 미 정부가 한국과 협의하여 30개월령 연령 제한을 철폐하도록 요구하고 있다.

미국산 쇠고기는 2008년부터 30개월령 미만이란 조건으로 수입이 재개되고 있다. 같은 이유로 갈아서 만든 소고기 패티, 육포, 소시지 등의 가공육 또한 30개월령 미만이어야 수입이 가능하다. 또한, 반추동물 원료로 만든 사료 수입제한도 같은 이유에서인데 사료를 통해 한우 등 국내에 BSE(광우병)관련 사료가 노출될 가능성이 높기 때문이다.

지난 2023년 5월 미국 사우스캐롤라이나주의 한 도축장에서 비정형 소해면상뇌증, 일명 '광우병'이 발생했다. 테네시주에서 사육된 5살 가량의 소가 도축장에서 광우병이 확인돼 '부적합' 판정을 받고 폐기[7]됐다. 이처럼 미국에서는 여전히 광우병이 발병하고 있고, 과거에 제기되었던 위험성은 지금도 여전히 유효하다.

3) 과수

○ **사과, 배**

외래 병해충의 유입을 막기 위한 식물검역은 중요한 자국 보호장치다. 식물검역문제로 과수 중에서는 대표적으로 사과, 배,

---

[7] MBC뉴스(2023.5.22.). 미국 5년 만에 광우병…정부, 미국산 쇠고기 검역 강화하기로
(https://imnews.imbc.com/replay/2023/nwdesk/article/6486245_36199.html)

복숭아 등의 생과실은 수입을 허용하지 않고 있다.

유엔(UN) 데이터에 따르면, 전 세계 사과 생산량은 2022년에 처음으로 50억 부셸[8]을 넘어섰다. 세계 사과 생산량 3위를 차지한 미국은 2억 3,200만 부셸을 생산하여 전 세계 생산량의 4.6%를 차지하고 있다. 미국 사과 생산량의 약 3분의 1이 연간 약 10억 달러 규모의 수출용으로 생산되어 왔다[9].

태평양북서부원예협회(Northwest Horticultural Council, NHC)는 한국이 식물검역 문제를 이유로 사과와 배 수입을 허용하지 않고 있다며 미 정부에 문제해결을 요구했다. 협회(NHC)는 워싱턴주, 오리건주, 아이다호주에서 사과, 배, 체리를 재배·포장·유통하는 농가를 대표하는 단체다. 이들 농가는 미국 내 신선 사과의 89%, 신선 배의 87%, 신선 단체리(sweet cherries)의 68%를 생산하고 있으며, 매년 전체 생산량의 약 30%를 40개 이상의 국가로 수출하고 있다. 보고서에서는 미국의 사과 및 배가 한국에 수출되면 연간 1,000만~2,500만 달러(365억원) 규모의 수출이 예상된다고 기대했다.

○ 체리
미 태평양북서부원예협회는 한국으로 체리를 수출하기 위한

---

8) 미국식 및 영국식 부피단위로 곡식이나 과일의 무게를 재는 단위
9) USApple.(https://usapple.org/policy-priority/international-trade)

시스템 접근법 도입을 희망하고 있다. 이러한 절차가 도입되면, 현재 검역 해충(quarantine pests)을 방제하기 위해 요구되는 메틸 브로마이드 훈증 처리 대신 대체 방안을 적용할 수 있다고 주장한다. 태평양 북서부산 체리에 대한 시스템 접근법이 승인될 경우, 초기에는 약 500만 달러 규모의 수출 증가를 예상하며, 시간이 지나면서 시장이 더욱 확대될 것으로 기대하고 있다.

○ 블루베리

북미 블루베리협회(North American Blueberry Council, NABC)에서 미 정부에 요구하는 것은 현재 오레곤주만이 신선 블루베리를 한국에 수출할 수 있어, 캘리포니아와 워싱턴주 블루베리도 한국에 수출할 수 있도록 길을 열어야 한다는 주장이다.

미국은 한국을 블루베리 수출에 있어 중요한 시장으로 지명하며 식물검역 조건이 마련된다면 1,000만~1,500만 달러 수출이 증가할 것으로 기대하고 있다. 이미 수입 블루베리 가격이 국내산보다 2~3배 낮게 형성되어 있기 때문에 수입 확대가 국내 블루베리 재배농가에 미칠 부정적인 영향이 예상된다.

3. 미국의 통상압박이 국내 농·축산업에 미칠 영향

1) 수입의 증가로 국내 생산기반 붕괴

① 쌀 수입이 진정 필요할까

○ 세계 5번째 쌀 수출국, 미국

최근 미국에서 판매되는 쌀에서 위험 수준의 비소, 카드뮴이 발견되었다는 언론보도가 있었다. 2025년 Healthy Babies Bright Futures(HBBF)가 실시한 조사 "우리 가족의 쌀에는 무엇이 들어 있을까?(What's in Your Family's Rice?)"에 따르면, 검사한 모든 샘플에서 비소가 발견되었으며, 4개 샘플 중 1개 이상이 FDA의 유아용 쌀 시리얼 안전 기준 한도를 초과했다. 또 다른 유해 중금속인 카드뮴은 검사 대상 샘플 145개 중 1개를 제외하고는 모두 검출되었다. 비소와 카드뮴은 모두 신경 발달 장애, 암, 신장 손상, 어린이의 지능 저하 등 장기적으로 건강을 위협하는 것과 관련 있다[10].

미국은 세계 쌀 생산량의 2% 미만을 차지하지만, 세계 수출의 약 5%를 선적하는 세계 5번째 쌀 수출국[11]이다. 미국에서 생산되는 쌀은 장립종이 약 75%를 차지하고, 중립종은 24%, 단립종은 약 1%를 차지하고 있다. 장립, 중립, 단립종 쌀의 에이커당

---

10) LIVENOW(2025.5.16.) Dangerous levels of arsenic found in US rice: What families need to know now.(https://www.livenowfox.com/news/arsenic-cadmium-us-rice-health-report)

11) 세계 쌀 최대 수출국은 인도, 태국, 베트남, 파키스탄 등

수확량은 1970년대 이후 꾸준히 증가하는 것으로 나타났다.

○ **필리핀과 일본의 쌀 부족 현상, 쌀값 폭등 사례에서 얻어야 하는 교훈**

필리핀은 1980년대 한해 26만톤의 쌀을 수출하던 쌀 수출국이었다. 하지만, 쌀이 필요하면 그저 값이 싼 나라에서 수입하면 된다는 생각에 생산기반을 버리고 수입에 의존하기 시작했다. 그 결과 필리핀은 지난해 470만톤의 쌀을 수입하는 세계 최대 쌀 수입국이 되었고 최근에는 쌀값이 폭등하며 비상사태에 빠졌다[12].

일본의 상황도 필리핀과 비슷하다. 지난해부터 일본은 고온·가뭄 등의 영향으로 정미수율이 저하(1등 비율의 저하 등)되었다. 일본 정부가 지속적으로 진행한 감산정책으로 쌀 재배면적이 감소하면서, 민간 쌀재고량이 역대 최저치를 기록하는 수급 위기에 처하게 되었다.

일본 쌀 상대거래가격[13]은 2021년 12,804엔(60kg)에서 2022년 13,844엔, 2023년 15,315엔, 2024년 23,715엔으로 지속적으로 증가했다(농림수산성). 일본 농림수산성은 레이와 쌀소동 이후 지속적으로 상승하고 있는 쌀값을 완화하기 위해 특단의 조치를 취했는데 바로 비축 쌀 방출이다. 일본이 정부비축

---

12) 농민신문(2025.2.11.) 필리핀 쌀값 급등…'식량안보 비상사태' 선포
 (https://www.nongmin.com/article/20250210500722)
13) 전농 등의 출하자와 도매업자 사이의 연간 상대거래

쌀을 방출하는 것은 1995년 비축 쌀 제도 도입 이후 처음이다. 그만큼 현 일본의 상황은 장기적으로 식량기반을 축소시켜 온 결과가 가져올 비극을 보여주는 것이다.

〈표 3〉 일본 쌀 민간재고량

(단위: 만톤, %)

	2017년	2018년	2019년	2020년	2021년	2022년	2023년	2024년
민간재고	199	190	189	200	218	218	197	153
수요량과의 비율	26.4%	25.7%	25.7%	28.0%	31.0%	31.0%	28.4%	22.2%

자료 : 일본 농림수산성 '令和6年から7年にかけての需給見通し'

② 쇠고기 수입위생조건의 완화는 식품안전리스크 증대

미국은 세계 최대의 비육우 산업을 보유하고 있는 세계 최대 쇠고기 생산국이다. 미국에서 생산되는 쇠고기의 10~15%가 한국, 중국, 일본 등 다른 나라로 수출되고 있으며 수출 규모도 꾸준히 증가하는 추세다.

2024년 미국산 쇠고기 수출은 2022년 최고 기록을 세운 이

〈그림 2〉 미국산 쇠고기 주요 수출시장 현황

(단위 : 백만 파운드)

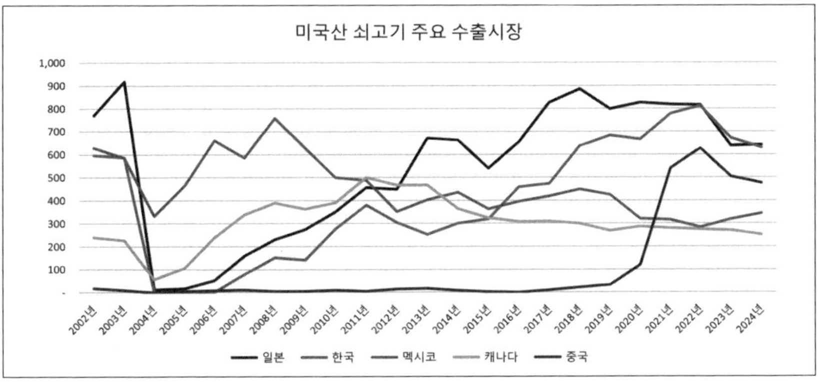

자료 : 미국 농무부 홈페이지

후 2년 연속 감소세를 보였다. 2024년 미국산 쇠고기 수출 상위 5대 시장은 일본, 한국, 중국, 멕시코, 캐나다로, 전체 쇠고기 수출량의 78%를 차지했다(물량 기준). 가장 상위의 쇠고기 수출 시장인 일본과 한국은 미국산 쇠고기 수출량의 약 42%를 차지했다. 이처럼 미국산 쇠고기 최대 수출국은 한국이고, 한국은 미국 쇠고기 수출시장의 최대 고객인 셈이다.

○ 왜 굳이 위험을 감수해야 하나

우리나라 농식품 수입에서 가장 수입액이 큰 품목이 쇠고기이고, 수입국 중에서도 미국이 1위를 차지하고 있다. 쇠고기 수입은 2024년 37억 1,640만 달러(461.0천톤) 수입되어 전년도 35억 9,980만 달러보다 10.6% 증가하였다. 수입쇠고기는 미국, 호주, 뉴질랜드 등에서 가장 많이 들어오고 있는데, 미국이 48.2%(22.2만톤)로 가장 많고, 호주 44.5%(20.5만톤), 뉴질랜드 3.7%(1.7만톤) 등을 차지하고 있다.

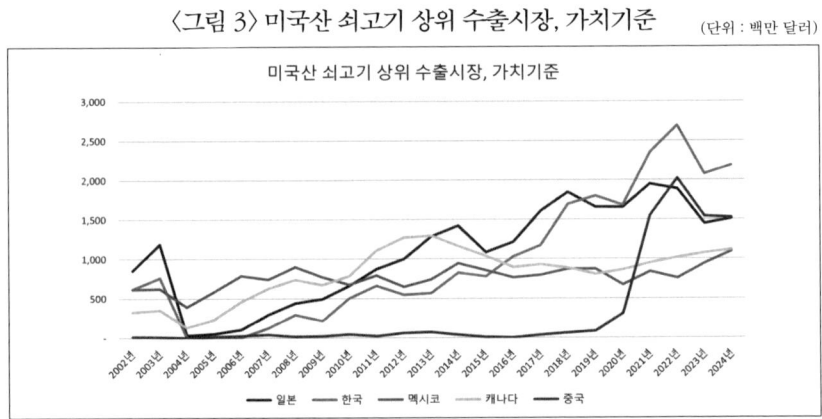

〈그림 3〉 미국산 쇠고기 상위 수출시장, 가치기준 (단위 : 백만 달러)

자료 : 미국 농무부 홈페이지

미국산 쇠고기는 냉동·냉장쇠고기·냉동갈비가 2024년 기준 5.3%의 관세로 수입되었고, 2026년 1월 1일부터는 관세가 철폐될 예정이다. 관세철폐에 수입검역의 완화까지 더해지면 수입 확대는 걷잡을 수 없이 늘어날 수밖에 없다.

○ 다른 나라의 쇠고기 수입위생조건에도 영향을 미칠 수 있다
- 30개월령 미만 수입 규정은 미국에만 적용되는 것이 아니다
- 미국 내에서도 가장 위험한 군인 30개월령 이상 젖소 암소
- 미국산 쇠고기에 대한 신뢰가 회복되지 않는 이상,
  위험성이 해소되지 않는 이상 수입위생조건 변경은 불가

미국산 쇠고기 및 쇠고기 제품 수입위생조건은 농림축산식품부고시 제2016-98호(2016. 10. 6.,일부개정)에 명확히 나와 있다. 주요 내용은 아래와 같다.

"쇠고기 및 쇠고기 제품"은 미국 연방 육류검사법에 기술된 대로 도축 당시 30개월령 미만 소의 모든 식용부위와 도축 당시 30개월령 미만 소의 모든 식용부위에서 생산된 제품을 포함한다. 다만, 특정위험물질(specified risk materials, SRM); 모든 기계적 회수육(mechanically recovered meat, MRM)/기계적 분리육(mechanically separated meat, MSM) 및 도축 당시 30개월령 이상된 소의 머리뼈와 척주에서 생산된 선진 회수육(advanced meat recovery product, AMR)은 '쇠고기 및 쇠고기 제품'에서 제외된다. 특정위험물질 또는 중추신경계 조직을 포함하지 않는 선진 회수육은 허용된다. 분쇄육, 가공제품, 그리고 쇠고기 추출물은 선진 회수육을 포함할 수 있지만 특정위험물질과 모든 기계적 회수육/기계적 분리육은 포함하지 않아야 한다.

안전성에 문제가 있는 30개월령 이상의 쇠고기를 수출국의 압박 때문에 수용한다면 이는 다른 국가와의 통상에도 문제를 야기할 것이다. 네덜란드, 덴마크, 프랑스, 캐나다 등에서도 동일한 조건을 수용해야 한다는 점에서 수입위생조건에 대한 원칙은 쉽게 변경할 수 있는 사안이 아니다. 국민 건강, 먹거리 안전과 관련된 문제를 국민적 합의도 이루지 않고, 의혹 해소도 없이 추진하려 한다면 그 누구도 납득하지 않을 것이다.

○ **월령 제한 폐지는 한우농가에 치명적**

일본의 경우 미국산 쇠고기에 대한 관세가 미일 협정에 따라 2033년까지 9%로 인하될 예정이다. 미국에서는 중국과 일본, 대만에서는 월령 제한을 해제하였다며 한국에도 같은 조건을 요구하고 있다. 하지만, 일본은 미국 쇠고기에 20.8% 관세가 부과되기 때문에 관세가 완전 철폐되는 우리나라와 동일하게 비교할 수 없다.

현재에도 가장 수입액이 큰 쇠고기 수입 규모를 봐도 지금까지 30개월령 미만 수입이 미국의 수출을 제한한 요인으로 작용했다고 평가할 수도 없다. 30개월령 제한을 폐기한다고 하면 우리 국민이 떠안아야 하는 불안요소가 커지고, 식품안전을 위한 사회적 리스크 또한 커질 것이다.

30개월령 이상이면 50개월도, 70개월도 가능하다는 말이다. 만약 월령 제한이 모두 풀리면 토시, 등심, 안창 등 고급부위가 저가로 수입될 가능성이 높아진다. 그런 경우에는 특히 가공육 시장이 잠식당할 가능성이 높아져 2등급 이하, 저등급 우리나라 쇠고기는 판로를 잃게 될 것이다.

○ **커지고 있는 반려동물 산업, 반려동물 사료의 안전성 담보 필요**

고령화가 급속화되고 1인 가구 수도 증가하면서 반려동물을 양육하는 가구도 증가하고 있다. 이에 우리나라에서도 반려동물과 관련한 연관산업이 꾸준히 성장세를 보이고 있다. 정부는 지난 2023년 '반려동물 연관산업 육성대책'을 발표하며 반려동물 시장 규모를 지속적으로 확대할 계획을 밝혔다.

주철현 의원이 발표한 자료[14]에 따르면 반려동물 사료 수입액이 2020년 3,212억원으로 4년 전인 2016년 2,032억원보다 대폭 증가하였다. 국내 펫푸드 시장 규모도 커지면서 배합사료 국내 생산량도 증가하고 있다. 2022년 배합사료 생산량이 186,847톤으로 2016년 22,713톤에 비해 8배 증가하였다[15].

펫푸드에 대한 안정성이나 영양 등의 품질 제고도 관심을 가져야 하는 부분이다. 사람의 먹을거리에 대한 안전 뿐 아니라 반려동물 사료에 대한 안전도 면밀히 살펴야 한다.

---

[14] 농축산신문(2024.4.2.).[Issue+] 펫푸드, 수출시장 주역 될 수 있을까
https://www.aflnews.co.kr/news/articleView.html?idxno=268499
[15] 아시아경제(2024.6.20.). 냥이가 이끄는 2.5조 펫푸드 시장…반려동물 사료생산 8배 '껑충

③ 과수도 다 빼앗으려 한다

○ 블루베리 세계 생산 1위, 미국[16]의 점유율 확대

　블루베리가 풍부한 영양소와 항산화제가 풍부한 슈퍼푸드로 부상하면서 건강식품에 대한 소비자들의 수요가 증가했다. 블루베리 수요 증가에 따라 세계 블루베리 시장은 공급량이 빠르게 성장했고 시장 점유율도 상당한 변화를 겪었다. 미국과 캐나다는 시장 점유율이 감소했지만, 칠레와 페루 등 신흥 생산국은 성장하고 있다.

　미국은 매년 20만톤의 블루베리를 생산하는 최대 생산국이다. 미국에서 블루베리를 가장 많이 재배하는 주는 오리건, 워싱턴, 캘리포니아, 뉴저지, 조지아, 미시간, 플로리다, 노스캐롤라이나 등지다. 2022년 워싱턴주는 약 1억 8천만 파운드(29%), 오리건주는 약 1억 6천만 파운드(26%), 5~7월까지가 수확기인 캘리포니아주는 6천 5백만 파운드(10.3%)의 점유율을 보였다.

　2021년 미국이 수출한 신선 블루베리(재배 및 야생) 가치는 1억 3,470만 달러였다. 캐나다는 신선 블루베리의 가장 큰 구매자였으며, 그 다음은 한국이다. 미국 블루베리 산업은 플로리다, 조지아, 미시간의 농민단체가 주도하여 무역 구제책을 모색하기 위한 캠페인을 벌이기도 했다.

---

16) A. Malek Hammami, Zhengfei Guan, and Xiurui Cui. Foreign Competition Reshaping the Landscape of the U.S. Blueberry Market. Choices Magazine Volume 39. Quarter 1

2) 비관세조치의 무력화가 불러올 비극

① 외래 병해충의 급증, 국내 생태계 위협
○ SPS는 자국민의 생명·건강, 동식물 보호,
  무역 리스크를 최소화하기 위한 기본적인 권리

유해병해충으로 인한 우리나라 농작물 피해를 방지하고 자연자원을 보호하기 위해 다른 나라로부터 수입하고자 하는 식물류는 검역을 거쳐야지만 수입이 가능하다. 이를 위해 정부는 병해충관리제도를 운영하고 있다(농림축산검역본부).

지난해 이상기후와 병충해 등의 농업재해와 유통구조의 문제로 사과 공급이 원활하지 않았고, 이로 인해 사과값이 평년보다 높게 형성되었다. 당시 가격을 떨어뜨리기 위해 외국에서 사과를 수입해야 한다는 여론이 형성되기도 하였다. 하지만, 검역문제로 수입을 제한하고 있는 생과실을 금방이라도 들여올 수 있는 것처럼 주장하는 것은 SPS의 중요성을 제대로 이해하지 못했기 때문이다.

SPS는 자의적으로 운영할 수 있는 조치가 아니며 결코 간소화할 수 있는 성질의 것도 아니다. 사과, 배 등의 과실류는 수입위험분석 절차를 통해 안정성을 확보해야 한다. 과실류 수입위험분석은 「식물방역법」 제6조(병해충위험분석)·제10조(수입금지)와 시행규칙에 따라야 하고, 국제적으로는 국제식물보호협약(IPPC), 세계무역기구 동식물 위생·검역조치(WTO SPS)

에 따라 시행해야만 한다[17].

○ 금지병해충 유입으로 인한 엄청난 비용 소모
- 치명적인 병해충인 과실파리류(47종), 잎말이나방류(7종), 과수화상병 등

　금지병해충이 국내에 유입되면 한해의 생태계 파괴로만 그치지 않는다. 그 세균이 이동벌을 통해 옮겨 다니며 꽃을 감염시키며 급속도로 확산된다. 과거에 발생했던 다양한 사례를 통해서 검역은 단순히 수출입 실적으로 접근할 수 없는 문제라는 것을 알 수 있다. 2015년 미국 플로리다주와 2019년 멕시코 콜리마주에서는 각각 지중해 과실파리가 유입돼 경제적 피해가 발생했다. 금지병해충으로 지정된 세균병인 과수화상병이 불법 반입된 묘목을 통해 우리나라에 유입되어 최근까지 엄청난 피해를 입히고 있다. 과수화상병 유입에 따라 2015년부터 2023년까지 손실 보상액은 연평균 247억원이 들었고, 방제 비용은 365억원이 소요됐다[18].

　2024년 국감에서 정희용의원실에서 발표한 자료에 따르면 최근 5년간(2019~2024년8월) 검역 병해충으로 인해 사과, 배 등에 피해가 발생했고, 그 피해 면적이 1,687.1ha, 피해 지급액이 1,923억 3천만원에 달했다[19]. 이처럼 검역을 소홀히 하거나

---

17) 한국농정신문(http://www.ikpnews.net)
18) 한국무역협회(2024.3.12.) 무역뉴스. "사과수입 어려워…병해충 유입땐 생산 줄고 결국 경제적 피해" (https://www.kita.net/)
19) 대구일보(https://www.idaegu.com)

그 절차를 단축하면 국내 자연자원의 피해뿐 아니라 이를 방제하기 위한 막대한 경제적 비용까지도 감당해야 한다.

○ 체리(양벚) 훈증소독
- 훈증소독 면제는 상품성에도 영향을 미쳐 수입단가의 하락을 불러올 것
- 검역은 병원균 통제의 중요한 과정

체리는 양벚 생과실로 뉴질랜드, 미국, 호주, 중국, 우즈베키스탄, 칠레, 튀르키예, 캐나다에서 수입조건을 갖추었을 때 수입될 수 있다. 미국산은 수입요건이 훈증소독과 비훈증소독으로 이미 나뉘어져 있다.

우리 검역본부는 2015년 4월 '수입금지식물 중 미국산 양벚 생과실, 소나무속 및 잎갈나무속 제재목, 호두, 플로리다주산 오렌지(탠저린 포함)와 자몽 생과실 및 캘리포니아주산 석류 생과실의 수입금지 제외기준'을 고시했다.

양벚 병의 일종인 *Blumeriella jaapii*(양벚잎반점병)가 발생하지 않는다고 증명된 캘리포니아주(16개 카운티), 워싱턴주(11개 카운티), 아이다호주(7개 카운티), 오레곤주(3개 카운티) 지역에서 생산되고, 선적 전에 메칠브로마이드로 훈증소독된 미국산 양벚 생과실 수입을 허용했다. 하지만, 캘리포니아주(16개 카운티)에서 생산된 양벚 생과실은 훈증소독을 면제했다.

과실 표면의 분생포자를 제거하거나 사멸시키는 수확 후 처리의 효능을 조사한 연구 결과는 훈증처리의 효능을 증명했고, 훈증 후 전체 분생포자의 0.06%만 생존[20]하는 것으로 조사되었다.

○ 최근 블루베리에 흰가루병을 유발하는 균이 미국에서 확산 중[21]

미국 노스캐롤라이나 주립대 식물병리학 마이콜 브래드쇼 교수팀의 연구 결과 '에리시페 바키니(Erysiphe vaccinii)'라는 곰팡이가 북아메리카에서부터 시작해 멕시코, 모로코, 중국 등지로 빠르게 확산한 게 확인됐다. 연구팀은 "이번 연구 결과는 미국 태평양 북서부 지역 등 블루베리 생산 지역에 흰가루병의 확산을 주시하고 통제해야 한다"고 경고했다.

이 연구는 블루베리 흰가루병으로 인해 발생하는 전 세계 비용 추산치를 제시했다. 여기에는 흰가루병을 예방하거나 줄이기 위해 살균제를 살포하는 비용이 반영되었는데 전 세계 블루베리 산업에 연간 4,700만 달러~ 5억 3천만 달러 사이의 비용이 발생할 것으로 추산하였다.

SPS 완화는 곧바로 수입 농축산물의 확대를 가져올 것이다. 국내의 사과, 배, 체리, 블루베리 재배 농가에 경제적 타격뿐 아니라, 국내 생태계도 심각하게 교란되어 심각한 비용을 부담해

---

20) GOOD FRUIT(2010. 1. 15.) Good to Know: Risk reduction proven.
https://goodfruit.com/good-to-know-risk-reduction-proven/
21) 헬스조선 (2025.1.26.). 블루베리, 멸종 위기에 처했다 [푸드 트렌드]
https://m.health.chosun.com/svc/news_view.html?contid=2025012402029)

도 복구에 어려움을 겪을 수 있다. SPS 규정을 준수하여 병해충의 유입, 질병 발생을 최소화하는 것이 최선이다.

② GMO[22], 먹거리 안전위협과 식량 시스템의 회복력 훼손

지난 2025년 4월 농촌진흥청은 미국 심플로트사가 개발한 LMO 감자 'SPS-Y9'에 대한 환경위해성 심사 결과를 '적합'으로 판정했다. 7년 가까이 환경위해성 심사 결과 제출을 보류하던 농진청이 갑자기 적합이란 판정을 내림에 따라 농민, 소비자단체 등에서는 강하게 반발하고 있다.

우리나라는 「유전자변형생물체의 국가 간 이동 등에 관한 법률」(LMO법)에 근거하여, LMO 수입 시 질병관리청의 승인/신고가 이루어져야 한다. 농진청의 이번 판정으로 LMO감자는 식품의약품안전처의 안전성 심사 단계를 밟을 수 있게 되었다.

○ GMO감자, 우려되는 사실과 잠재적 영향[23]
 - 변색은 발생하지 않지만, 손상된 것이다

GMO 개발자들은 생명공학을 이용하여 생물체의 근본적인 특성을 변화시킨다. 현재 판매되는 GMO 감자 품종은 2015년에 시장에 출시되었다.

---

22) LMO(Living Modified Organisms)는 살아있어 생식, 번식이 가능한 생물체, GMO(Genetically Modified Organisms)는 생식이나 번식이 불가능한 것도 포함하는 더 넓은 범위의 용어
23) NON GMO project. GMO facts & Impacts(https://www.nongmoproject.org/gmo-facts/)

2015년, 미국에서는 JR 심플로트(Simplot)의 Simplot Gen 1 White Russet 감자를 승인했다. 화이트 러셋은 조리 시 변색을 줄이고, 아크릴아마이드(Acrylamide) 생성을 줄였다. 유전자 명령이 세포 내 목적지에 도달하는 것을 인위적으로 방해하여 특정 유전자의 발현을 침묵시킨 것이다. 감자가 손상되었을 때 변색을 유발하는 유전자는 GMO 감자에서 발현이 억제되었다.

　　변색은 발생하지 않지만 손상은 여전히 발생한다는 점에 유의해야 한다. 심플로트의 GMO 감자 개발에 참여한 과학자 중 한 명은 GMO 감자가 파괴될 수 없다는 인상을 주기 때문에 수확 및 운송 과정에서 더 거칠게 취급될 수 있다는 우려를 표명했다. GMO 감자 개발자는 GMO 감자가 손상을 가릴 뿐만 아니라, 그보다 훨씬 더 많은 면을 감출 수 있다고 말한다. 변색은 병원균이 침입했을 가능성이 있는 곳을 식별하는 데 중요한 역할을 하기 때문에 변색 여부를 파악하는 것은 위생과 안전 여부를 판단하는데 중요한 판단 기준이 된다.

○ GMO는 농민 삶을 장악[24]
- 잘못된 해결책, 농민들을 부채의 악순환에 가둔 GMO

　　다국적 기업들은 농민들에게 GMO가 기후변화에 적응하고 소득을 증가시켜 문제를 해결할 것이라고 말하지만 이는 사실이 아

---

24) Rooted(2025.4.14.). How GMO and hybrid seeds impact farmers' mental and physical health: An interview with Susan Owiti of the Kenyan Peasants League.

니다. GMO작물 재배는 화학비료, 살충제, 제초제를 사용해야 하기 때문에 토양 건강과 생물다양성의 손실을 초래한다.

바이엘(Bayer AG)과 같은 농약, 종자, 생명공학 기업들은 인체 건강에 대한 위험성 때문에 EU에서는 금지된 살충제를 케냐 등 개발도상국에 판매해 왔다. 이로 인해 농민과 농장 노동자의 신체 건강에 위협을 가하며 농민들을 부채의 악순환에 빠뜨렸다.

GMO종자를 사용하는 농민들이 토종 종자에 의존하는 농민들보다 부채가 더 많은 이유는 GMO 종자는 특허가 걸려 있어 계절마다 보관하는 것이 불법이기 때문이다. 이것은 농민이 농사를 지을 때마다 종자를 구매할 돈이 필요하다는 말인데 지난해의 빚도 다 갚지 못한 농민은 파종용 종자를 사려면 새로운 대출에 기댈 수 밖에 없다. 이것이 바로 다국적 기업들이 농민들의 삶을 장악하는 방식이다.

○ **GMO가 농민들에게 미치는 악영향**
- 비용 증가, 위험 증가, 자율성 상실

GMO 종자 가격이 비GMO 종자 가격을 앞지르고 있다. 또한, GMO는 값비싼 제초제와 합성 비료를 함께 사용하는 경우가 많다. 옥수수, 카놀라, 알팔파에서 GMO 오염이 충분히 입증되었다. 오염된 작물을 재배하는 농민들은 수확물을 판매할 수 없고 GMO 종자를 공급하는 농약 회사로부터 아무런 보상도 받지 못할 수 있다. 인근 농장에서 제초제가 유출되는 것도 GMO 오염의 또 다른 파괴적인 형태다.

○ **GMO가 환경에 미치는 악영향**
- 제초제 사용 증가, 슈퍼잡초와 슈퍼박테리아, 오염 증가

GMO는 화학 농업의 직접적인 연장선이다. GMO는 환경에 직간접적으로 영향을 미칠 수 있으며, 일단 환경으로 방출되면 회수가 불가능하다. 제초제에 견디도록 설계된 GMO는 제초제 사용을 급격히 증가시켰다. 이러한 화학물질은 미대상 해충에 독성을 나타낼 수 있으며, 식물 및 동물의 다양성을 감소시키고, 인체 건강에 위험을 초래할 수 있다.

GMO는 일반 살충제에 면역이 있는 슈퍼잡초와 슈퍼박테리아의 출현에 기여했다. GMO는 꽃가루 이동이나 종자 유출을 통해 다른 생물체를 오염시켜 토종 및 야생 품종의 유전적 무결성을 훼손하고 미래의 식물 육종 노력을 위험에 빠뜨릴 수 있다.

3) 기후위기, 식량위기에 대한 취약성 확대

○ **늘어나는 이상기후로 농업생산 위협성 증가**
자연환경에 그대로 노출되어 있는 농업은 기후와 직접적으로 연결되어 있다. 빈번하게 발생하는 극한 호우, 냉해, 고온 등

으로 농작물을 재배하는 생산 환경 자체가 과거와는 비교할 수 없을 정도로 열악해지고 있는 실정이다.

2024년 지난 한해만 봐도 1~2월의 대설과 한파, 5월의 일조량 부족과 우박, 7월과 9월의 집중호우, 7~9월의 폭염 및 이상고온, 11월의 대설 등 연속적으로 농업재해가 발생하였다. 이로 인한 농업시설 파손 및 농작물 피해 규모도 커지고 있다.

특히 지난해는 9월 중순까지 폭염이 지속되면서 9월에 호남과 남해안 지역에 많은 비가 내리며 27,900ha에 달하는 농작물 피해가 발생하기도 하였다.

기후위기는 식량위기를 가중시킨다. 기후위기는 영농환경의 열악함을 확대시키는 결과를 가져와 농가소득의 하락, 농민의 지속가능성마저 심각하게 위협한다.

〈표 4〉 2024년 이상기후로 인한 주요 농작물 피해 현황

(단위 : ha)

구분	합계	품목별 피해면적
2월 일조량 부족 피해	9,606.2	채소 8,691.0, 맥류·화훼 617.7 딸기 2,521.3, 참외 1,990.8, 수박 852.8, 기타 3,326.1
5월 호우·강풍 피해	4,241.8	맥류 3,298.1, 메밀 271.6, 기장 225.7, 벼 256.9, 채소 155.2
7월 집중호우 피해	9,449.6	콩 2,051.5, 벼 808.5, 상추 623.1, 복숭아 581.4, 수박 550.3, 고추 488.7, 참외 458.0, 포도 318.0, 기타 3570.1
9월 호우 피해	27,900.5	벼 24,472.1, 배추 563.0, 배 435.1, 콩 278.0, 무 250.7, 상추 226.6, 딸기 198.3, 방울토마토 99.9, 기타 1,376.8

자료 : 관계부처합동. 2024이상기후 보고서

○ **기후위기가 농업에 미칠 잠재적 영향**[25]

기후변화에 관한 정부 간 협의체(IPCC)는 앞으로 기후변화가 농업에 미칠 잠재적인 영향을 예측하였다. 기온 상승은 토양 탄소와 질소 수치를 감소시키고, 기온 상승에 민감한 곤충·해충 개체군을 변화시켜 작물 수확량을 감소시킬 수 있다. 이산화탄소 배출 수준이 증가하면 잡초 관리에도 영향을 미쳐 제초제의 효능이 감소할 것이다(OECD, 2023).

기온이 상승하게 되면 주요 식량 재배지에서 수확량이 감소할 가능성이 높아지게 된다. 이는 국제 식량가격의 폭등으로 이어질 수 있으며, 글로벌 식량안보 위험성을 높일 수 있다. 가장 비관적인 시나리오는 2100년까지 현재의 경지 면적의 1/3이 농업생산에 부적합한 경지가 될 수 있다는 것이다. 저배출 시나리오에 따라서도 현재 경지의 최대 8% 정도가 작물 재배 및 가축 사육에 부적합한 경지가 될 것이라는 시나리오다(OECD, 2023).

○ **농림축산식품 무역수지 적자의 증가**
- 2023년 50조 6,888억원[26], 10년 전보다 1.5배 증가

2023년 농림축산식품 수출액은 91억 5,700만 달러, 수입액

---

25) OECD. 2023."Agricultural Policy Monitoring and Evaluation 2023" 중 기후변화에 대응한 농업 적응 정책(Policies for agricultural adaptation to a changing climate)
26) 미국USD 1,462.50(2025.04.05.기준)

은 438억 160만 달러로 무역수지 적자는 346억 5,900만 달러(우리나라 돈 50조 6,888억원)다. 한미 FTA를 체결한 2012년 무역수지 적자 238억 30만 달러보다 10년 동안 108억 560만 (15조 8,660억원)달러의 적자가 늘어 10년 전보다 1.5배 증가했다. 역대 최대 규모의 무역수지 적자를 기록한 2022년보다는 적자규모는 줄었지만 FTA이행기간이 지날수록 적자규모는 확대되고 있는 것을 확인할 수 있다.

〈표 5〉 농림축산식품 수출입 동향

(단위 : 백만 달러)

	2012년	2019년	2020년	2021년	2022년	2023년
수출	5,645	7,025	7,564	8,558	8,824	9,157
수입	29,448	34,304	34,279	41,905	48,571	43,816
무역수지	-23,803	-27,279	-26,715	-33,347	-39,747	-34,659

자료 : 농수산물유통공사 수출입 정보(KATI)

○ **FTA체결국 중 농축산물 수입국 1위, 미국의 막대한 영향력**

2024년 농식품 수입액 기준 1위 국가는 미국이고, 그다음 2위는 아세안(ASEAN), 3위 EU, 4위 중국, 5위 호주, 6위 캐나다 등이다. 우리나라의 대미국 수입 품목은 쇠고기, 옥수수, 돼지고기, 밀, 대두, 대두유, 치즈, 사료용 식물 등이며 2024년 미국 수입액은 95억 8,590만 달러(14조 98억원)다.

우리나라에서 미국으로 수출하는 주요 품목은 궐련[27], 라면, 기타 음료, 기타 베이커리제품, 배 등 대다수 가공품이다. 정부

---

27) 종이로 말아 놓은 담배

는 수출이 늘었다고 환호했지만, 실제 수출되는 가공품 대다수는 수입원재료로 만들어지는 식품이며 신선농산물 비중은 너무 낮다. 미국은 2024년 기준으로 전체 수입액의 22.4%, 수출액의 16.2%를 차지하고 있는데 전년에 비해 수입액과 수출액 비중 모두 증가하였다. 미국은 국내시장 점유율을 높이며 여러 부문에서 영향력을 행사하고 있지만 더 많이 우리 시장을 잠식하고 싶어한다.

○ **낮은 식량자급률 하락이 갖는 의미**

현재에도 우리나라 식량자급률(사료용 포함)은 22.2%(2023년)로 OECD회원국 중에서도 최하위권에 위치할 정도로 열악하다. 더 우려되는 점은 지속적으로 식량자급률이 감소하고 있다는 점이다. 「농업·농촌 및 식품산업 기본법」에서 규정하는 바에 따라 5년마다 식량자급률 목표치를 설정하고는 있지만 목표치를 달성한 적은 단 한번도 없다. 관세철폐와 함께 비관세조치마저도 무력화되면 수입은 더욱 늘어나게 되고, 이는 식량자급률의 저하로 이어질 것이다.

〈표 6〉 우리나라 식량자급률

(단위 : %)

구분	2018년	2019년	2020년	2021년	2022년	2023년
사료용 미포함	50.3	49.3	49.3	44.1	49.4	49.0
사료용 포함	24.1	23.3	22.4	20.8	22.3	22.2

자료 : 농식품부. 2024. 양정자료

4. 식량주권에 기반한 우리의 대응과 전략

1) 비관세조치는 공공의 이익을 위한 방어 장치[28]

관세와 비관세 장벽(NTB, Non-Tariff Barriers)은 자국의 생산을 보호하고 방어하는 대표적인 도구다. 식량주권은 강력한 국가 공공정책과 함께 이러한 도구들을 집단적으로 동시에 적용해야만 달성할 수 있다. 관세와 비관세 장벽(NTB)은 소농을 지원하고, 식량 가용성 개선, 일자리 창출, 식량주권을 증진하는 강력한 도구가 될 수 있다.

많은 농업협동조합과 소규모 생산자들은 낮은 인건비 문제와 함께 많은 보조금이 들어가는 대규모 농장에서 생산되는 외국 농산물과 경쟁하는데 있어 어려움을 겪는다. 관세는 값싼 수입으로부터 소규모 생산자를 보호함으로써 도움을 줄 수 있다.

NTB는 지역, 계절, 농생태학적으로 생산된 식량을 더 지원할 수 있다. 예를 들어, 유해한 살충제나 지속 불가능한 방식으로 재배된 식품의 수입을 억제하는 동시에 환경적으로 책임감 있는 국내 생산을 보호할 수 있다. NTB는 명확한 라벨링(예를 들어 GMO표시)을 의무화하거나 수입 제품에 대한 국가적 농생태학 지침을 준수하도록 요구할 수도 있다.

---

28) LA VIA CAMPESINA(2025). MAKING SENSE OF TARIFFS

○ 세계의 농법, 문화적 다양성의 인정

각국은 미국으로부터 비관세 장벽을 철폐하라는 압력에 직면해 있다. 최근 한국에서 발생한 사례는 이러한 추세를 잘 보여준다. 유전자변형 감자 승인은 농민단체와 소비자단체들의 우려를 불러일으켰는데, 이는 정부가 미국의 압력에 굴복할 것을 우려하기 때문이다.

세계적 농민운동조직인 비아 캄페시나(La Via Campesina)는 미국이 공격적인 관세 정책을 사용하여 약소국을 경제적 종속 상태로 몰아넣고 있으며, 이는 농민의 권리, 특히 종자권에 대한 심각한 침해로 이어질 수 있다는 점에 대해 깊은 우려를 표명하였다. 예를 들어, 통상 압력이 계속 증가할 경우, 동남아시아 국가들은 국제신품종보호연맹(UPOV) 협약 준수 등 종자 지식재산권에 대하여 미국의 입장을 채택하라는 압력을 받을 수 있다.

그러나, 여기서 비관세 장벽은 국가적 선호, 문화적 다양성을 반영하는 기준이라는 점에 유의해야 한다. 각 지역의 문화적, 식생활 다양성과 영양적 필요를 고려하여 모든 사람이 자신의 식량에 대한 특정 기준을 실행할 권리를 인정하는 것은 식량주권의 핵심 요소이다.

국가는 유해한 살충제로 생산된 식품을 금지할 권리가 있다. 이러한 기준은 수입 식품을 차별하기 위한 것이 아니다.

○ 관세의 기여도, 지역산업 활성화

관세 수입은 국세로서 정부 수입을 창출하지만, 기여도는 국가마다 다르다. 브라질과 같은 개발도상국에서는 국제 무역에 대한 세금이 총 세수입의 5% 미만을 차지한다. 그러나 동남아시아, 남아시아, 아프리카 국가의 경우에는 그 기여도가 훨씬 더 높다.

정부는 관세를 통해 조달된 자금을 중요한 농촌 기반 시설 및 사회 개발 사업에 투자하고, 농업 분야의 공공 연구 개발에 자금 지원, 지역 강화, 관행에서 농생태 농업으로의 전환을 위한 재정 지원 제공, 신규 진입 농가 및 청년농, 협동조합에 보조금을 지급하는 등 다양한 용도로 사용할 수 있다.

관세는 농산물 수출 대신, 지역 부가가치 창출을 위한 인센티브를 제공하는 도구가 될 수 있다. 가공식품 수입 관세는 지역 산업이 농산물을 국내에서 가공하도록 장려할 수 있다. 또는 정부는 원자재를 수출하는 대신 수출 관세를 통해 국내 기업이 원자재를 국내에서 가공하도록 장려하여 지역 산업을 활성화할 수 있다.

지역 가공 산업을 장려함으로써 농촌 지역의 경제적 기반을 다각화하는데 도움이 된다. 다각화는 가격 변동, 가뭄과 같은 기후변화, 농업에 영향을 미칠 수 있는 외부 충격으로부터 농촌 경제를 보호하는데 도움이 될 수 있다.

2) 중장기적인 식량 생산기반의 보전

- 해외 의존도가 높아질수록 주권은 약해진다

　농산물 수입에 대한 25% 관세 시행은 미국 소비자와 식품 가격에 상당한 영향을 미칠 가능성이 높다. 수입 농산물의 비용이 증가함에 따라 공급망 전체에 파급효과가 나타나 궁극적으로 소비자 가격이 상승할 것으로 예상할 수 있다.

　트럼프 대통령의 조치는 수입 상품을 더 비싸게 만들어 자국 시장을 보호하고, 이를 통해 국내 구매와 지역 농업 개발을 장려한다는 것이다. 트럼프가 쏘아올린 보호무역주의와 공급망 재편에 대한 대응은 단기로 끝나지 않을 것이라 전망되고 있다. 피할 수도 없고, 설령 트럼프 대통령이 요구하는 것을 내어준다해도 또 다른 구렁텅이가 기다리고 있을 것이다. 주권을 잃으면 아무것도 얻을 수도, 해결할 기회도 가질 수 없다.

　멕시코는 관세 보복 대신 어떠한 상황에서도 자국 경제를 강화하기 위한 포괄적 대응 프로그램을 발표하겠다고 밝혔다[29]. 우리나라도 근본적인 문제 해결의 관점에서 접근해야 한다. 결국은 미국에, 외국에 의존하면 할수록 우리의 힘은 약해질 수

---

29) 한국무역협회(2025.4.4.). 통상이슈브리프 https://www.kita.net/researchTrade/report/issue-Brief/issueBriefDetail.do?no=2747

밖에 없고 자국민의 권리는 박탈당할 수밖에 없다.

지금까지 희생양으로 삼아왔던 우리 농업을 되돌아보고 회생시켜야 한다. 한미FTA 타결 이후부터 더욱 더 쇠고기, 돼지고기, 밀, 감자 등 중요한 먹을거리를 미국에 의존하게 되었다. 대표적으로 제2의 주식인 밀이 그러하다. 국내 생산기반을 잃는 순간 상대 국가에서 아무리 높은 관세율을 부과해도 우리에게 결정권은 사라지게 된다. 더이상 자유무역에 의존해서, 수입 농축산물에 의존해서는 살아남을 수 없다는 것이 더욱 분명해졌다.

무역전쟁이 일어나면 국민을 먹여살릴 수 있는 것은 결국 자국의 식량시스템이 얼마나 튼튼하게 운영되느냐이다. 수입 식품에 대한 의존도를 줄이기 위해 국내 시장에서의 국내산 점유율을 높이기 위한 다양한 정책 마련이 필요하다. 식량주권 실현만이 트럼프 대통령의 통상압박 전술을 견딜 수 있고, 우리의 권리를 지킬 수 있다.

○ TRQ쌀 협상 테이블을 선제적으로 제안해야
　WTO규정만을 따르며 기계적으로 쌀을 수입해 온 행위가 국내 쌀가격이나 생산기반에는 치명적인 영향을 미쳤고, 결국엔 미국의 통상압력 마저 받게 되었다. 미국쌀연맹(USA Rice Federation)은 다른 산업을 지원하기 위해 쌀을 희생양으로 삼지 말 것을 촉구하고 있다. 이는 우리의 주장이다.

우리 농민들은 408,700톤의 TRQ쌀 수입을 위해 국내 쌀생산량을 강제로 줄이도록 강요받았고, 다른 작물을 재배하도록 요구받아 왔다. 외국의 쌀을 사주기 위해 자국의 주식인 쌀 생산기반을 무너뜨리는 행태가 불확실성이 커지는 국제사회에서 얼마나 위험한 행위인지를 정부에서도 하루빨리 인지해야 한다. 일본과 필리핀에서 겪은 쌀 부족 사태가 우리나라에도 닥칠 수 있다는 것을 명심해야 한다.

○ **위험이 해소되지 않은 30개월령 이상, 월령 제한 폐기는 불가**

미 정부는 중국과 일본, 대만에서는 30개월령 제한을 해제하였다며 한국을 압박한다. 하지만, 일본은 미국 쇠고기에 20.8% 관세가 부과되기 때문에 관세가 완전 철폐되는 우리나라와 동일하게 비교하는 것은 적절하지 않다.

분명하게 안전성에 문제가 있는 30개월령 이상의 쇠고기를 미국이 압박한다는 이유가 수용조건이 될 순 없다. 원칙이 무너지면 네덜란드, 덴마크, 프랑스, 캐나다 등에서도 동일한 조건을 수용해야 한다는 점에서 수입위생조건에 대한 명확한 원칙은 변경되어선 안된다. 국민 건강, 안전과 관련된 문제를 국민적 합의도 이루지 않고, 의혹 해소도 없이 추진하는 과오를 범해선 안된다.

○ **반추동물의 사료 수입, 국회 심의를 받아야**

우리나라는 「가축전염병 예방법」 제34조제2항[30]에 따라 반려동물 사료 수입조건을 규정하고 있다. 미국에서 요구하는 '반추(되새김)동물 성분을 포함한 반려동물 사료의 시장접근'이 가능하기 위해서는 「반려동물 사료 수입위생조건」이 개정되어야 한다. 하지만, 농식품부는 국내의 논의과정이나, 국회 심의도 거치지 않고 지난 2025년 2월 7일 「반려동물 사료 수입위생조건」을 개정하였다. 지금까지 수입을 허용하지 않았던 소 등 반추동물의 단백질 성분이 포함된 사료의 수입을 허용하는 것이기 때문에 그 영향은 국회에서 제대로 평가받아야 한다.

「가축전염병 예방법」 제34조에서 국회 심의를 명확히 규정하고 있기 때문에 철저한 검증의 과정이 필요하다.

> 「가축전염병 예방법」제34조(수입을 위한 검역증명서의 첨부)
> ③ 제2항에도 불구하고 최초로 소해면상뇌증 발생 국가산 쇠고기 또는 쇠고기 제품을 수입하거나 제32조의2에 따라 수입이 중단된 쇠고기 또는 쇠고기 제품의 수입을 재개하려는 경우 해당 국가의 쇠고기 및 쇠고기 제품의 수입과 관련된 위생조건에 대하여 국회의 심의를 받아야 한다.

○ **GMO 표시제, 위해성 평가, 식품사슬 전반에 걸친 추적**

만약에 GMO감자가 들어오게 되면 현재의 시스템에서는 추적이 불가능하다. GMO표시제가 도입되지 않은 상태에서 생산자와 시민은 선택의 자유를 제한받을 수 밖에 없다. GMO 규제

---

30) ② 농림축산식품부장관은 가축방역 또는 공중위생을 위하여 필요하다고 인정하는 경우에는 검역증명서의 내용에 관련된 수출국의 검역 내용, 위생 상황 및 검역시설의 등록·관리 절차 등을 규정한 위생조건을 정하여 고시할 수 있다.

를 완화하게 되면 농민들이 종자를 저장, 사용, 재사용 및 교환할 수 있는 기존의 권리(종자에 대한 농민의 권리)와 중소 육종가에게 위협이 되며, 유기농 및 무농약 농민의 권리를 침해할 수도 있다. GMO가 인간의 건강과 자연에 미칠 수 있는 잠재적 위험과 종자 가격, 종자 다양성, 부정적인 사회경제적 영향 등 해결되지 않은 많은 문제가 있다는 점을 감안해야 한다.

GMO 위해성 평가, 모니터링, 표시제 도입, 식품 사슬 전반에 걸친 추적을 통해 토종종자를 보호해야 한다. 각국은 자국 영토 내에서 GMO 재배를 금지하거나 제한할 수 있어야 한다.

3) 연대 기반의 무역메커니즘 개발

미국 트럼프 행정부의 상호관세, 미국 우선주의 통상 정책으로의 중대한 변화는 더 광범위한 경제에 광범위한 영향을 끼치며 농산물 무역의 지형을 바꿀 것이다. 급변하는 통상환경 속에서 이제 더 이상 자유무역협정을 신뢰할 수가 없다는 것을 전세계는 공감하고 있다.

농민과 노동자의 생존권을 위협하는 상황을 극복하기 위해서는 농업계가 노동계와 더 많은 시민사회단체와 폭넓게 연대해야 한다. 미국과의 협상을 위해 희생되는 농민도, 노동자도 결코 발생하지 않도록 함께 연대하고 대응해야 한다. 그래야 위기를 기회로 만들고, 위기를 극복해 앞으로 나아갈 수 있다.

○ 전 세계 농민조직과의 연대 확장

　신자유주의 경제 체제에서 저소득 국가나 식량 부족 국가는 식량 수입에 크게 의존하기 때문에 불리한 입장에 처하는 경우가 많다. 특히 수입 의존국은 밀, 쌀, 옥수수, 대두와 같은 주요 식량의 세계 가격 변동에 더욱 취약하다. 기후위기 시대에 식량위기는 언제든지 누구에게나 일어날 수 있다. 자국의 안정적인 식량공급과 생산기반 강화가 연계되어 이루어져야 위기에 대응할 수 있다.

　관세 인하와 무역 자유화는 국내 생산기반을 약화시키고, 국내 시장을 더 저렴한 가격의 수입품에 노출시켜 해당 지역의 식량 안보와 농업 발전을 저해한다. 농가의 생계는 외교 정책의 협상 카드로 사용되어서는 안 된다. 이제 더 이상 위협적인 통상환경의 불안정성에 국가의 안보를 맡기는 것이 아닌 지속가능한 농업환경으로의 전환이 필요하다.

　2024년 초 유럽에서 발생한 대규모 트랙터 시위는 농산물의 공정한 가격에 대한 농민들의 요구를 보여주었다. 하지만 생산비에도 미치지 못하는 가격임에도 신자유주의 무역시장에서 형성되는 농산물은 공정가격을 결코 보장받지 못한다. 자본주의의 본질은 지속가능성과 양립할 수 없다. 자본주의는 자연, 노동, 자원의 상품화를 기반으로 번성하며, 무한한 경제 성장에 의존한다. 전세계 농민조직들은 농민의 권리를 지키기 위해 단결하고 연대해야 한다.

5. 결론 : 지금이 바로 식량주권을 주장해야 할 때다

- 기후위기시대, 식량주권 전략으로 접근해야

전 세계적으로 7억 3,300만 명(FAO)이 기아에 시달리는 반면, 다국적 농기업들은 기록적인 수익을 올리고 있다. 기아 문제는 단순히 공급의 문제가 아니라는 것이며 식량의 접근성과 이용가능성의 측면에서 다뤄야 한다. 신자유주의 수입개방은 심화되는 불평등과 환경 재앙에 대한 해결책을 제시하지 못하고 있다. 기업 주도의 농업 정책은 기후위기를 악화시킬 뿐이며, 밀려드는 수입 농산물 의존 정책은 농민들의 절망감을 심화시킬 뿐이다.

도널드 트럼프 미대통령은 전 세계가 미국산 농축산물을 더 많이 수입하도록, 미국의 점유율을 높이기 위해 순순히 요구를 따르도록 강요하는 것이다. 통상압력으로 인한 굴욕적 협상이 가져올 결과는 현재의 위기를 심화시키고, 농촌지역의 소멸을 가속화할 것이다. 기후위기에 대응하기 위한 농생태학적 전환을 저해하고, GMO, 위생검역 등의 빗장을 여는 결과를 초래할 것이다.

농민, 농촌 노동자의 목소리를 지속적으로 확대하고, 모든 사람을 위한 정의로운 미래를 위해 식량주권을 주장해야 한다. 식량주권은 농민 운동의 구체화된 제안으로 세계 농민운동조직인 비아 캄페시나가 세계를 먹여 살릴 대안으로 제시해왔다. 지금의 복합위기 상황에서는 식량주권의 원칙에 기반한 대안이 더욱 더 중요해졌다. 식량주권은[31] 사람들이 자신의 문화와 지역 시장을 존중하는 지속가능한 식량의 생산, 유통, 소비에 대한 정책과 전략을 스스로 정의할 권리를 의미한다.

사회운동과 농민 조직이 주도하는 식량주권은 식량의 가용성과 접근성에 초점을 맞춘 식량안보를 넘어, 기업이나 글로벌 시장이 아닌 식량을 생산, 유통, 소비하는 사람들이 식량 시스템을 민주적으로 통제하는 것을 강조한다.

이제는 신자유주의무역 패러다임에서 벗어나 식량주권을 기반에 둔 국가책임농정을 펼쳐나가야 할 때다. 앞으로 우리사회가 추구해야 할 가치는 초국적기업에서 제공하는 식량시스템에 의존도를 높이는 방식이 아니라, 농민들의 건강한 영농환경과 생산을 보장하는 시스템으로 전환되어야 한다. 농민이 식량을 생산할 권리와 소비자가 식량에 접근할 권리 보장을 통해 모두가 지역 사회에서 지속가능한 삶을 유지할 수 있는 시스템으로 전환될 수 있도록 지혜와 힘을 모아야 한다.

---

[31] VIA CAMPESINA(2025.5.13.). Voices from Dominican Republic: 'Food Sovereignty is the Right to Life and the Right to Live Well.'

참 고 문 헌

관계부처합동. (2023). 반려동물 연관산업 육성대책

관계부처 합동. (2025). 2024년 이상기후 보고서

농림축산식품부. (2024). 양정자료

미무역부. 2025년 미국의 국가별 무역장벽 보고서: 한국

산업통상자원부. (2025. 4). 미(美) 무역대표부, 2025년 국별 무역장벽보고서(NTE Report) 발표

이수미. (2023). 칸쿤 농민투쟁 이후 농산물개방과 한국농업 20년의 변화. 국회토론회 자료집

이수미. (2025). '미국USTR보고서-한국의 무역장벽' 진단과 대응 좌담회 자료집. 진보당

이수미. (2025). 트럼프의 동맹수탈과 안보위협 분석, 전망 그리고 대응 토론회 자료집. 전국민중행동

한국농촌경제연구원. 2024년 4분기. FTA 체결국농축산물 수출입 동향

한국농촌경제연구원 FTA이행지원센터

한국생명공학연구원. (2025). 2024 유전자변형생물체 주요통계

USA Rice . (2025. 3). Comments to Assist in Reviewing and Identifying Unfair Trade Practices and Initiating All Necessary Actions to Investigate Harm From Non-Reciprocal Trade Arrangements

National Cattlemen's Beef Association. (2025. 3). Comments by the U.S. Meat Export Federation to Assist in Reviewing and Identifying Unfair Trade Practices and Initiating All Necessary Actions to Investigate Harm from Non-Reciprocal Trade Arrangements

A. Malek Hammami, Zhengfei Guan, and Xiurui Cui. Foreign Competition Reshaping the Landscape of the U.S. Blueberry Market. Choices Magazine Volume 39. Quarter 1

LA VIA CAMPESINA. (2025). MAKING SENSE OF TARIFFS

OECD. (2023). Agricultural Policy Monitoring and Evaluation 2023 : Adapting Agriculture to Climate Change. OECD Publishing.

일본 농림수산성 '令和6年から7年にかけての需給見通し'

관세청 FTA포털 https://www.customs.go.kr/ftaportalkor/main.do

국가법령정보센터 https://www.law.go.kr

농림축산검역본부 https://www.qia.go.kr/listindexWebAction.do

KATI https://www.kati.net/index.do

한국농정신문 https://www.ikpnews.net

www.fao.or.kr

https://viacampesina.org/en

https://www.ers.usda.gov/topics/crops/rice/rice-sector-at-a-glance

https://commission.europa.eu/index_en

https://www.nytimes.com/2025/04/04/business/china-tariffs-american-farmers.html

https://ustr.gov

https://www.nongmoproject.org

5

트럼프의 동맹국 안보위협, 어떻게 대처할 것인가

장창준
한신대학교 통일평화정책연구센터장

목차

1. 문제제기: 대한민국이 미국의 항공모함?

2. 트럼프의 대중국 전략과 한국의 안전
   1) 중국 위협론에서 중국 침공론으로: 진화하는 미국의 대중국 전략
   2) 미국의 위협 인식과 전쟁 개념
   3) 연합에서 통합으로: '진화'하는 한미동맹
   4) 전쟁의 시대 그리고 한미 '제로섬' 동맹

3. 한국이 처한 사중 안보 위기
   1) 남북 관계 위기
   2) 북미 관계 위기
   3) 대만 관련 위기
   4) 방위비 증액 위기

4. 대응 전략과 과제
   1) 최근 한미동맹 변화와 한미상호방위조약의 불일치성
   2) '묻지마 동맹' 말고 '따져보는 동맹' 필요
   3) 윤석열 정책의 폐기 혹은 재검토
   4) 대만 불개입 공식화
   5) 한반도평화특별법의 제정
   6) 기지사용료 이슈화하여 방위비 분담금 증액 압박 대처

5. 결론

   참고문헌

1. 문제 제기: 대한민국이 미국의 항공모함?

항공모함은 "항공기를 탑재하고 이착함시킬 수 있으며, 초계함·구축함·전함의 역할까지 수행할 수 있는 다목적 군함"(나무위키)이다. 이 글의 서두에서 항공모함의 정의를 굳이 짚고 넘어가는 이유는, 지난 5월 15일 브런슨 주한미군사령관의 발언 때문이다.

그는 하와이에서 열린 LANPAC(태평양 지상군 심포지엄)에서 "한국은 바다 위에 떠 있는 고정된 항공모함"이라고 언급했으며, 이어 "베이징과 가장 가까운 동맹국"이라는 표현도 덧붙였다. 이 두 가지 발언을 종합하면, 브런슨 사령관은 사실상 "한국은 중국 앞바다에 위치한 미국의 항공모함"이라는 메시지를 분명히 전달한 것이다.[1]

그 발언이 나오기 일주일 전인 5월 7일 브런슨은 미국 국방 전문 잡지 디펜스 뉴스(DEFENSE NEWS)와 가진 인터뷰에서 '북한과 중국, 러시아가 일종의 동맹 관계를 형성하고 있다'면서, 조기 대선으로 "새롭게 출범하는 한국 정부는 그들과 맞서야 하는 현실을 받아들여야 한다"고 주장했다.[2]

---

1) Stars and Stripes(2025)
2) Defense News(2025)

주한미군 사령관의 이같은 발언을 한국이 '북중러 동맹'을 견제하는 미국의 항공모함 역할을 수행해야 한다고 해석하면 지나친 것일까. 그러나 2025년 들어와 우리에게 전달되었던 다음과 같은 사실들을 복기할 필요가 있다.

▷ 미 태평양육군사령관을 지낸 미군 장성은 "한국군과 미군이 이 한반도 바깥으로 전력을 전개할 수 있도록 해야 한다"는 발언을 했다.(동아일보 4월 5일자 인터뷰)
▷ 미국과 일본은 동중국해와 남중국해, 대만 그리고 한반도 일대를 한 덩어리 전쟁 지역으로 묶는 '원 시어터'(One Theatre, 하나의 전장) 구상에 뜻을 같이 했다.(한겨레 4월 15일 기사)
▷ 두 대의 미국 B-1B 폭격기가 일본 아오모리현 미사와 공군기지에 배치되었다.(연합뉴스, 4월 20일 기사)
▷ 미군은 5세대 스텔스 전투기인 F-35A를 군산 공군기지에 상시 배치하고, 4세대 전투기 F-16을 오산에 집중 배치하는 방안을 검토하고 있다.(연합뉴스, 4월 27일 기사)

이재명 정부 출범에 대한 미국 정부의 반응은 이례적이었다. 미 국무장관은 6월 3일 이재명 후보의 당선을 축하하는 성명을 발표하며, "한미일 3국 협력을 지속적으로 심화할 것"이고 "우리는 동맹을 현대화하고 있다"고 강조했다. 이는 윤석열 정부와 함께 추진해 온 한미일 군사협력 강화, 즉 동맹의 현대화 작업을 이재명 정부와도 계속 이어가겠다는 뜻으로 해석된다.

한편, 대선 결과에 대한 백악관의 입장을 묻는 질의에 대해 백악관 당국자는 "한국은 자유롭고 공정한 선거를 치렀지만, 미국은 전 세계 민주주의에 대한 중국의 간섭과 영향력에 대해 여전히 우려하며 반대한다"고 밝혔다. 이는 이재명 정부가 중국의 영향력에 휘둘리지 말아야 한다는 미국의 경고성 메시지로 읽힌다.[3]

위에서 살펴본 흐름은 두 가지 중요한 사실을 드러낸다. 첫째, 미국은 북·중·러에 대한 군사적 견제를 전방위로 강화하고 있으며, 그중에서도 특히 중국을 주요 대상으로 삼고 있다. 둘째, 미국은 한국이 이러한 견제 구도, 특히 대중 견제에 적극 동참하기를 기대하고 있다.

문제는 바로 그 '동참의 정도'다. 한미 관계가 동맹이라는 구조적 현실 속에서 미국의 군사 전략에 일정 부분 협조하는 것은 불가피한 측면이 있다. 그러나 그 동참이 5월 15일 브런슨 주한미군사령관이 언급한 '항공모함급' 수준이라면 상황은 매우 심각해진다. '항공모함급 동참'이란 결국 한국이 미국의 대중국 전초기지로 고정된다는 뜻이며, 이는 한중 관계의 파국을 불러올 수 있다. 나아가 한국이 중국과 군사적 적대 관계로 전환될 가능성도 배제할 수 없게 된다.

---

3) 중앙일보(2025a)

더욱 심각한 것은, 이러한 전초기지화가 이미 상당 부분 진행되고 있다는 점이다. 만약 한국이 미국의 대중국 군사 전략에 깊숙이 편입된다면, 이는 단지 외교적 부담을 넘어 우리 국민의 생명과 안보를 직접 위협하는 치명적인 결과로 이어질 수 있다.

만약 미국의 바람대로 한국이 중국 견제에 본격적으로 나선다면, 한반도는 단순한 동북아 갈등의 무대가 아니라 미중 전략경쟁의 최전선이 될 것이다. 미국의 군사 자산이 한국에 집중되고, 주한미군의 임무가 중국을 향한 전방위 견제로 바뀌는 순간, 한국은 더 이상 스스로의 안보를 통제할 수 없는 지경에 이른다.

그 결과, 중국은 한국을 '적성 국가의 군사기지'로 간주하게 되며, 이는 유사시 한국 전역이 중국의 보복 타격 대상이 될 수 있다는 뜻이다. 한미동맹의 이름 아래 이루어지는 이 위험한 전환은, 실질적으로 한국을 전쟁의 최전선으로 밀어넣는 행위에 다름 아니다.

이제 우리에게 필요한 것은 맹목적인 동맹 강화가 아니라, 국익과 평화를 지키기 위한 철저한 재검토와 전략적 거리두기다.

2. 트럼프의 대중국 전략과 한국의 안전

1) 중국 위협론에서 중국 침공론으로: 진화하는 미국의 대중국 전략

미국이 중국 위협론을 설파하고 중국에 대한 군사적 견제에 나선 것은 꽤 오래된 일이다. 냉전 종식 이후 한동안 경제적 협력과 관리 가능한 경쟁 관계를 유지해왔지만, 특히 2010년대 중반 이후 중국의 군사력 확장과 경제·기술 분야에서의 급속한 부상은 미국에게 전략적 위협으로 인식되기 시작했다.

2022년 백악관이 발표한 국가안보전략에 따르면 중국은 "국제 질서를 재편하려는 의도를 갖고 있으며, 이를 실행할 수 있는 경제적·군사적·기술적 역량을 점점 더 갖추어 가고 있는 유일한 경쟁자"이며 "인도·태평양 지역에서 자국의 영향권을 강화하고, 세계 최강국이 되겠다는 야망"을 갖고 있다.[4]

이에 따라 미국은 '인도-태평양 전략'을 본격화하며 중국의 영향력 확대를 견제하는 데 집중해왔다. 남중국해, 대만 해협, 한반도 인근 해역 등 주요 분쟁 가능 지역에 군사력을 재배치하고, 동맹국들과의 연합훈련과 정보공유 체계를 강화하는 등 다층적 견제 전략을 펼쳐왔다.[5]

---

4) BIDEN-WHITE HOUSE(2022)
5) Congress(2023)

그러나 트럼프 2기 미국의 대중국 정책은 더욱 강경해지고 있다. 미 국방장관 헤그세스는 "우리는 공산 중국의 침략(aggression by Communist China)을 억제하는 방향으로 정책을 바꾸고 있다."는 점을 분명히 했다. 특히 "중국은 대규모 군사력 증강과 회색지대 전술 및 하이브리드 전쟁을 포함한 목표 달성을 위한 군사력 사용 의지를 강화"하고 있으며, "중국이 주변국과 전 세계에 행하는 행동을 외면할 수도, 무시할 수도 없는 시급한 문제"라고 강조했다.

무엇보다 주목해야 할 것은 "시진핑 주석이 2027년까지 대만 침공 준비를 완료하라는 지시를 했다"는 발언이다. 트럼프 정부 들어 주일미군과 주한미군 기지에 전투기를 배치하는 정책을 적극적으로 추진하는 배경일 수 있기 때문이다.[6]

'2027년 중국의 대만 침공설'이 처음 나온 것은 2021년 3월이다. 당시 데이비슨 인도태평양사령관은 미 상원 군사위원회에서 "대만은 그 전에도 분명히 중국 정부의 야망 중 하나"였다면서 "그 위협이 10년, 아니 앞으로 6년 동안 명백해질 것"이라고 발언했다.[7]

그러나 이 때만 해도 '침공'이라는 단어가 사용된 것은 아니

---

6) PENTAGON(2025)
7) USNI News(2021)

었다. '침공'이라는 단어는 2023년 CIA 국장이 처음 사용했다. 한 인터뷰에서 "시진핑이 그의 군대에 2027년까지 대만 침공(invade) 준비를 완료하라고 지시했다"고 주장했다.[8]

그 후 2027년 대만 침공설은 '부정할 수 없는 진실'이 되어 버렸다. 헤그세스 국방장관의 발언은 '2027년 대만 침공'을 기정사실로 받아들이고, 그에 기초해 정책을 추진하고 있음을 시사한다.

중국의 대만 침공설은 미국 침공설로 확대되는 양상이다. 미 공군준장 더그 위커트는 2025년 5월 미하원 군사위원회 청문회에서 중국이 대만을 침공한다면, 미국의 첨단 전투기 생산 공장도 중국의 공격을 당할 것이라는 우려를 피력했다.[9]

중국의 대만 침공설은 어디서도 확인되지 않았다. 미국 정보기관은 시진핑이 중국군에 그런 지시를 내렸다고 주장하지만, 시진핑의 해당 발언은 어디서도 발견되지 않는다. 중국이 대만에 대해 강경한 정책을 추진하고 있는 것은 사실이다. 그러나 그것은 '하나의 중국' 원칙에 반해 대만이 독립을 시도할 경우에 한정된다. 따라서 중국 대만 침공설은 '주술적 과잉 사고'(magical overthinking)라 할 수 있다.[10]

---

[8] CBS NEWS(2023)
[9] Reuters(2025a)
[10] 어맨다 몬텔(2025)

문제는 미국의 이런 과잉 사고가 한미동맹에 적용되고 있다는 점이다.

2) 미국의 위협 인식과 전쟁 개념

미 국방부는 2017년 다영역전(milti-domain war) 개념을 본격적으로 도입했다. 2017년 미국이 도입한 「국제 공역에서의 접근과 기동을 위한 합동 개념」은 "설정된 임무를 달성하기 위하여 충분한 행동 자유도를 갖춘 작전지역으로 군사력을 투사할 수 있는 능력"을 키우는 것을 목표로 한다.[11]

비슷한 시기 미 육군 및 교리 사령부는 「다영역전: 21세기 연합전투수단의 진화」라는 제목의 보고서를 작성하기도 한다.[12] 다영역전은 육군, 해군, 공군, 우주, 사이버공간에서 수행하는 전쟁개념이다. 공중과 해상에서의 작전을 강조했던 "공해전" 개념에서 모든 전투 영역에서의 작전을 강조하는 "다영역전 개념"이 도입되고 있었다.

이런 변화는 미국이 중국을 '한급 낮은 경쟁자'에서 '동등한 경쟁자'로 인식한 결과였다. 이전 시기 미국의 대중국 군사전략은 반접근지역거부(A2AD)에 초점이 맞춰져 있었다.[13] 미국

---

11) National Defense University Press(2017)
12) TRADOC(2017)
13) 반접근지역거부는 미국이 명명한 중국의 서태평양 영역 지배 전략을 일컫는다.

은 공중 전력과 해상 전력이 중심이 되는 공해전 개념을 통해 중국의 A2AD에 대응하려는 계획을 갖고 있었다. 그러나 지금 미국의 대중국 위협인식은 육해공 공간을 포함해 사이버 공간, 우주 공간으로 확대되고 있다. 즉 중국을 '동급의 위협'으로 간주하고 다영역전 개념을 도입하고 있는 것이다.[14]

최근 한미 관계를 다루는 기사에서 다영역전이라는 단어가 빈번하게 등장하고 있다. 국방부가 운영하는 국방뉴스는 2025년 3월 10일 한미군사연습 '2025 자유의 방패' 훈련을 보도하면서 "연습 시나리오와 연계해 지·해·공, 사이버, 우주 등 전 영역에 걸친 연합 야외기동훈련을 총 16건 실시"한다는 계획을 보도했다. 여기서 언급된 '지·해·공, 사이버, 우주 등 전 영역'이 바로 다영역이다. 2024년부터 시작된 한미일 군사연습 프리덤 엣지 역시 다영역 군사연습이었다.[15]

한미, 한미일 군사연습에 다영역전 개념이 적용되고 있다. 중국의 위협에 대처하는 미국의 새로운 전쟁 개념이 한미동맹과 미일동맹에 적용되고 있는 것이다. 2024년 11월 윤석열 정부가 합참에 '다영역작전부'를 신설하는 내용의 합참직제 개정안을 입법예고한 것은[16] 윤석열 정부가 미국의 다영역전 개념을 우리의 국방 정책에 도입하고 있음을 보여주는 사례이다.

---

14) 송진호, 설인효(2024)
15) 연합뉴스(2024)
16) 한겨레(2024a)

3) 연합에서 통합으로: '진화'하는 한미동맹

일반적으로 동맹은 '연합'(combine)이라는 개념으로 설명된다. 한미연합사령부, 연합작전계획 등이 그것이다. 그러나 최근 한미동맹은 '연합'에서 '통합'(integrate)으로 변하고 있다.

통합은 세 차원으로 진행된다.

첫째, 나토와 아시아 동맹의 통합이다. 2022년부터 나토 동맹과 아시아동맹을 통합하려는 움직임이 시작되었다. 나토 정상회의에 아시아 동맹국 정상들이 초청된 것이 그 신호탄이다. 이런 통합의 흐름은 '아시아판 나토' 창설을 목표로 하는 것으로 보인다. 2023년 12월 미 의회가 아시아판 나토 창설을 위한 TF 구성 법안을 제출한 바 있다.[17] 일본 이시바 시게루 총리 역시 '아시아판 나토 창설' 구상을 밝힌 바 있다.[18]

둘째, 한미동맹과 미일동맹의 통합이다. 한미일 정상은 2022년 11월 프놈펜에서, 2023년 8월 캠프 데이비드에서 회담을 갖고 한미일 군사협력을 사실상 동맹 수준으로 격상하기로 합의했다. 캠프 데이비드에서 합의한 내용에 따르면 한미일은 중국과 북한과 러시아의 위협에 대처하며, 한미일 협력은 인도태평

---

17) 연합뉴스(2023)
18) 이시바 시게루는 일본 차기 총리로 당선된 후 "아시아판 북대서양조약기구를 창설해야 한다"라고 주장했다. 동아일보(2024)

양을 넘어 전지구적 범위로 확대되어야 한다.[19] 2024년 7월엔 한미일 안보협력 프레임워크에 서명함으로써 군사협력을 제도화하고 있다.[20]

셋째, 미국의 핵전력과 한국의 재래식 전력의 통합(CNI)을 추진하고 있다. 미 합참이 2019년 발간한 문서는 "핵무기는 전략적 억제 도구이면서도 제한적 상황에서 전술적 사용도 가능"하다고 하면서 "핵무기와 재래식 전력을 분리된 도구로 여겼던 과거의 인식에서 벗어나 현대전에서는 통합적으로 사용"돼야 한다고 주장했다.[21] 2023년 4월 한미 정상회담에서 워싱턴 선언이 발표되고, 여기서 핵협의그룹(NCG)를 창설하기로 합의했다. 2023년 7월 1차 열린 NCG 회의에서 "미국 핵 작전에 대한 한국의 비핵 전력 지원을 위한 공동 기획 및 실행방안을 강구"하기로 합의했다.[22] 2024년 6월 열린 3차 회의에서는 "△NCG 지침, △보안 및 정보공유 절차, △위기 및 유사시 핵협의 및 소통 절차, △핵 및 전략기획, △한미 핵 및 재래식 통합, △전략적 메시지, △연습·시뮬레이션·훈련·투자 활동, △위험감소 조치 등을 포함하는 NCG 과업의 실질적인 진전을 높이 평가"하면서 "한미 핵작전 지침"을 합의했다.[23]

---

19) 대한민국정책브리핑(2023)
20) VOA(2024)
21) Joint Chiefs of Staff(2019)
22) 외교부(2023)
23) 대한민국정책브리핑(2024)

아래는 한미핵작전 지침에 관한 공동성명 중 일부이다.[24]

> 윤 대통령과 바이든 대통령은 한미 국방부 간「한미 한반도 핵억제 핵작전 지침(이하 '공동지침 문서')」서명으로 증명된 NCG 첫해에 거둔 괄목할만 한 성과를 치하하고 승인한다. 양 정상은 '공동지침 문서'가 한미 일체형 확 장억제 협력을 강화하는 공고한 토대를 제공한다는 점을 강조하였다. '공동 지침 문서'는 신뢰 가능하고 효과적인 동맹의 핵 억제 정책 및 태세를 유지 하고 강화하는 데 있어 한미동맹의 정책 및 군사 당국에 지침을 제공한다. 양 정상은 △보안절차 및 정보공유 확대, △위기 및 유사시 핵 협의 절차, △핵 및 전략기획, △한미 핵·재래식 통합을 통한 유사시 미국 핵 작전에 대한 한 국 재래식 지원, △전략적 메시지, △연습·시뮬레이션·훈련·투자 활동, △위 험감소 조치 등을 포함하는 NCG 과업의 신속한 진전을 계속 이루어나갈 필 요성을 재강조하였다.

윤석열 대통령의 탄핵 심판이 진행되던 2025년 1월 열린 4차 회의에서는 "대한민국 전략사령부, 한미연합군사령부, 주한미 군, 미 인도태평양사령부, 미 전략사령부 등 방위기관들이 개 발한 핵-재래식통합 관련 업무의 진전을 높이 평가했으며, 신 설된 한국 전략사령부의 역량과 계획 수립이 동맹의 통합 방위 태세와 긴밀히 연결되도록 협력하고 있다"라는 내용의 공동보 도문이 발표되었다.[25]

2024년 10월 1일 대한민국 전략사령부가 창설된 것도 미국 의 새로운 국방정책에 윤석열 정부가 적극 동참하고 있음을 보 여주는 사례라 할 수 있겠다.

---

24) 외교부(2024)
25) 대한민국정책브리핑(2025a)

4) 전쟁의 시대 그리고 한미 '제로섬' 동맹

　3년 넘게 지속되는 러우 전쟁을 종결하기 위한 협상이 시작되었으나 쉽게 타결될 조짐이 보이지 않는다. 러시아-우크라이나 사이의 간극이 너무 크다. 러시아는 자신이 점령하고 있는 돈바스 지역 등에서의 철수를 원하지 않는다. 그러나 우크라이나는 그 지역의 반환을 요구한다. 우크라이나는 러시아의 위협에 대처하기 위해 나토 가입을 원한다. 그러나 러시아는 우크라이나의 나토 가입을 용인할 수 없다.[26]

　중동 지역 역시 전쟁이 확대되는 양상이다. 이스라엘과 하마스 사이의 정전 협정은 사실상 폐기되었고,[27] 이스라엘과 이란과의 전쟁이 시작되었다.[28]

　'3차 세계대전'이라는 표현이 심심찮게 등장한다. 미국과 유럽의 상당히 많은 사람들은 "5~10년 내 3차 세계대전이 발발할 수 있다"고 내다본다. 프랑스인 55%, 미국인 45%가 그런 우려를 갖고 있다. 그 중 10%는 '3차 대전 가능성이 매우 높다'고 응답했다. 3차 대전이 발발할 가능성이 낮다는 응답은 28~42%에 불과했다.[29]

---

26) BBC(2025a))
27) The Guardian(2025a)
28) CNN(2025)
29) YOUGOV(2025)

〈그림 1〉

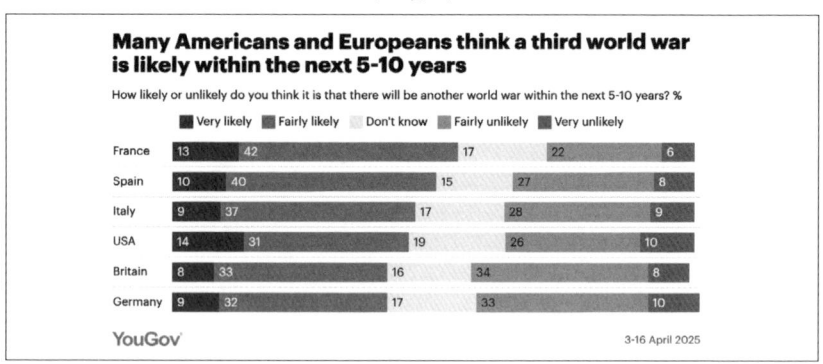

스톡홀름국제평화연구소(SIPRI)의 댄 스미스(Dan Smith)는 "우리는 인류 역사상 가장 위험한 시기 중 하나로 접어들고 있다."라고 경고했고[30] 프랑스에서 출간된 "3차 세계대전은 이미 시작되었다"는 제목의 책이 한국에서 번역되어 나왔다.[31] 월스트리트 저널은 2024년 12월 13일 "제3차 세계대전이 이미 시작되었는가?"라는 에세이 기사를 냈고,[32] 가디언 역시 2025년 5월 10일 "우리는 또 다른 세계대전으로 치닫고 있는가? 아니면 이미 시작되었는가?"라는 도발적인 질문을 던졌다.[33]

현재의 불안정한 국제질서가 3차 세계대전으로까지 비화되지 않는다 하더라도, 전쟁의 시대인 것은 분명해 보인다. 러시아-우크라이나 전쟁이 시작되었던 2022년 9월 열린 유엔 총회

---

30) SIPRI(2023)
31) 엠마누엘 토드(2022)
32) Wall Street Journal(2024)
33) The Guardian(2025b)

의 주제는 "분수령의 순간"(A watershed moment)이었다.[34]

미국의 대중국 전략 역시 '분수령'을 넘고 있는 것으로 보인다. 다영역전, 핵무기와 재래식 무기의 통합 등을 본격적으로 추진하고 있다. 또한 미국은 자신의 국방정책을 동맹국과 함께 추진하기 위해 동맹의 통합, 미국의 핵과 동맹국의 재래식 무기의 통합을 추진하고 있다.

트럼프 정부 들어와 이런 방향성은 더욱 노골화, 표면화되고 있는 양상이다. 한국에 대한 '항공모함' 발언이 나오고, 주일미군 기지와 주한미군 기지에 전략 무기를 상시배치하고, 미국과 일본 국방부장관이 '하나의 전장'을 논의하는 등 군사기지화가 본격적으로 추진되고 있다.

동맹은 안보를 확보하기 위한 수단이다. 최근 변하는 한미동맹이 과연 한국의 안보를 지키기 위한 수단으로 작용하고 있는지 냉정한 평가가 필요한 때이다.

한국에 미국의 전략 무기가 전개되고, 미국의 핵전력을 한국의 재래식 전력이 지원하는 형태가 완성된다면 그리고 그런 상황에서 대만 관련한 미국과 중국의 군사적 긴장이 격화된다면 한국의 안보는 지켜지는 것이 아니라 위태로워진다. 만약 대만

---

34) UN(2022)

유사시 주한미군이 중국과의 전투를 위해 출동한다면 주한미군 기지는 대중국 전쟁의 발진기지가 된다. 만약 한국군이 미국의 요청에 의해 출동한다면 한국군 기지가 발진기지가 된다. 과연 이런 사태는 우리의 안보를 증진할 것인가 아니면 취약하게 할 것인가.

어쩌면 한미동맹은 '제로섬' 동맹으로 변하고 있는지도 모른다. 미국의 안보를 위한 동맹 강화는 우리의 안보를 취약하게 만드는 결과가 되는 것이다.

3. 한국이 처한 사중 안보 위기

한국은 더 어려운 처지로 몰리고 있다. 한국은 4중의 위기에 빠져 있다고 해도 과언이 아니다. 남북 관계 위기, 북미 관계 위기, 대만 문제 위기, 방위비 증액 위기가 그것이다.

1) 남북 관계 위기

남북관계가 직면한 위기는 군사 충돌의 위기이다. 지난해 10월 무인기를 평양 상공에 침투시키는 등 윤석열 정부가 추진했던 위험한 군사행동이 북한이 반응하지 않아 군사 충돌로 비화되지 않았지만, 아찔했던 순간들이 아닐 수 없었다.

군사충돌의 위기에서 벗어나기 위해서는 남북 대화가 복원되어야 하나 여의치 않다. 이재명 대통령 역시 대선 후보 시절 "남북 정상회담 당연히 해야 하나 지금상태로는 매우 어렵다"[35]면서 남북 관계 현실을 지적한 바 있다.

다행히 이재명 정부 들어와 대북 확성기 방송이 중단되고, 북한도 여기에 화답하여 대남 확성기 방송을 중단하는 등 상호 긍정적인 조치가 취해지고 있다. 그러나 그런 조치들이 긴장완화로 가기 위해서는 여전히 넘어야 할 산들이 많은 것 역시 현실이다.

북한의 국가 이미지가 지원과 협력 대상보다 경계와 적대 대상으로 보는 시각이 더 많은 것[36] 역시 새로운 정부가 적극적인 대북 정책을 추진하는 데 장애요인이 될 것이다.

〈그림 2〉 북한의 국가 이미지: 2014~2024

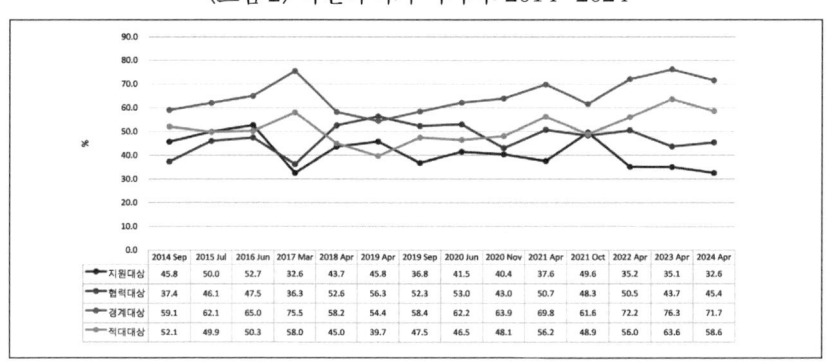

---

35) 연합뉴스(2025a)
36) 통일연구원(2024)

한반도 비핵화 문제 역시 남북 대화의 기회를 차단하는 악재로 작용할 가능성이 높다. 이재명 대통령은 중국 시진핑 주석과의 전화통화에서 한반도 비핵화에서 중국의 건설적 역할을 당부했다.[37] 그러나 북한은 지난 4월 9일 "이미 사문화된 '비핵화' 개념을 부활시켜보려고 시도하는 것 그 자체도 곧 조선민주주의인민공화국의 주권을 부정하고 헌법 포기, 제도 포기를 강요하는 가장 적대적인 행위"라고 규정한 바 있다.(경향신문, 2025.4.9.)[38]

2) 북미 관계 위기

북미 관계 위기는 두 차원에서 고조되고 있다. 첫째, 군사적 대결이 심화되고 있다. 한미군사연습, 전략자산 전개는 유사 이래 최대를 기록하고 있다. 트럼프는 2기 정부 취임 후 북한과의 대화를 강조하고 있지만 이미 미국에 대한 신뢰를 접은 북한이 트럼프의 대화 제의에 화답할지 의문이다.

다음 페이지 그림은 필자가 국방부 발표와 언론 보도를 통해 확인한 2024년 한미, 한미일 군사연습 현황이다(한국군 독자훈련 제외). 흰색 바탕은 연습이 없는 날, 옅은 색 바탕은 한 개의 연습이, 진한 색 바탕은 2개 이상의 연습이 진행된 날이다. 365일 중 276일 동안 군사연습이 진행되었다. 북한은 과거에도

---

37) 대한민국정책브리핑(2025b)
38) 경향신문(2025)

한미군사연습을 대화 재개의 전제 조건으로 이야기해왔던 점을 감안하면, 북미 대화 재개가 여의치 않음을 전망할 수 있다.

〈그림 3〉

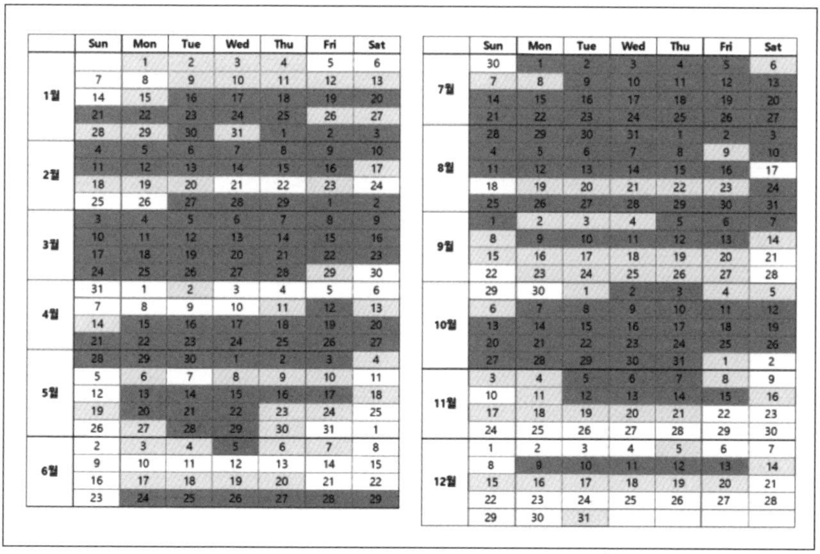

비핵화 문제 역시 북미 대화 재개에 걸림돌이 될 가능성이 높다. 트럼프 대통령은 취임식에서 북한을 핵보유국으로 지칭하는 듯한 "뉴클레어 파워"라는 발언을 하였지만, 그 발언의 지의는 정확하게 확인되지 않고 있다.(BBC, 2025.1.22.)[39] 오히려 트럼프는 미일 정상회담 공동성명에 '완전한 북한 비핵화'라는 문구를 삽입했다.[40] '완전한 북한 비핵화'는 2018년 싱가포르 정상회담 당시 합의한 '한반도 비핵화'보다 후퇴한 것이다. '북한 비핵화'는 미국의 상응조치보다는 북한의 선제적 비핵화를

---

39) BBC(2025b)
40) 연합뉴스(2025b)

요구하는 용어이기 때문이다.

트럼프 대통령이 '역(逆) 키신저 전략'을 추진하고 있기 때문에 적극적인 대북 관계 개선에 나설 것이라는 추측도 있다. 역키신저 전략은 미국이 러시아, 북한 등과 관계를 개선해 중국을 고립시키는 전략을 의미한다. 공급망에서 중국과의 관계 단절을 의미하는 디커플링 개념이 안보 분야에 적용된 개념으로 이해하면 될 것이다.

그러나 최근 중러 관계는 더욱 강화되고 있다. 러시아의 전승절 기념행사에 시진핑 주석이 참여했고, 중러 정상은 "양국 관계가 역사상 최고 수준에 도달했다"고 선언했고, 푸틴은 "중국과 함께 역사적 진실을 지키고 신나치주의와 군국주의에 맞서 싸울 것"이라고 강조했고, 시진핑 역시 "패권적 괴롭힘에 맞서 러시아와 함께 하겠다"는 의지를 피력했다.[41]

북러 관계 역시 더욱 밀착하고 있다. 지난 3월 북한을 방문했던 러시아 국가안보회의 서기인 쇼이구가 두달 만인 5월 또 다시 방북했다.(RFA, 2025.6.5.)[42] 6월에도 쇼이구가 다시 방북하여 지뢰 제거 위한 공병 병력 1,000명, 인프라 재건 위한 건설 병력 5,000명을 파견하기로 한 사실이 전해진다.[43] 제반 사실은 북미 대화가 재개될 여건이 쉽지 않음을 보여준다.

---

41) ALJAZEERA(2025)　　42) RFA(2025)　　43) BBC(2025c)

3) 대만 관련 위기

한국이 미국의 대중국 군사기지화가 되었을 경우 대만 위기는 곧 우리의 직접적인 안보 위기가 될 수 있다. 중국이 주한미군 기지를 공격할 가능성이 배제할 수 없기 때문이다. 만약 한국군이 주한미군과 함께 행동한다면 우리의 안보는 더욱 취약해 진다. 이런 상황을 길게 설명할 필요는 없겠다.

우리가 직면한 대만 관련 위기는 외교 영역으로도 확장될 수 있다. 미국은 '하나의 중국' 원칙을 수용하고 중국과 수교를 맺었다. 1979년 미중 수교 공동성명은 '하나의 중국' 원칙에 대해 다음과 같이 합의했다. 대문 문제를 이해하는 중요한 문서이므로 영문본과[44] 그 번역본(Chat GPT 사용)을 함께 소개한다.

Joint Communique of the United States of America and the People's Republic of China
January 1, 1979

(The communique was released on December 15, 1978, in Washington and Beijing.)

1. The United States of America and the People's Republic of China have agreed to recognize each other and to establish diplomatic relations as of January 1, 1979.

2. The United States of America recognizes the Government of the People's Republic of China as the sole legal Government of China. Within this context, the people of the United States will maintain cultural, commercial, and other unofficial relations with the people of Taiwan.

〈중략〉

7. The Government of the United States of America acknowledges the Chinese position that there is but one China and Taiwan is part of China.

〈중략〉

The United States of America and the People's Republic of China will exchange Ambassadors and establish Embassies on March 1, 1979.

---

44) Taiwan Documents Project, 「Joint Communique of the United States of America and the People's Republic of China」

> **미합중국과 중화인민공화국 공동성명** 1979년 1월 1일
>
> (이 성명은 1978년 12월 15일 워싱턴과 베이징에서 발표되었다.)
> 1. 미합중국과 중화인민공화국은 서로를 승인하고 1979년 1월 1일부터 외교관계를 수립하기로 합의하였다.
> 2. 미합중국은 중화인민공화국 정부를 중국의 유일한 합법 정부로 인정한다. 이러한 맥락 속에서, 미합중국 국민들은 대만 국민들과 문화적, 상업적, 기타 비공식적인 관계를 유지할 것이다.
>
> 〈중략〉
>
> 7. 미합중국 정부는 "하나의 중국"이라는 중국 측 입장을 인정하며, 대만이 중국의 일부라는 입장을 인정한다.
>
> 〈중략〉
>
> 미합중국과 중화인민공화국은 1979년 3월 1일에 대사를 교환하고 대사관을 설치할 것이다.

미국은 중화인민공화국이 중국의 유일한 합법정부임을 승인(recognizes)했다.(2조) 또한 미국은 '중국은 하나의 중국이 존재할 뿐이며, 대만은 중국의 일부'라는 중국의 입장을 인정(acknowledges)했다.(7조) 2조와 7조의 동사가 다르다는 점이 확인된다. 미국과 일부 전문가들은 7조에서 '승인'이 아닌 '인정'을 의미하는 동사를 사용했다는 점을 들어 대만이 중화인민공화국의 일부라는 중국의 입장에 동의하거나 승인한 것이 아니라고 주장한다. 즉 미국이 대만의 독립을 주장하는 것이 미중 수교 공동성명을 위반한 것이 아니라는 주장이다. 7조만 보면 가능한 주장이다.

그러나 2조의 두 번째 문장에 주목할 필요가 있다. 미국은 "이러한 맥락 속에서" 즉 중화인민공화국이 중국의 유일한 정부라는 맥락속에서 '미국인들'이 '대만인들'과 '문화적, 상업적, 기타 비공식적인 관계를 유지'한다고 적었다. 이 문장의 주어는

'미국 정부'가 아니라 '미국인'이다. '미국인'이 관계를 맺는 대상 역시 '대만 정부'가 아니라 '대만인'이다. 미국 정부와 대만 정부는 공식적인 관계를 갖지 않는다. 미국 정부가 대만의 독립을 주장하는 것은 정치적 문제이다. 그런 정치적 문제는 공동성명에 삽입조차 되지 않았다. 즉 미국은 대만이 중화인민공화국의 일부라는 중국의 입장을 간접적이면서 비공식적으로 동의한 것으로 보는 것이 타당하다. 즉 2조와 7조를 종합하면 미국은 대만이 중국의 일부라는 사실을 사실상 수용했다고 해석하는 것이 타당성을 갖는다.

우리 정부 역시 1992년 중국과의 수교 당시 '하나의 중국' 원칙을 받아들였다.[45] 미중 공동성명과 유사한 표현 즉 '유일 합법 정부 승인', '중국의 입장 존중'이라는 표현이 눈에 띈다. 따

---

1. 대한민국 정부와 중화인민공화국 정부는 양국 국민의 이익과 염원에 부응하여 1992년 8월24일자로 상호승인 하고 대사급 외교관계를 수립하기로 결정하였다.
2. 대한민국 정부와 중화인민공화국 정부는 유엔헌장의 원칙들과 주권 및 영토보전의 상호존중, 상호불가침, 상호내정 불간섭 평등과 호혜, 그리고 평화공존의 원칙에 입각하여 항구적인 선린우호협력 관계를 발전시켜 나갈 것에 합의한다.
3. 대한민국 정부는 중화인민공화국정부를 중국의 유일 합법 정부로 승인하며, 오직 하나의 중국만이 있고 대만은 중국의 일부분이라는 중국의 입장을 존중한다.
4. 대한민군정부와 중화인민공화국정부는 양국간의 수교가 한반도 정세의 완화와 안정, 그리고 아시아의 평화와 안정에 기여할 것으로 확신한다.
5. 중화인민공화국 정부는 한반도가 조기에 평화적으로 통일되는 것이 한민족의 염원임을 존중하고, 한반도가 한민족에 의해 평화적으로 통일되는 것을 지지한다.
6. 대한민국 정부와 중화인민공화국정부는 1961년의 외교관계에 관한 빈 협약에 따라 각자의 수도에 상대방의 대사관 개설과 공무수행에 필요한 모든 지원을 제공하고 빠른 시일내에 대사를 상호 교환하기로 합의한다.

1992년 8월24일 북경

---

45) 중앙일보(1982)

라서 동일한 해석이 가능하다.

트럼프 정부는 '하나의 중국' 원칙에서 벗어나는 정책을 보다 분명히 하고 있다. 트럼프 2기 출범 후 미 국무부 홈페이지는 "대만 독립을 지지하지 않는다"라는 문구를 삭제했다. 트럼프 정부의 대만 관련 정책의 단면을 파악할 수 있는 대목이다.[46] 윤석열 정부의 대러 제재 참여에서 보듯이, 미러, 미중 전략 경쟁이 심화되는 가운데 우리 정부는 미국의 대외 정책에 동조하는 현상을 보였다. 비록 정권이 교체되고 이재명 정부가 들어섰지만, 미국에서도 대중국 강경 정책을 구사하는 트럼프 정부가 등장했다. 트럼프가 만약 대만 독립을 지지하는 외교 정책을 한국에 주문한다면, 과연 이재명 정부는 어떤 입장을 피력할 것인가. 설령 이재명 정부가 대만 독립에 동참하지 않는 선택을 하더라도 한미 사이의 외교적 긴장, 그리고 이재명 정부의 외교 정책에 대한 국내 반대 여론이 형성될 가능성을 배제할 수 없다.

4) 방위비 증액 위기

트럼프의 방위비 증액 압박은 두 차원에서 이뤄질 것으로 전망된다. 첫째, 한국의 방위비분담금 증액 압박이다. 트럼프는 이미 대선 시기부터 한국을 '머니 머신'이라고 지칭하며 "내가 대통령이었으면 100억 달러를 받았을 것"이라며 방위비분담

---

46) 정현욱(2025)
47) 한겨레(2024b)

금 증액 의사를 피력했다.[47] 2025년 4월 한덕수 대통령 권한대행과 통화를 마친 후 "한국은 내 첫 임기 때 수십억 달러의 군사적 비용 지불을 시작했지만, '졸린 조 바이든'은 알 수 없는 이유로 계약을 해지했다"면서 "그것은 모두에게 충격이었다"고 자신의 소셜미디어에 올렸다. 물론 트럼프 1기 때 우리 정부가 수십억 달러의 군사적 비용 지불을 시작했다는 트럼프의 발언은 사실이 아니다.[48] 이런 '거짓 발언'은 방위비분담금 증액에 대한 트럼프의 집착을 보여준다.

한편 트럼프 정부는 호주 국방비를 GDP 대비 3.5%로 증액할 것을 호주 정부에 요청했다. 중국을 견제하기 위해 국방비 증액이 필요하다는 논리였다. 앨버니지 호주 총리는 "우리가 결정"할 사안이라며 일축했다. 이미 호주 정부는 향후 4년간 국방 예산을 106억 호주 달러(약 9조 4천억 원)로 증액하는 등 현재 GDP의 2% 수준인 국방비를 2034년까지 GDP 수준의 2.4% 수준으로 늘리는 계획을 추진 중이다.[49] 비록 트럼프가 원하는 수준까지는 아니더라도 호주 정부는 국방비를 늘리고 있는 셈이다.

트럼프 정부는 나토 동맹국들과 일본에도 방위비 증액을 요구했다.[50] 유럽연합은 3월 6일 벨기에 브뤼셀에서 열린 특별정상

---

48) BBC(2025d)
49) 노컷뉴스(2025)
50) VOA(2025)

회의에서 만장일치로 "유럽 안보와 방위에 대한 지출을 계속해서 막대하게 증가시켜야 한다"는 내용의 공동성명을 채택했다.[51] 3월 19일 유럽연합 집행위원장은 '대비태세 2030(Readiness 2030) 로드맵'을 발표했다. 2030년까지 최대 8000억 유로(약 1229조원) 국방비를 지출한다는 계획이다.[52]

미일 정상회담에서 일본 총리 이시다 시게루는 2027년까지 일본 방위비를 2배로 늘리겠다고 약속했다. 물론 일본의 방위비증액 추세는 트럼프 2기 정부 출범 후의 현상은 아니다. 일본은 2022년 말에 채택된 세 가지 안보 문서를 개정한 후 국방비를 증액하고 있었다.[53]

따라서 유럽연합과 일본의 방위비 지출이 트럼프의 압력에 의한 결과라고만 볼 수는 없다. 자체의 계획에 따른 방위비 증액의 측면이 있다. 그러나 유럽이 방위비를 올리는 데는 미국의 유럽 방위 포기에 대한 우려도 작용했다. 일본 총리가 트럼프를 만난 자리에서 2027년까지 방위비를 2배로 늘리겠다는 발언을 한 것은 트럼프의 압력이 작용한 측면도 존재한다.

이런 추세를 감안하면 트럼프는 6월 4일 출범한 이재명 정부를 향해서도 방위비 증액을 요구할 가능성이 있다. 아직 트럼

---

51) 중앙일보(2025b)
52) 한겨레(2025a)
53) 글로벌이코노믹(2025)

프 정부로부터 직접적인 발언은 나오지 않고 있다. 그러나 미 상원 외교위원장은 한겨레와의 서면 인터뷰에서 "우리가 직면한 세계 평화와 안정을 저해하려는 적들로부터의 공동 위협은 미국과 동맹국 모두에게 국방비 증액을 요구한다. 한국 역시 그렇게 하기를 권장한다"고 말한 바 있다.(한겨레, 2025.6.11.)[54]

4. 대응 전략과 과제

1) 최근 한미동맹 변화와 한미상호방위조약의 불일치성

최근 보여지는 한미동맹의 변화는 한미동맹 조약의 범위를 넘어서고 있다. 첫째, 조약의 지역적 범위를 넘어 동맹이 확대되고 있다. 조약은 "태평양 지역에 있어서의 (동맹국에 대한) 무력공격"을 조약의 지역적 범위로 설정했다. 그러나 최근 미국은 한미 양국이 한반도 외 지역에서도 공동 작전을 전개할 것을 요구하고 있다. 이는 한미동맹의 지역적 범위를 넘는다.

> 한미상호방위조약 제3조
> 각 당사국은 他당사국의 행정지배하에 있는 영토와 각 당사국이 他당사국의 행정지배하에 합법적으로 들어갔다고 인정하는 금후의 영토에 있어서 他당사국에 대한 태평양지역에 있어서의 무력공격을 자국의 평화와 안전을 위태롭게 하는 것이라고 인정하고 공통한 위험에 대처하기 위해 각자의 헌법상의 수속에 따라 행동할 것은 선언한다.

---

54) 한겨레(2025b)

둘째, 최근 한미동맹의 변화는 동맹의 원칙과 동맹이 추구하는 평화적 목적에 위배된다. 한미동맹이 추구하는 평화적 목적은 서문에 적시되어 있다. 서문은 '평화적 생활', '태평양지역에서의 평화 기구 공고화, 지역적 안전보장조직' 등을 동맹이 추구해야 하는 평화적 목적으로 설정했다. 단지 '무력 공격이 있을 경우 공동의 군사행동'만을 담고 있지 않다. 조약 1조는 동맹의 원칙으로 '평화적 수단에 의한 해결, 무력 행사 자제'를 명시하고 있다. 중국의 위협에 대처하는 미국의 군사 전략인 '다영역전'이 한미 동맹과 한미일 군사협력에 적용되고, 미국의 핵작전을 한국의 재래식 전력이 지원하고, 한미·한미일 군사연습이 남중국해 일대에서 진행되고, 한국과 일본에 미국의 전략자산이 전진배치되는 최근의 변화는 분명 동맹의 목적과 원칙에 위배되는 측면이 있다.

> 본 조약의 당사국은 모든 국민과 모든 정부와 평화적으로 생활하고저 하는 희망을 재확인하며, 또한 태평양지역에 있어서의 평화기구를 공고히 할 것을 희망하고, 당사국 중 어느 일국이 태평양지역에 있어서 고립하여 있다는 환각을 어떠한 잠재적 침략자도 가지지 않도록 외부로부터의 무력공격에 대하여 자신을 방위하고저 하는 공통의 결의를 공공연히 또한 정식으로 선언할 것을 희망하고, 또한 태평양지역에 있어서 더욱 포괄적이고 효과적인 지역적 안전보장조직이 발달될 때까지 평화와 안전을 유지하고저 집단적 방위를 위한 노력을 공고히 할 것을 희망하여 다음과 같이 동의한다.
>
> 제1조 당사국은 관련될지 모르는 어떠한 국제적 분쟁이라도 국제적 평화와 안전과 정의를 위태롭게 하지 않는 방법으로 평화적 수단에 의하여 해결하고, 또한 국제적 관계에 있어서 국제연합의 목적이나 당사국이 국제연합에 대하여 부담한 의무에 배치되는 방법으로 무력으로 위협하거나 무력을 행사함을 삼갈 것을 약속한다.

한미일 군사협력 고도화 역시 한미동맹의 조약 범위를 넘어서고 있다는 지적이 가능하다. 한미일 정상회담에서 합의한

"캠프 데이비드 정신"은 "모든 영역과 인도-태평양 지역과 그 너머에 걸쳐 3국 협력을 확대하고 공동의 목표를 새로운 지평으로 높이기로 약속"했다. 또한 "우리 공동의 이익과 안보에 영향을 미치는 지역적 도전, 도발, 그리고 위협에 대한 우리의 대응을 조율하기 위해 서로 신속하게 협의"하기로 합의했다. 즉 한미일 군사협력의 범위를 "인도-태평양 지역과 그 너머"로 설정한 것이다. 따라서 한미일 합의는 한미 동맹의 지역적 범위를 넘어선다.[55]

캠프 데이비드 합의가 '사실상' 한미일 군사동맹이라는 평가가 나왔으며,[56] 민주당의 김병주 의원 역시 캠프 데이비드 합의를 "군사동맹으로 가기 위한 징검다리"라면서 한미일 '준군사동맹'이라고[57] 평가하는 이유이다.

김병주 의원이 지적한대로, "한미일 군사협력체가 강화되면 일본은 개입할 수밖에 없"다. 따라서 한미일 군사협력의 고도화는 곧 한일 군사협력의 고도화로 이어질 가능성이 크다. "한일동맹 기정사실화"라는 비판이 나오는 이유이다.(프레시안, 2024.7.30.)[58]

---

55) 주한미국대사관(2023)
56) 한겨레(2023)
57) 불교방송(2023)
58) 프레시안(2024)

2) '묻지마 동맹' 말고 '따져보는 동맹' 필요

　노벨문학상을 수상한 한강 작가는 2017년 10월 7일 뉴욕타임스에 "미국이 전쟁을 말할 때, 한국은 몸서리친다"는 제목의 글을 투고했다. "승리로 끝나는 전쟁 시나리오는 없다"는 부제가 붙은 이 기고문은 한반도 전쟁에 대해 무책임하게 떠드는 트럼프 정부를 향한 질타였다.[59]

　비슷한 시기 당시 문재인 정부의 대통령통일외교안보특보였던 문정인 연세대 교수는 "(한미)동맹을 맺는 게 전쟁을 막기 위한 것인데 동맹이 전쟁의 기제가 되는 것을 찬성하는 사람이 없을 것"이라며 "많은 사람들이 '한미동맹 깨지는 한이 있어도 전쟁은 안 된다'고 한다"고 주장했다. 트럼프의 대북 군사 옵션을 정면으로 비판한 것이다.[60]

　그러나 당시 강경화 외교부 장관은 한강의 기고문과 문정인의 주장을 비판했다. 한강의 기고문에 대해선 "작가로서 개인적인 생각이 있을 수 있지만, 표현과 역사인식에 있어서는 문제가 있다"는 의견을 피력하고 "저와 협의했더라면 올리지 말라고 조언했을 것 같다"라고 덧붙였다. 문정인의 주장에 대해서도 "적절치 않다"라고 평가했다.(연합뉴스, 2017.10.12.)[61]

---

59) New York Times(2017)
60) 동아일보(2017)
61) 연합뉴스(2017)

강경화의 입장이 '묻지마 동맹'이라면 한강이나 문정인의 입장은 '따져보는 동맹'이라고 할 수 있다. 2025년 대한민국을 살아가는 우리가 추구할 것은 '묻지마 동맹'이 아니라 '따져보는 동맹'이다.

외교의 목적은 평화를 달성하는 것이다. 국가간의 이해관계를 군사적 방법이 아닌 대화를 통해 조절하는 것이 외교이다. 1993년 노벨 평화상을 받은 넬슨 만델라(Nelson Mandela)는 "적과 평화를 이루고 싶다면, 적과 함께 힘을 합쳐야 한다"라고 말한 바 있다.[62] 1984년 노벨 평화상을 수상한 데스몬드 투투(Desmond Tutu) 역시 "평화를 원한다면, 적에게 말하세요"라고 조언했다.[63]

동맹은 적아를 구분하는 언어이다. 외교보다는 전쟁을 준비하라고 속삭이는 언어이다. 넬슨 만델라와 데스몬드 투투가 지적했듯이, 평화를 위해 필요하면 적과도 힘을 합쳐야 하고, 적에게도 말을 걸어야 한다.

평화를 원한다면 '전쟁을 속삭이는 자'(war whisperer)를 경계해야 한다. 2019년 트럼프 1기 정부의 백악관 국가안보보좌관이었던 존 볼튼을 지칭해서 처음 쓰였던 이 말은 전쟁을 부

---

62) OSCE(2012)
63) Medium(2023)

추기는 모든 세력과 인물을 상징하는 용어가 되었다.[64] 존 볼튼의 '속삭임'이 2019년 하노이 회담까지 좌초시켰다. '묻지마 동맹'은 어쩌면 전쟁을 속삭이는 동맹인지도 모른다. '묻지마 동맹'에서 '따져보는 동맹'으로 접근했을 때 평화의 문이 열릴 것이다.

3) 윤석열 정책의 폐기 혹은 재검토

가장 먼저 필요한 것은 윤석열 정부가 추진했던 외교 정책을 바로 잡는 것이다. 윤석열 정부의 대외 정책은 "묻지마 동맹"의 전형이었다. 미국의 대러 제재에 동참했고, 미국의 디커플링 정책에 합류했고, 미국의 동맹 통합 전략을 무분별하게 수용했다.

먼저, 윤석열 정부가 추진했던 한미일 군사협력을 무효화해야 한다. 캠프 데이비드 합의와 한미일 안보협력프레임워크 협력각서를 재검토해야 한다. 외교 관례상 합의 파기가 어렵다면 꼼꼼하게 따져보고 재협상을 진행해야 한다.

둘째, 미국의 핵전력과 한국의 재래식 전력을 통합(CNI)하는 계획을 중단해야 한다. CNI는 미국의 핵전력을 한국이 지원하는 것이다. CNI가 완성되면 한국군은 미국 핵전력의 부속품으로 전락하며, 우리의 안보는 치명적인 타격을 받을 것이다.

---

64) CNN(2019)

셋째, 한미군사연습의 재조정이 필요하다. 윤석열 정부 들어와 한미군사연습, 한미일 군사연습의 횟수가 상식 수준을 벗어나 확대되었다. 전략 자산의 전개 역시 빈번하게 이뤄지고 있다. 한미군사연습와 전략자산의 전개는 한반도 안보를 취약하게 하고, 남북 긴장을 격화시키는 요인이 될 것이다.

4) 대만 불개입 공식화

조국혁신당의 김준형 의원이 이미 '대만 유사시 불개입 촉구' 결의안을 발의한 상태이다. 김준형 의원실은 "한반도가 미중 대리전의 희생양이 되어서는 안된다"면서 해당 결의안을 4월 27일 발의했다. 결의안은 대만 유사시 군사적 자원이나 경제, 정치적 수단은 물론 어떤 말과 행동으로도 개입하지 않는다는 원칙을 선제적으로 천명할 것을 촉구하고, 미국 정부에 한반도 방어를 목적으로 주둔하고 있는 주한미군을 역외 분쟁에 도입하지 않겠다는 공약을 실천할 것을 촉구하는 내용을 담았다. 국회에서는 이 결의안을 조속히 통과시키고, 정부는 이 결의안의 내용으로 '대만 불개입'을 선언하는 선제 조치를 취해야 한다.

대만 불개입 선언이 한미관계에 부담을 줄 소지는 전혀 없다. 한중 수교 시 동의한 '하나의 중국' 원칙에 입각한 것이며, 한미동맹에도 부합한다. 대만 불개입 선언은 우리의 평화와 안전을 위한 주권 영역에 해당한다.

5) 한반도평화특별법의 제정

 현재의 경색된 남북 관계를 해소하기 위해 남북 신뢰를 회복하고 남북 대화와 협력을 복원하기 위한 선제적 조치를 취하는 것이 바람직하다. 그런 점에서 이재명 정부가 대북 확성기 방송 중단하는 선제 조치를 취한 것은 긍정적으로 평가할 대목이다.

 남북 관계를 평화적으로 관리하기 위한 우리 정부의 능동적 조치로 한반도평화특별법을 제정할 필요가 있다.

 한반도평화특별법은 현재의 남북 관계를 발전시키는 내용이 아니라 현재의 경색된 국면이 군사 충돌로 비화할 것을 차단하는 내용으로 제한하는 것이 현실적이다. 따라서 한반도평화특별법의 내용은 1991년 남북기본합의서 중 군사분야 관련 합의, 2018년 9월 평양에서 열린 남북정상회담에서 합의된 '9.19 판문점선언군사분야이행합의서'(9.19 군사합의)의 내용을 토대로 작성해야 한다.

 9.19 군사합의의 내용에 기초하면서도 한반도평화특별법 제정이 필요한 것은 다음과 같은 몇가지 이유 때문이다.

 첫째, 특별법의 제정은 국회와 정부의 공동 노력의 산물이다. 즉 국회와 정부의 남북 평화적 관리 의지를 대내외에 선포하는 의미를 갖는다.

둘째, 9.19 군사합의에는 담겨져 있지 않은 그러나 남북 긴장을 평화적으로 관리하는 데서 반드시 필요한 몇 가지 조치가 법률로 제정되어야 한다. 예를 들어 국가안보실에 남북 충돌을 방지하는 임무를 담당하는 '남북군사관리 전담팀'(가칭)을 두고, 이 팀은 분계선 일대 전선부대를 실시간으로 관리하는 것이 법률로 규정할 필요가 있다. 또한 전선부대와 대통령 간 핫라인 구축을 규정해야 한다. 남북 사이 우발적 군사 충돌이 발생할 경우 '비례적 대응' 원칙을 법으로 규정하고, 또한 대통령에 즉각 보고하는 체계를 구축해야 한다. '선조치 후보고'가 아닌 '선보고 후조치'하는 문제를 법으로 규정할 필요가 있다. '선보고 후조치'를 법제화해야 남북 우발적 상황이 통제 불가능한 상황으로 치닫는 것을 방지할 수 있다.

6) 기지사용료 이슈화하여 방위비 분담금 증액 압박 대처

트럼프 정부의 전략은 통상(관세)과 방위비 분담금을 '하나의 패키지'로 묶어 협상하는 것이다. 소위 안보와 통상의 연계 전략이다. 반대로 우리의 전략은 '안보와 통상의 분리'여야 한다.

특히 방위비 분담금 문제는 재협상의 대상 자체가 될 수 없음을 분명히 해야 한다. 한국과 미국은 지난해 이미 방위비 분담금특별협정 12차 협상을 타결한 바 있다. 2026년부터 적용될

협정을 2년 전에 타결한 목적 자체가 트럼프 등장에 따른 방위비 분담금 인상 요구를 일축하려는 것이었다. 최근 원활한 관세 협상을 위해 방위비 분담금에서 양보하자는 주장이 제기되긴 하지만 고려할 가치가 없는 주장일 뿐이다. 이미 타결한 협상은 특별한 이유가 발생하지 않는 한 재협상을 하지 않는 것이 원칙이다. 미국의 새로운 대통령 트럼프의 요구는 결코 재협상에 응해야 할 특별한 이유가 될 수 없다.

그러나 트럼프는 방위비 분담금 인상을 줄기차게 요구하고 있어 그에 대한 대비책은 갖고 있어야 한다. 방위비 분담금 재협상에 대한 대비책은 두 가지라고 할 수 있다. 첫째, 우리는 주한미군 규모 감축과 방위비 분담금을 연동해서 주장할 필요가 있다. 즉 주한미군의 감축 시 방위비 분담금 축소를 요구하는 것이다. 지난 5월 주한미군 4,500명 감축설이 언론에 보도된 바 있다. 미 국방부는 "사실이 아니"라고 일축했지만, 아니 땐 굴뚝에 연기나랴 싶다. 국제질서가 불안정해지고 특히 중동 정세가 복잡해지면서 미국은 중동 지역으로 미군을 추가 배치하려는 움직임을 보이고 있다. 주한미군 패트리엇 포대와 더불어 500여명의 대대급 병력이 중동으로 이동했다는 한국일보 단독 보도도 있었다.[65] 주한미군의 감축은 방위비 분담금 인하 재협상을 요구할 수 있는 특별한 이유에 해당한다.

---

65) 한국일보(2025)

둘째, 주한미군의 기지사용료를 요구하는 것이다. 미국은 주한미군을 대중국 전진배치 전력으로 상정하고, 중국의 위협에 대처하기 위한 성격으로 변화시키고 있는 것은 주지의 사실이다. 성주 사드 기지 역시 미국 본토 방어를 위한 대중국용이라는 것이 확인되었다. 즉 주한미군이 과거와 달리 '북한 방어'에 국한하지 않고 있다는 것은 자명한 사실이다. 우리 정부가 우리의 안보와 직결된 '북한 방어'외 주한미군 기지의 사용료를 요구하는 것은 상식에 해당한다. 미국측이 대만 유사시 주한미군의 출동을 공공연하게 이야기하고 있는 만큼, 이제 우리는 미국에 기지사용료를 요구할 때가 되었다. 미국이 자신의 국방목표를 위해 주한미군의 성격을 대중국용으로 전환하고 있는 이상 주한미군 기지를 무상으로 제공할 이유는 없는 것이다.

5. 결론

새로 출범한 이재명 정부가 표방하는 것은 실용 외교이다. 취임사에서 "국익 중심의 실용 외교를 통해 글로벌 경제·안보 환경 대전환의 위기를 국익 극대화의 기회로 만들겠다"고 선언하고, "주변국 관계도 국익과 실용의 관점에서 접근"하겠다는 외교 정책의 방향도 제시했다.[66]

---

66) 외교부(2025)

한편 조기 대선이 진행 중이던 5월 9일 시민사회단체로 구성된 '광장대선 연합정치 시민연대'와 민주당, 조국혁신당, 진보당, 기본소득당, 사회민주당 등 야 5당은 공동선언문(이하 '5.9 공동선언')을 채택하고, "극우내란 세력을 청산하고, 사회대개혁의 과제를 추진"하기 위해 이재명 후보를 광장대선후보로 선정하고 그를 지지하기로 합의했다. 또한 시민사회와 제정당이 참여하는 거버넌스 체계인 '사회대개혁위원회'를 출범시키기로 합의하고, 사회대개혁위원회가 심층협의해야 할 10가지 정책과제를 제시했다. 그중 8번째 정책과제가 바로 "남북 간 평화·협력체계를 구축하고 국익 중심의 실용 외교를 복원하며, 호혜·평등의 국제질서 형성에 앞장서는 등 평화와 주권이 실현되는 과제"이다.

본 원고에서 제안하는 '따져보는 동맹', '윤석열 외교정책의 재검토', '대만 불개입 선언', '안보와 통상의 분리 대응'과 5.9 공동선언의 사회대개혁 8번째 정책 과제는 상충하지 않는다. 이재명 정부가 적극적으로 받아들이고 추진해야 할 정책들이라고 할 수 있다. 이재명 정부는 트럼프의 안보 압력에 당당히 맞서야 한다. 그것이 실용 외교이고, 평화 주권의 회복이다.

참고문헌

송진호, 설인효(2024), "다영역전투(Multi-Domain Battle) 개념의 형성 및 발전과정에 관한 연구", 『한국군사』 vol. 16.

어맨다 몬텔(2025), 『합리적 망상의 시대』(아르테).

엠마누엘 토드(2025), 제3차 세계대전은 이미 시작되었다(이아소).

정현욱(2025), "트럼프 2기 행정부의 '대만문제' 접근과 전략적 함의"(국가안보전략연구소). https://www.inss.re.kr/upload/bbs/BBSA05/202503/F20250321164226443.pdf

경향신문(2025).
https://www.khan.co.kr/article/202504091732001

글로벌이코노믹(2025).
https://www.g-enews.com/article/Global-Biz/2025/04/2025041619375293550c8c1c064d_1

노컷뉴스(2025).
https://www.nocutnews.co.kr/news/6349186

대한민국정책브리핑(2023).
https://www.korea.kr/news/policyNewsView.do?newsId=148920087

대한민국정책브리핑(2024).
https://www.korea.kr/briefing/pressReleaseView.do?newsId=156634883

대한민국정책브리핑(2025a).
https://www.korea.kr/briefing/pressReleaseView.do?newsId=156669901

대한민국정책브리핑(2025b).
https://www.korea.kr/news/policyNewsView.do?newsId=148944198

동아일보(2017).
https://www.donga.com/news/Politics/article/all/20170928/86566261/1

동아일보(2024).
https://www.donga.com/news/Inter/article/all/20240929/130124102/1

불교방송(2023).
https://news.bbsi.co.kr/news/articleView.html?idxno=3121992

연합뉴스(2017).
https://www.yna.co.kr/view/AKR20171012157800001

연합뉴스(2023).
https://www.yna.co.kr/view/AKR20231211001900071

연합뉴스(2024).
https://www.yna.co.kr/view/AKR20240627098100504

연합뉴스(2025a).
https://www.yna.co.kr/view/AKR20250526080300001

연합뉴스(2025b).
https://www.yna.co.kr/view/AKR20250208014751071

외교부(2023).
https://www.mofa.go.kr/www/brd/m_3973/view.do?seq=367954&srchFr=&srchTo=&srchWord=&srchTp=&multi_itm_seq=0&itm_seq_1=0&itm_seq_2=0&company_cd=&company_nm=

외교부(2024).
https://www.mofa.go.kr/www/brd/m_26779/view.do?seq=601

외교부(2025).
 https://www.mofa.go.kr/us-ko/brd/m_4487/view.do?seq=1347789

주한미국대사관.
https://kr.usembassy.gov/ko/081923-the-spirit-of-camp-david-joint-statement-of-japan-the-republic-of-korea-and-the-united-states-ko/

중앙일보(1982).
https://www.joongang.co.kr/article/2739332

중앙일보(2025a).
https://www.joongang.co.kr/article/25341269

중앙일보(2025b).
https://www.joongang.co.kr/article/25318969

통일연구원(2024).
https://www.kinu.or.kr/main/module/report/view.do?idx=125387&category=51&nav_code=mai1674786536

프레시안(2024).
https://www.pressian.com/pages/articles/2024072916592494185

한겨레(2023).
 https://www.hani.co.kr/arti/politics/politics_general/1105032.html

한겨레(2024a).
https://www.hani.co.kr/arti/politics/defense/1168758.html

한겨레(2024b).
https://www.hani.co.kr/arti/international/america/1162753.html

한겨레(2025a).
https://www.hani.co.kr/arti/international/international_general/1187721.html

한겨레(2025b).
https://www.hani.co.kr/arti/international/america/1202115.html

한국일보(2025).
https://www.hankookilbo.com/News/Read/A2025052911280001323

ALJAZEERA(2025).
https://www.aljazeera.com/news/2025/5/8/xi-vows-to-stand-with-dear-friend-putin-against-hegemonic-bullying

BBC(2025a).
https://www.bbc.com/news/articles/clyng4dknwwo

BBC(2025b).
https://www.bbc.com/korean/articles/cjw4qlwn88zo

BBC(2025c).
https://www.bbc.com/korean/articles/c20pjj93eg5o

BBC(2025d).
https://www.bbc.com/korean/articles/cly220k4ep9o

BIDEN-WHITE HOUSE(2022).
https://bidenwhitehouse.archives.gov/wp-content/uploads/2022/10/Biden-Harris-Administrations-National-Security-Strategy-10.2022.pdf

CBS NEWS(2023).
https://www.cbsnews.com/news/william-burns-cia-director-face-the-nation-transcript-02-26-2023/

CNN(2019).
https://edition.cnn.com/2019/05/15/opinions/john-bolton-is-trumps-war-whisperer-bergen

CNN(2025).
https://edition.cnn.com/world/live-news/israel-iran-conflict-06-19-25-intl-hnk

Congress(2023).
https://www.congress.gov/118/chrg/CHRG-118hhrg53524/CHRG-118hhrg53524.pdf

Defense News(2025).
https://www.defensenews.com/pentagon/2025/05/13/top-us-general-in-korea-talks-maps-china-and-getting-patriots-back/

Joint Chiefs of Staff(2019).
https://irp.fas.org/doddir/dod/jp3_72.pdf

Medium(2023).
https://medium.com/%40harrisonnickele/quote-contemplation-bishop-desmond-tutu-if-you-want-peace-you-dont-talk-to-your-friends-you-586d2e8f8c0f

National Defense University Press(2017).
https://ndupress.ndu.edu/Media/News/article/1038867/joint-concept-for-access-and-maneuver-in-the-global-commons-a-new-joint-operati/

New York Times(2017).
https://www.nytimes.com/2017/10/07/opinion/sunday/south-korea-trump-war.html

OSCE(2012).
https://www.osce.org/cio/90075?utm_source=chatgpt.com

PENTAGON(2025).
https://www.defense.gov/News/Speeches/Speech/Article/4202494/remarks-by-secretary-of-defense-pete-hegseth-at-the-2025-shangri-la-dialogue-in/

Reuters(2025).
https://www.reuters.com/world/us-prepares-long-war-with-china-that-might-hit-its-bases-homeland-peter-apps-2025-05-16/?utm_source=chatgpt.com

RFA(2025).
https://www.rfa.org/korean/in-focus/2025/06/05/kimjongun-shoigu-ukraine-russia-role/

SIPRI(2023).
https://www.sipri.org/media/press-release/2023/states-invest-nuclear-arsenals-geopolitical-relations-deteriorate-new-sipri-yearbook-out-now

Stars and Stripes(2025).
https://www.stripes.com/branches/army/2025-05-16/brunson-south-korea-china-lanpac-17807125.html

Taiwan Documents Project, 「Joint Communique of the United States of America and the People's Republic of China.
http://www.taiwandocuments.org/communique02.htm

The Guardian(2025a).
https://www.theguardian.com/world/2025/mar/18/why-has-israel-resumed-large-scale-airstrikes-on-gaza

The Guardian(2025b).
https://www.theguardian.com/news/ng-interactive/2025/may/10/are-we-heading-for-another-world-war-or-has-it-already-started

TRADOC(2017).
https://www.tradoc.army.mil/wp-content/uploads/2020/10/MDB_Evolutionfor21st.pdf

UN(2022).
https://www.un.org/en/academic-impact/goal-month-september-2022

USNI News(2021).
https://news.usni.org/2021/03/09/davidson-china-could-try-to-take-control-of-taiwan-in-next-six-years

VOA(2024).
https://www.voakorea.com/a/7716812.html

VOA(2025).
 https://www.voakorea.com/a/7988999.html

Wall Street Journal(2024).
 https://www.wsj.com/world/has-world-war-iii-already-begun-16fb94c9

YOUGOV(2025).
https://yougov.co.uk/international/articles/52113-many-europeans-and-americans-think-world-war-3-is-imminent

https://www.nongmoproject.org

NON GMO project
https://www.nongmoproject.org

306

6

트럼프 2기
디지털·지식재산 정책과
한미 통상 대응 전략

전수진

종합법률사무소 이정 미국변호사

목차

1. **개요**
   1) 목적 및 배경
   2) 트럼프 행정부 2기의 디지털 보호무역주의 전망
   3) 주요 분석 대상(디지털 안보, 지식재산권, 콘텐츠 산업 등)

2. **트럼프 2기 디지털·데이터 안보 정책 방향**
   1) 디지털 주권 및 기술패권 기조
   2) 클라우드·자율주행 등 전략산업 내 외국기술 통제 가능성
   3) 미국의 데이터 현지화 반대 입장과 글로벌 충돌

3. **지식재산권(IP) 및 콘텐츠 통상 전략**
   1) AI 및 플랫폼 기반 콘텐츠의 IP 규율 변화
   2) 영화 제작지(origin) 기준 강화와 관세 부과를 통한 미국 콘텐츠 산업 보호 전략

4. **미국의 무역장벽 지정과 한국 규제에 대한 압박**
   1) 플랫폼법안(공정거래위원회 발의안) 입법 중단 사례
   2) 개인정보 보호법: 과도한 데이터 이전 제한이라는 비판
   3) 망무임승차방지법안에 대한 미국의 제동
   4) 클라우드 보안인증제도와 외국기업 진입장벽 주장
   5) 방송법상 외국자본 소유지분 제한 및 OTT 법제화 반대
   6) 국가안보와 연계된 정밀지도·공간정보 반출 제한에 대한 미국의 압박

5. **한미 디지털 통상·외교 전략**
   1) 무역법 301조 및 통상보복 가능성
   2) IPEF 및 한미 FTA 내 디지털 규제 해석 쟁점
   3) 미국 내 통상 로비(빅테크-행정부 간) 분석
   4) 규제 정당성 확보와 외교적 커뮤니케이션 전략

6. **정책 제안 및 결론**
   1) 디지털 통상대응 위한 범부처 TF 및 사전 대응 체계
   2) 국가안보와 글로벌 규범의 균형 프레임 제시
   3) 규제 정당성 확보와 한미 통상 협의에서의 레버리지 확보
   4) 콘텐츠·플랫폼 산업의 전략적 재구성 방향
   5) 국민적 공감 기반 위의 전략적 자율성 확보

참고문헌

1. 개요

1) 목적 및 배경

2025년 트럼프 대통령의 재집권으로 제2기 행정부가 공식 출범하였다. 이로 인해 디지털 통상, 지식재산권, 국가기반 정보 보호 등 첨단 기술 분야에 대한 보호무역주의와 기술국익 우선 기조가 다시 한번 떠오르고 있다. 트럼프 행정부는 자국의 글로벌 플랫폼, 클라우드, 콘텐츠 기업의 해외 시장 진출을 가로막는 외국 정부의 디지털 규제를 '무역장벽'으로 지목하며 통상 압박의 수단으로 활용하고 있다.

특히 USTR 무역장벽보고서[1]와 IPEF 협상 전략[2]을 통해 한국의 △개인정보 보호법상 데이터 이전 제한, △클라우드 보안인증 제도, △정밀지도 반출 제한, △OTT·플랫폼 규제 등이 자국 기업에 대한 차별적 조치로 규정되고 있다. 이들 사안은 향후 디지털 무역 분쟁, 보복관세 또는 투자 제한 조치로 전개될 위험성이 크다. 이에 따라 한국은 디지털 주권과 통상 리스크 간 균형

---

1) USTR 무역장벽보고서 (National Trade Estimate Report on Foreign Trade Barriers, NTE Report): 미국 무역대표부(USTR)가 매년 발간하는 보고서로, 미국 기업의 해외 진출을 저해한다고 판단되는 외국의 법령·정책·관행 등을 '무역장벽'으로 규정하여 목록화함. 해당 보고서는 미국의 통상 제재 및 협상 전략의 근거 문서로 활용되며, 한국의 개인정보 보호법, 클라우드 보안인증, 망사용료 등이 반복적으로 언급됨.

2) IPEF 협상 전략 (Indo-Pacific Economic Framework for Prosperity): 미국 주도로 출범한 인도·태평양 경제 프레임워크(IPEF)는 전통적인 FTA 대신, 디지털 통상·공급망·청정경제 등 신사업 분야 중심의 다자 협력 틀임. 디지털 협상 분야에서는 △데이터 자유 이동 보장 △서버 현지화 금지 △알고리즘 공개 요구 금지 등을 원칙으로 삼고 있으며, 미국은 이를 기반으로 참가국의 국내 규제를 조정하거나 완화할 것을 요구하고 있음.

을 고려한 종합적 대응전략 수립이 필요한 시점에 놓여있다.

2) 트럼프 행정부 2기의 디지털 보호무역주의 전망

2025년 1월 공식 출범한 트럼프 2기 행정부는 1기 때보다 더욱 노골적인 보호무역주의와 디지털 국익 우선주의를 표방하고 있다. '미국 기업 우선주의(American Tech First)'를 내세우며, 자국 플랫폼·클라우드·콘텐츠·AI 기업의 해외 진출을 방해하는 외국의 법령·정책·규제를 '무역장벽' 또는 '디지털 검열'로 명시하고 있으며, 이를 통상 협상의 지렛대로 적극 활용하고 있다.

특히 미 무역대표부(USTR)는 한국, EU, 인도 등 주요국의 개인정보 보호법, 클라우드 보안 규제, 지도데이터 반출 제한 등을 문제 삼고 있다. 디지털 분야에서도 무역법 301조(19 U.S.C. 2411) 발동[3], FTA·IPEF 협정상의 의무 위반 주장, 보복관세 또는 투자 제한 조치로 전개될 가능성이 제기된다. 이와 같은 디

---

3) 이 조항은 미국이 자의적으로 외국의 무역관행을 조사하고, 필요시 대통령 승인을 거쳐 관세 부과, 서비스 제한 등 일방적 보복 조치를 취할 수 있는 근거가 되며, 트럼프 행정부 시기에는 중국에 대한 고율관세의 법적 토대로 활용됨.

"If the United States Trade Representative determines that an act, policy, or practice of a foreign country is unreasonable or discriminatory and burdens or restricts United States commerce, the Trade Representative shall take appropriate and feasible action to obtain the elimination of that act, policy, or practice." 19. U.S. Code 2411(a).

(국문 번역) "미국 무역대표부(USTR)는 외국의 법률, 정책 또는 관행이 부당하거나 차별적이며 미국의 통상에 부담 또는 제한을 초래한다고 판단하는 경우, 그러한 조치를 제거하기 위한 적절하고 실행 가능한 조치를 취해야 한다."

지털 보호무역주의는 단순한 산업 보호가 아니라 기술·정보·안보를 포괄하는 전략 통상 기술로 확장되고 있다.

3) 주요 분석 대상(디지털 안보, 지식재산권, 콘텐츠 산업 등)

본 보고서는 트럼프 2기가 행정부의 통상 전략 중 디지털·데이터 정책 및 지식재산권(IP) 보호 조치의 변화와 그에 따른 한국의 법제도·산업 정책과의 충돌 가능성을 중점적으로 분석한다. 특히 USTR 무역장벽보고서 및 IPEF 디지털 챕터, 미국 내 통상 로비 동향을 중심으로 한국의 개인정보 보호법, 망 사용료, 클라우드 인증, OTT 규제, 정밀지도 반출 제한 등 실질 쟁점들이 어떤 외교·통상 압박 수단으로 작동할 수 있는지를 구체적으로 제시한다.

본 보고서는 다음 여섯 장으로 구성된다.

① 보고 목적 및 배경: 트럼프 행정부 2기의 디지털 보호무역주의 전망
② 트럼프 2기 디지털·데이터 안보 정책 방향
③ 지식재산권(IP) 및 콘텐츠 통상 전략
④ 미국의 무역장벽 지정과 한국 규제에 대한 압박
⑤ 한미 디지털 통상·외교 전략
⑥ 정책 제안 및 결론

이러한 분석을 통해 한국이 향후 직면할 수 있는 디지털 통상 환경을 선제적으로 진단하고, 규제의 정당성을 지키면서도 통상 리스크를 관리할 수 있는 전략적 프레임 워크를 제시하고자 한다.

2. 트럼프 2기 디지털·데이터 안보 정책 방향

(1) 디지털 주권 및 기술패권 기조

트럼프 2기 행정부는 1기에 이어 디지털 기술을 전략적 패권 수단으로 규정하고 있으며, 이를 중심으로 미국 중심의 디지털 질서 재편을 본격화하고 있다. 이른바 '디지털 주권(Digital Sovereignty)'은 미국의 자국 플랫폼, 클라우드, 통신망, 콘텐츠, AI 기술의 지배력을 국제 질서 속에서 공고히 하기 위한 지정학적 개념으로 사용되고 있다. 단순한 기술 자립을 넘어, 중국과의 기술 패권 경쟁에서 우위를 확보하기 위한 수단으로 사용되고 있다는 점은 1기와 비슷한 기조로 평가할 수 있다.[4]

1기 행정부의 대표 정책이었던 'Clean Network' 캠페인(2020)[5], EO 13873(외국산 ICT 위협 차단 명령), EO 13942(틱

---
[4] 조선일보(2025.2.7.) "트럼프는 중국에게 유용한 바보"…英매체의 비판 왜?
[5] Rithmire, Meg, and Courtney Han (2021).

톡 금지명령)은 모두 중국 ICT 기업에 대한 전방위적 퇴출 전략이었다.[6] 2기 행정부는 이러한 디지털 봉쇄정책을 확대하며, 중국산 통신장비, AI 플랫폼, 클라우드 서비스, 반도체 후공정 장비, 드론 기술 등을 국가안보 위협으로 분류하고 있다.[7]

트럼프 행정부는 중국식 디지털 권위주의 모델을 견제하기 위해, 통상 및 외교 정책 전반에 걸쳐 기술 분야에서의 보호주의 기조를 강화하고 있다.[8] 이러한 기조는 사실상 동맹국들에게도 기술 진영 선택을 강요하는 것이다. 또한 미국 내 공공 조달, 국방 협력, 인프라 투자 등 주요 정책 영역에서 '외국기술 배제(Foreign Technology Exclusion)'가 제도화될 가능성은 높아지고 있다.[9] 이는 단순한 기술 규제 차원을 넘어, 미국이 글로벌 기술 패권 경쟁에서의 우위를 선점하려는 전략으로 해석할 수 있다.

(2) 클라우드·자율주행 등 전략산업 내 외국기술 통제 가능성

클라우드 컴퓨팅, 자율주행, AI 등은 미국 정부가 지정한 핵심·민감 전략기술 분야이다. 이 분야로의 외국 기술기업의 진

---

6) Peter Harrell (2022).
7) Peter Harrell (2025).
8) The Wall Street Journal(June 16, 2025) Trump Officials Weighed Broader China Tech Restrictions Ahead of Trade Talks
9) Jack Corrigan, Sergio Fontanez, and Michael Kratsios (2022).

입이나 데이터 접근을 제한하려는 움직임이 확대되고 있다. 트럼프 1기 시절 이미 AWS, Azure 등 자국 클라우드 기업을 중심으로 연방기관의 클라우드 사용 독점화가 추진되었으며, 외국산 클라우드 서비스에 대해서는 '검증되지 않은 외부 위협'이라는 프레임이 강화되었다.[10]

자율주행 기술은 지도데이터, 차량통신망, AI 알고리즘, 개인정보 등 다양한 디지털 요소가 결합한 융합 산업으로, 기술의 '국적'을 둘러싼 규제 압력이 커지고 있다. 예를 들어, 한국의 정밀지도 반출 제한 조치는 미국 자율주행 플랫폼 기업(예: 테슬라, 애플, 구글)의 진출을 제한하는 규제로 간주된다. USTR 무역장벽보고서에도 해당 정책을 명시적으로 문제 삼았다.[11]

나아가 클라우드 보안 인증제도, 자율주행 시뮬레이션 서버 위치 제한, AI 학습데이터의 해외 전송 규제 등은 모두 미국의 '자유로운 데이터 이동 원칙'과 충돌할 여지가 있다. 이는 단순한 기술 규제를 넘어, 디지털 통상 분쟁으로 확대될 수 있다.

(3) 미국의 데이터 현지화 반대 입장과 글로벌 충돌

미국은 데이터 현지화(Data Localization), 즉 데이터를 자국

---

10) 조선비즈(2025. 2. 19.) 트럼프 '비관세장벽' 공세 韓 공공 클라우드 시장 덮친다…네이버, KT, NHN '긴장'
11) 매일경제(2025. 4. 18.) "해외 관광객에 도움" "안보상 절대 안돼"… 한국 정밀지도 요구하는 구글맵, 이번엔?

내에서 보관하거나 처리하도록 요구하는 정책을 무역장벽이자 기술폐쇄 조치로 간주하고 강하게 반대해왔다.[12] USTR은 한국, 중국, 인도, 인도네시아, 베트남, EU 등의 개인정보 보호법, 서버 위치 제한, 클라우드 인증제도 등을 지속적으로 비판하며, 해당 조치가 자국 기업의 글로벌 운영과 데이터 처리 자유를 침해한다고 주장한다.

IPEF 디지털 협정 초안 및 USMCA-U.S.-Japan Digital Trade Agreement 등에서는 모두 △데이터 자유 이동 보장 △서버 현지화 금지 △소스코드·알고리즘 공개 금지 등이 원칙이다.[13] 미국은 이 원칙을 국제규범에 반영하도록 하여 자국 기업의 디지털 시장 지배력을 확대하고 있다.

반면 EU나 한국은 개인정보 보호, 공공질서, 국가안보 등 공익 목적을 전제로 데이터 규제를 시행하고 있다. WTO GATS Article XIV 또는 FTA 예외조항도 이를 명시하고 있다. 그러나 미국은 이러한 예외를 좁게 해석하거나 무력화하는 방식으로 자국 입장을 관철하려 하고 있어, 향후 디지털 통상 갈등의 핵심축이 될 가능성이 높다.

---

[12] KITA 한국무역협회 통상뉴스(2022. 4. 4.) USTR 연례무역장벽 보고서, 중국·인도·EU 디지털 장벽 지적
[13] U.S. Chamber of Commerce (2022. 12. 7.) No Higher Priority: Why IPEF Must Include Strong Digital Trade Rules

3. 지식재산권(IP) 및 콘텐츠 통상 전략

(1) AI 및 플랫폼 기반 콘텐츠의 IP 규율 변화

트럼프 2기 행정부는 인공지능(AI), 생성형 콘텐츠, 플랫폼 기반 미디어 산업이 확산됨에 따라 기존 지식재산권 체계를 정비하고자 한다. 이는 주요 통상 아젠다이기도 하다.[14] 특히 미국은 AI 기반 창작물에 대한 저작권 귀속, 학습데이터의 합법적 사용범위, 알고리즘의 소유권 및 보호수단 등에 있어 플랫폼 기업에 유리한 해석을 국제 규범에 반영하고자 적극적으로 움직이고 있다.

구체적으로 미국 특허청(USPTO)과 저작권청(USCO)은 "AI가 독립적 창작자로 인정받을 수 없다"는 원칙을 유지하면서도,[15] AI 활용 콘텐츠의 기업 소유를 인정하는 방향으로 지침을 정비하고 있다. AI 생성 콘텐츠 등록 가이드라인에 따르면, 해당 콘텐츠에 인간의 창작적 기여가 인정되는 경우에 한해, 기업이 AI 도구를 활용해 생성한 콘텐츠를 저작권 등록하고 소유할 수 있도록 하고 있다.[16] 이는 글로벌 플랫폼 기업(예: OpenAI, Google, Meta 등)의 콘텐츠 지배력 확대에 유리하게 작용

---

14) IEEE Spectrum (Dec. 16, 2024). Trump's Second Term Will Change AI, Energy, and More
15) Skadden (Feb. 4, 2025) Copyright Office Publishes Report on Copyrightability of AI-Generated Materials
16) Skadden (Feb. 4, 2025) Copyright Office Publishes Report on Copyrightability of AI-Generated Materials

하며, 향후 FTA, IPEF, WIPO 다자 협정 등을 통해 AI 저작물의 보호 범위 확대 및 분쟁 시 미국적 해석이 기준이 될 수도 있는 것이다.

한국 역시 'AI 저작물'의 보호여부, 데이터 마이닝의 합법성, 크롤링·전송·임베딩 규제 등에서 입장을 정립할 필요가 있다. 동시에 미국과 해석 충돌 시 국내 플랫폼과 창작자의 권익 보호 수단 확보가 중요 과제로 부상할 것이다.

(2) 영화 제작지(origin) 기준 강화와 관세 부과를 통한 미국 콘텐츠 산업 보호 전략

트럼프 대통령은 외국산 콘텐츠가 미국 영화 산업의 쇠퇴를 초래하고 있으며, 이는 곧 국가안보 위협으로 이어질 것이라고 주장한다. 지난 5월 트럼프 대통령은 공개 발언을 통해 "외국에서 제작된 영화에 100% 관세를 부과하라"는 지시와 함께, "해외 인센티브 및 제작 지원이 조직적 국가전략이며, 이는 미국 내 여론과 문화정체성에 대한 위협이자 선전 도구"라고 규정하였다.[17]

이는 문화 콘텐츠 산업에 대해서도 기존 보호무역 기조를 유지하면서, 국가안보 논리를 결합해 정당성을 강화하려는 시도

---

[17] 조선일보(2025. 5. 5.) 트럼프 "외국서 제작된 영화는 100% 관세"… 넷플릭스·디즈니 한국 드라마도 타격 우려

로 해석된다. 미국 상무부와 무역대표부(USTR)는 무역확장법 232조를 근거로, 외국 영화 수입이 미국의 국가안보에 어떤 영향을 미치는지 조사에 착수할 수도 있다고도 밝혔다.[18] 이 조항은 특정 품목의 수입이 안보를 해친다고 판단되면, 대통령이 고율 관세나 수입 제한 등의 조치를 독자적으로 취할 수 있다고 규정한다. 이에 따라 전통적으로 "비관세·규범 자유 영역"으로 여겨진 문화콘텐츠 분야도 관세에서 자유로울 수 없게 되었다.

하지만 업계의 강한 반발과 국제 통상 규범과의 충돌 가능성 등을 고려해, 상무부와 USTR은 해당 관세 부과 방침을 하루 만에 철회하였다.[19] 즉, 현시점에서는 외국산 영화에 대한 즉각적인 관세 부과 가능성은 낮아진 상태다.

그럼에도 불구하고, 이번 논란은 콘텐츠 산업에 대한 무역 규제가 언제든지 활용될 수 있다는 점을 여실히 드러냈다. 실제로 만약 관세 조치가 현실화된다면, 한국 콘텐츠 산업도 직접적인 영향을 받을 수 있다. 한국에서 제작된 K-드라마, 영화, 예능 등도 미국 내에서 외국산 문화상품으로 분류될 가능성이 있다. 이 경우 관세 부과, 유통 제한, 플랫폼 노출 제한 등 다양한 규제 조치에 직면할 수 있다.

---

18) 조선일보(2025. 5. 5.) 트럼프 "외국서 제작된 영화는 100% 관세"… 넷플릭스·디즈니 한국 드라마도 타격 우려

19) 아주경제(2025. 5. 6.) 트럼프 '외국영화 100% 관세' 지시 철회… '한국 드라마도 타격' 우려 진정
https://www.ajunews.com/view/20250506134723550

이는 단순한 통상 문제가 아니라, 콘텐츠 산업의 '디지털 국적화' 및 '안보 명분을 내건 문화보호주의'가 강화되는 조짐으로도 해석될 수 있다. 미국 정부는 향후에도 콘텐츠 제작지(origin), 자본 구조, 고용 비중 등을 종합적으로 고려해 가치창출 기반(value-based test)에 따라 '미국산' 여부를 판단할 가능성이 크다.

4. 미국의 무역장벽 지정과 한국 규제에 대한 압박

1) 플랫폼법안(공정거래위원회 발의안) 입법 중단 사례

① 미국의 노골적인 개입

2023년 12월 공정거래위원회는 온라인 플랫폼 기업의 불공정 거래행위를 방지하고 입점업체를 보호하기 위해 국내외 소수의 독과점 플랫폼을 규제하는 법률안(온라인 플랫폼 중개거래의 공정화에 관한 법률안, 이하 '플랫폼법안')을 발의하였다. 그러나 플랫폼법안은 국내 대형 플랫폼 기업의 반발뿐 아니라 미국 정부의 조직적 대응에 따라 입법이 중단되었다.[20] 특히 주목할 점은, 당시 미국 무역대표부(USTR)의 비서실장이자 디지털 무역 및 플랫폼 정책을 담당하며, 한국의 플랫폼법안에 대해 "과도하고 모호한 규제"라며 강하게 비판했던 제이미슨 그리어(Jamieson Lee Greer)가, 이후 트럼프 행정부 2기에서

---

20) 한겨레(2024. 1. 30.) 미국상공회의소 한국 플랫폼법 큰 결함 공개 반대

USTR 대표로 공식 임명되었다는 사실이다.[21]

그리어는 한국의 플랫폼 규제 움직임을 올해 무역장벽보고서(NTE Report)에 포함시키는데 핵심 역할을 한 것으로 보인다. 2025년 취임 이후에는 그 입장을 더욱 강화하여 해당 사안을 '디지털 무역장벽'으로 반복 명시하였다. 이처럼 하나의 국내 입법이 특정 외국 인사의 정치적 입장과 연동되어 외교·통상 압박의 형태로 재생산된 것은, 단순한 무역 갈등으로만 보기 어렵다. 미국이 동맹국의 정책 자율성과 외교 주권을 침해한 사례로 보아야 할 것이다.

② 법안 개요 및 입법 취지

플랫폼법안은 디지털 경제 환경에서 발생하는 중개형 거래구조의 특수성을 반영하여, 플랫폼 사업자의 불공정 행위를 예방하고 입점업체의 권익을 보호하기 위한 제정안이었다. 법안은 '중개거래플랫폼사업자'라는 법적 개념을 새로 도입하고, 이들에게 다음과 같은 의무를 부과하였다.

- 계약서 교부의무: 입점업체와 거래 시 사전 계약서 제공을 의무화
- 정보 제공의무: 노출 순위 산정기준, 수수료 체계 등 거래 결정에 필요한 핵심 정보를 투명하게 공개
- 불공정거래 행위 유형화 및 금지: 검색 결과 조작, 일방적 수

---

[21] 동아일보(2024. 11. 28.) 한국의 대미무역 흑자 비판 강경 매파 트럼프 관세정책 총괄 USTR 대표 됐다

수료 인상, 입점 제한 등

　공정위는 이러한 규제가 플랫폼 사업자와 입점업체 간의 정보 비대칭을 해소하고, 디지털 시장의 공정성을 회복하는 데 기여할 것으로 기대하였다.

③ 국내 산업계의 반발과 논의 지연
　그러나 플랫폼법안 발표 직후 국내 주요 플랫폼 기업들은 강하게 반발하였다. 네이버, 카카오, 쿠팡, 배달의민족 등 대형 플랫폼들은 법안이 지나치게 포괄적인 규제 내용을 담고 있으며, 기존 공정거래법·전자상거래법·하도급법 등으로도 충분히 규제 가능한 영역을 중복 규율하고 있다고 주장하였다. 특히 노출 알고리즘 공개 의무, 수수료 체계 공개 등은 사업자 영업 비밀과 경쟁력을 저해할 수 있다는 우려를 제기하였다. 일부 중소 IT기업들 또한 법안의 모호한 플랫폼 사업자 정의로 인해 자신들까지 규제 대상이 될 수 있다는 점에서 입법 유보를 요청하였다.

④ 미국의 지속적 비판 및 외교적 압력
　이러한 국내 반발과 더불어 미국 무역대표부(USTR)는 『외국무역장벽 보고서(NTE Report)』에서 한국의 플랫폼 규제 움직임을 '외국 기업에 대한 차별적·과도한 규제'로 규정하고 강하게 비판하였다.[22] 특히 보고서에서는 플랫폼법안이 글로벌 기

---

22) 한겨레(2025. 4. 1.) 미, 한국 플랫폼 규제를 무역장벽 적시…미 빅테크 '민원' 반영

업(Google, Amazon 등)의 영업 환경을 침해하며, 알고리즘 공개 요구 등이 국제 규범과 배치될 수 있다고 명시하였다.

미국 무역대표부의 비판은 단순한 정책 의견 개진 수준을 넘어, 한미 통상 현안에서 우선적 조정 대상으로까지 격상되었다. 플랫폼법안은 실제로 법제처와 국회 정무위원회 내에서 사실상 논의가 중단되었다. 21대 국회 내내 장기 계류되던 법안은 후반기 들어 자동 폐기 수순을 밟게 되었으며, 공정위 역시 후속 입법을 잠정 중단하였다.

⑤ **한국의 플랫폼 규제 현황: 해외 주요국과 비교해도 낮은 규제 수준 보유**
DinarStandard가 발표한 Global Digital Platfom Power Index 2023에 따르면 한국은 EU나 일본과 달리 국제적으로도 경쟁력 있는 플랫폼 기업들을 보유하고 있다.[23] 이러한 기업들은 국내 시장에서도 지배력을 확보하고 있으며, 국회와 정부의 플랫폼 규제에도 강하게 반발하고 있다. 따라서 거대 플랫폼이 초래한 여러 문제를 규제하는 법안이 발의되어도 폐기 절차를 피하기 어렵다.[24] 이에 반해 미국은 강력한 경쟁국가인 중국 국적의 플랫폼을 규제하고, 해외 입법 동향을 모니터링하고 있다. 한국이 미국 국적의 플랫폼을 포함한 플랫폼 기업을 규제하려는 법안을 발의하고자 하면 직접적으로 의견을 개진하며 이를

---

23) 전수진 (2025).
24) 전수진 (2025).

저지하고자 노력하기도 한다. 결국 한국에서는 법령이 완비되지 못하여 소상공인, 최종소비자, 노동자가 충분히 보호받지 못하고 있다.[25] 또한 한국은 미국이 중국의 플랫폼 기업을 견제하거나 일본이 한국의 플랫폼 기업을 견제함으로 자국 플랫폼 산업을 보호하는 규제도 법제화하지 못하고 있는 실정이다.

아래 〈그림 1〉은 주요국들의 플랫폼 규제 수준과 자국 플랫폼 보호를 기준으로 주요국의 플랫폼 규제를 모형화한 것이다. 자국 국적의 경쟁력 있는 플랫폼을 보유한 한국은 구글, 메타 못지않게 한국 내에서도 상당한 시장지배력을 확보한 네이버, 카카오에 대해서도 쉽게 규제하기 어려운 상황이다.[26] 동시에 해외 거대 플랫폼의 유입으로부터 자국 플랫폼 산업을 보호하는 조치도 취하지 못하고 있다.[27]

〈그림 1〉 주요 국가의 자국 플랫폼 산업 보호와 플랫폼 규제 법제화 수준[28]

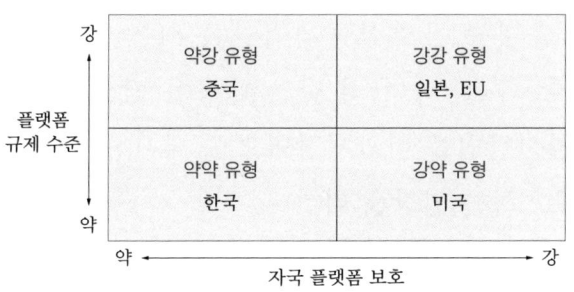

---

25) 전수진 (2025).
26) 전수진 (2025).
27) 전수진 (2025).
28) 전수진 (2025).

⑥ 평가 및 시사점

　플랫폼법안의 좌초는 디지털 시장의 구조적 문제를 해결하려는 정부의 제도화 시도가 국내외 이해관계자들의 정치·경제적 반발에 의해 봉쇄된 사례다. 국내 기업의 반대도 있었지만 더 큰 문제는 미국이 동맹국의 입법과정에 이례적으로 깊이 개입했다는 점이다. 특히 주목할 점은, 법안에 대한 반대 의견이 미국 정부의 공식 입장으로 격상되고, 이를 주도한 인물(그리어)이 무역대표부 대표에까지 오르며 정책 비판의 연속성이 정치적 권력으로 전이되었다는 데 있다. 이는 디지털 무역 정책이 개별 인사의 이해관계와 결합될 경우, 특정국 외교 전략의 도구로 전락할 수 있음을 보여준다.

　공정위의 플랫폼법안은 국적을 불문하고 대형 플랫폼 기업의 구조적 시장지배력 문제를 해결하려는 합리적 시도였다. 국내 소상공인과 소비자 보호라는 정당한 공공 목적을 지니고 있는 것이다. 플랫폼 독과점규제법안은 EU의 '디지털시장법(Digital Market Act)'과 거의 같은 내용을 담고 있다. 미국은 EU의 디지털시장법을 비관세장벽으로 제기하며 자국 빅테크를 철저히 보호하는 입장을 취한다.

　이후 국회 정무위원회는 미국 통상 압박을 피하고자 전략적으로 플랫폼법안의 내용 중 독과점 규제를 분리한 거래공정화 내용을 단일 법안으로 발의하였다. 거래공정화 부분은 미국 빅테크기업이 사전 지정되어 규제 대상이 되는 독과점 규제 부분

보다 미국의 통상 압박에서 비교적 자유롭기 때문이다. 그럼에도 플랫폼 발의안 자체를 '무역장벽'으로 규정하며 규제 자체를 봉쇄하려는 미국 측 입장은 자국 기업의 이해관계를 일방적으로 반영한 과도한 주장이며, 통상 협력을 해치는 위선적 접근이라 평가된다.

향후 한국 정부는 디지털 플랫폼 규제와 관련된 입법 추진 시, 다음과 같은 전략이 필요하다.

- 정책 자율성 확보: 외국 정부의 일방적 통상 압력에 휘둘리지 않고, 국내 시장 질서와 소비자 보호, 더 나아가 전략적으로 특정 산업을 보호하기 위한 규제의 정당성을 견지해야 한다.
- 글로벌 기준과 정합성 확보: 규제의 타당성을 국제사회에 설득할 수 있도록, OECD·WTO 등에서 통용되는 원칙과의 부합성을 제도 설계에 반영해야 한다.
- 외교적 대응 역량 강화: USTR 등 외국 정부의 무역장벽 주장에 대해 구체적 반론과 자료 기반 대응을 통해 한국 입법의 합리성을 적극 알리는 정책 외교가 필요하다.

결국 플랫폼법안 사례는 디지털 경제 시대에 '규제'가 곧 '통상 이슈'가 되는 동맹국의 현실을 보여준다. 향후 입법 추진 시에는 기술주권과 공공성과 통상 마찰을 균형 있게 조율할 수 있는 국가 차원의 전략이 필수적이다.

2) 개인정보 보호법: 과도한 데이터 이전 제한이라는 비판

미국 무역대표부(USTR)는 무역장벽 보고서(NTE Report)를 통해 한국의 개인정보 보호법이 과도하게 데이터 이전을 제한하고 있다고 지적하였다. 특히 2020년 시행된 개인정보 보호법 개정과 이에 따른 행정처분 강화, 표준계약서 사용 의무화, 내부 통제 장치 요구, 동의 예외 요건 협소성 등을 문제 삼아, 이를 디지털 무역에 대한 불합리한 규제로 분류하였다.[29]

미국 측은 한국의 개인정보 보호 규제가 글로벌 기업의 데이터 처리와 서비스 운영을 제약한다는 점에서 공정하지 않은 무역장벽이라는 입장을 견지하고 있다.[30] 미국은 데이터의 자유로운 국경 간 이동(free cross-border data flow)을 디지털 경제의 핵심 원칙으로 간주한다. 현재 이를 제한하는 조치는 IPEF, 한미 FTA 전자상거래 챕터 위반 소지가 있다. 반면 한국은 헌법상 개인정보 자기결정권 보호, 정보주체 권리 강화, 공공목적을 위한 최소한의 규제 필요성 등을 근거로 들며, 정당한 공공정책 목적에 따른 규제라는 입장을 취하고 있다.

이러한 갈등은 단순한 법령 해석의 문제가 아니라, 글로벌 디지털 질서 재편과 데이터 주권을 둘러싼 충돌의 일부로 해석된다. 향후 트럼프 2기 행정부는 한층 강화된 무역 압박 수단을

---

29) 머니투데이(2025. 4. 1.) 미국, 韓 개인정보법에 첫 '무역장벽' 딱지...국외이전·과징금 겨냥
30) 중기이코노미(2025. 4. 22.) 개인정보보호 장벽 규정...미 디지털 통상압박

동원하여, 한국을 포함한 동맹국들에 대한 개인정보 관련 규제 완화를 압박할 가능성이 있다. 특히 무역법 301조나 IPEF 내 위반 시 조사 개시를 통한 대응 시나리오도 배제할 수 없다.

3) 망무임승차방지법안에 대한 미국의 제동

망무임승차방지법안은 일정 기준 이상의 트래픽을 유발하는 글로벌 콘텐츠 사업자(GCP)를 포함한 모든 부가 통신사업자에게 망 이용대가의 공정한 분담을 의무화함으로써, 국내 통신사(ISP)와 콘텐츠 제공자(CP)간의 거래 불균형을 시정하고 네트워크 생태계의 지속 가능한 발전을 도모하려는 입법안이다.[31] 이 법안은 전기통신사업상 '이용자' 개념에 기반해, 콘텐츠를 제공하는 사업자도 인터넷망을 이용하는 주체로서 적절한 비용을 분담해야 한다는 '망의 유상성' 원칙을 명문화하는 데 그 취지가 있다.[32]

그럼에도 불구하고 미국 무역대표부(USTR)는 본 법안을 4년 연속 '무역장벽'으로 지목하며 과도한 외교적 압박을 지속하고 있다.[33] 이는 한국의 정당한 입법권에 대한 부당한 개입이며, 객관적 법리와 국제 동향 모두에 비추어 정당성을 결여하고 있다.

---

31) 데일리팝(2024. 8. 23) 유튜브도 예외없다..'망무임승차방지법' 재등장
32) 전자뉴스(2024. 8. 8.) 野, 글로벌 빅테크 겨냥 '망 무임승차 방지법' 발의
33) 디지털투데이 (2025. 6. 19.) 상호관세가 쏘아 올린 공?...'망 사용료' 논란 재점화

첫째, 망무임승차방지법안은 국내외 사업자 모두에게 동등하게 적용되며, 한미 FTA의 내국민대우 및 최혜국대우 원칙(제12.2조, 제12.3조)을 준수하고 있다. 반대로, 구글, 메타 등 일부 글로벌 CP만이 망 이용료를 회피하면서 네이버, 카카오 등 국내 CP에 대한 역차별이 심화되고 있어 공정한 경쟁 환경이 저해되고 있는 실정이다.[34]

둘째, 유럽연합(EU)을 비롯한 주요 국가들도 GCP에 대한 망 이용대가 분담 제도를 적극 논의 중이다. EU 집행위원회는 2022년 말까지 관련 입법을 추진하겠다고 발표하였고, 유럽의 주요 통신사들도 의회도 "공정하고 비례적인 기여(fair and proportionate contribution)" 원칙에 기반한 법제화 필요성을 강조하고 있다.[35]

셋째, 미국 내에서도 넷플릭스, 구글 등 GCP들이 Comcast, AT&T 등 주요 ISP들과의 유료 피어링(Paid Peering) 계약을 통해 망 이용대가를 지급하고 있다. 이는 FCC의 합병 인가문서, Neflix 수석부사장 진술 등을 통해 공식 확인된 바 있다.[36] 즉, 글로벌 CP가 미국에선 비용을 지급하면서 한국에서는 이를 회피하고 있는 것이다.

---

34) 전자신문(2024. 8. 11.) 망사용료 '제값받기' 법제화 탄력…정부도 무임승차 방지에 무게

35) The Guardian (Sep. 26, 2022) European telecoms chiefs call on tech firms to share internet network costs

36) Light Reading (July 30, 2014) Neflix adds AT&T to pay-to-peer list

망무임승차방지법안은 디지털 인프라의 공정한 기여 원칙을 명확히 하고, 국내외 모든 콘텐츠 사업자에게 동일 기준을 적용하려는 공정하고 합리적인 입법안이다. USTR이 이를 일방적으로 무역장벽으로 규정하며 저지하려는 시도는 자국 기업의 이익만을 반영한 과도한 외교적 개입으로, 글로벌 입법 흐름과 공정 경쟁의 가치에 정면으로 배치된다. 국회는 이에 흔들리지 않고 본 법안을 조속히 처리함으로써, 국내 통신 인프라의 지속 가능성과 디지털 시장의 공정 질서를 수립해나가야 한다.

4) 클라우드 보안인증제도와 외국기업 진입장벽 주장

한국 정부는 2016년부터 공공부문 클라우드 서비스 이용 시 보안인증(CSAP, Cloud Security Assurance Program) 획득을 의무화하고 있다. 해당 인증을 의무적으로 받아야 한다. 또한 행정·공공기관은 민간 클라우드 서비스를 이용할 경우로, 클라우드 서비스 제공자는 인증 조건에 따라 보안성, 물리적 인프라, 기술 요건을 충족해야 한다.

그러나 미국을 비롯한 외국계 클라우드 기업들은 이러한 조치가 시장 진입을 실질적으로 차단하는 규제 장벽이라고 비판한다.[37] 특히 AWS, MS Azure, Google Cloud 등 글로벌 기업들

---

37) 아주경제 (2022. 4. 4.) 미국 무역대표부 "한국 클라우드보안인증 부담돼"

은 자사 시스템이 이미 국제 보안 인증(예: FedRAMP, ISO/IEC 등)을 보유하고 있음에도, 한국의 CSAP 요건을 지나치게 국내 중심적이며 중복적 심사를 강요한다고 주장해왔다.[38]

미국 무역대표부(USTR)는 무역장벽 보고서에서 한국의 클라우드 보안 인증제도를 언급하며, ①인증 프로세스의 복잡성, ②데이터센터 위치 제한 및 기술 자료 요구, ③심사 기간 및 비용 부담 등을 근거로 들어, 외국 기업에 대한 차별적 진입장벽이라고 주장하였다.[39] 즉, 디지털 무역의 핵심 원칙인 기술중립성, 최소규제, 차별금지에 위배된다고 주장한다. 하지만, 이러한 주장은 다음과 같은 점에서 반론의 여지가 있다.

첫째, 한국 정부는 글로벌 기업의 우려를 반영해 CSAP 제도를 점진적으로 완화하여 왔다. 2023년 1월 31일 「클라우드컴퓨팅 서비스 보안인증에 관한 고시」(과기정통부 고시 제2023-3호)를 개정하여 기존 단일 등급 체계를 '상·중·하' 3단계로 세분화하였다. 특히 논리적 망분리가 허용되는 '하' 등급을 신설함으로써 글로벌 클라우드 사업자도 기술적 충족 가능성이 열리게 되었으며, 실제로 일부 글로벌 기업은 이를 인증을 획득하고 공공부문 시장에 진입하고 있다.

둘째, 국내 인프라 요구사항은 한국만의 특수성이 아닌, 미국

---

[38] 슬로우뉴스 (2022. 7. 6.) 한국 클라우드 보안인증제(CSAP) vs. 미국의 페드램프(FedRAMP)
[39] 아주경제 (2023. 12. 13.) [단독] 국정원 보안 요구에 아마존·MS·구글 당황…CSAP 인증 사실상 중단

역시 자국의 공공조달 기준에서 유사하게 적용하고 있다. 미국 국방부와 CIA도 민간 클라우드 활용 시 물리적 격리와 보안요건을 요구하며, 연방정부 조달을 위해 FedRAMP 인증을 필수적으로 요구하고 있다. 만약 한국의 CSAP가 외국 기업에 대한 무역장벽이라면, 미국의 FedRAMP 역시 동이한 논리로 다른 국가 기업에 대한 진입장벽이 될 수 있다.

셋째, 국가안보 및 공공정보 보호는 모두 주권국가의 정당한 책무이며, 국제무역질서 내에서 예외로 인정된다. WTO 일반무역서비스협정(GATS) 제14조는 사회의 안녕, 공공질서, 보안 등의 이유로 필요한 조치를 예외로 허용하고 있다. 따라서 공공부문에 높은 보안 요건을 설정하는 한국의 조치는 무역장벽이 아닌 합법적 주권 행위로 보는 것이 타당하다.

마지막으로, 글로벌 클라우드 사업자들은 이미 국내 상용 IDC를 리전(region)을 운영하고 있으며, CSP '하'등급 획득을 통해 제도에 적용하고 있다. 이는 CSAP가 실질적인 장벽이라기보다는 일정한 보안 기준을 갖춘 기업에게는 국내 시장 진출을 허용하는 '공정한 문턱'으로 가능하고 있음을 보여준다.

한국 정부는 공공부문 보안 보호를 위한 최소한의 제도적 안전장치라는 입장을 견지하고 있다. 동시에 2023년 이후 일부 분야에 대해서는 CSAP 간소화 및 등급제 도입을 추진 중이다. 또한 민간부문에서는 해당 인증 의무가 적용되지 않고 있음에도, 글로벌 기업들은 공공부문 조치가 민간에도 적용될 가능성을 우려하고 있다.

트럼프 2기 행정부는 클라우드 산업을 AI·국방·공공안전 등과 연계된 전략산업으로 간주하며, 동맹국의 보안 규제를 통상장벽으로 문제시할 가능성이 높다. 그러나 실제로 미국 정부 역시 유사한 보안인증 제도를 운영하고 있고, 국가 안보를 이유로 한 규제는 국제통상 규범상 허용되는 예외 조항에 해당된다는 점에서, 미국 측의 주장은 과도하거나 내로남불(double standard)에 해당할 소지가 크다. 향후 한국 정부는 CSAP의 제도적 정당성과 국제적 정합성을 기반으로 한미 FTA 및 다자 통상 협상에서 적극적으로 대응할 필요가 있다.

5) 방송법상 외국자본 소유지분 제한 및 OTT 법제화 반대

① 방송법상 외국자본 소유지분 제한

한국 방송법은 국민 여론 형성과 문화주권 보호를 위해 지상파, 종편, 보도전문채널 등 주요 방송매체에 대한 외국자본의 소유를 엄격히 제한하고 있다.[40] 예컨대, 지상파방송은 외국인 지분 소유가 전면 금지되어 있으며, 종합편성채널(PP)과 보도전문채널(PP)은 각각 20%와 10% 미만으로 지분 제한이 적용된

---

40) 「방송법」 제14조 제1항. "누구든지 방송사업자의 주식 또는 지분을 외국인(외국법인을 포함한다)이 소유하거나 외국인이 실질적으로 지배할 수 있는 자가 소유하도록 하여서는 아니된다."

다.[41] 유료방송(SO·위성·IPTV 등)의 경우도 외국 자본의 경영권 확보를 제한하기 위해 49% 이하의 지분만 허용하고 있다.[42]

이러한 규제는 방송의 공공성과 공정성을 확보하기 위한 주권적 조치로서, 외국자본으로부터 방송이 편파보도나 상업적 논리에 종속되지 않도록 제도적 방파제 역할을 해왔다. 특히 지상파는 국가 자산인 주파수를 무상으로 사용하는 공공재로서 뉴스·시사 보도를 통해 여론 형성에 막대한 영향을 미치기 때문에, 자본 논리에 따른 왜곡 가능성을 철저히 차단할 필요가 있다.

그럼에도 불구하고, 미국 무역대표부(USTR)는 한국의 외국자본 지분 제한을 '무역장벽'으로 간주하고 반복적으로 문제를 제기하고 있다. 그러나 이는 국가 주권과 공공적 가치 수호를 위한 국내 법제에 대한 과도한 간섭이며, 한국의 미디어 독립성과 정책 자율성을 침해하는 부당한 개입이다.

② OTT 관련 법제화 움직임

최근 넷플릭스, 유튜브, 디즈니+ 등 외국계 OTT플랫폼의 국내 시장 영향력이 빠르게 확대되면서, 기존 방송사업자와의 규

---

[41] 「방송법」 제14조 제2항. "종합편성채널사용사업자의 경우 외국인(외국법인을 포함한다)은 해당 법인의 의결권 있는 주식 총수의 20%를 초과하여 소유할 수 없으며, 보도전문편성채널사용사업자의 경우에는 10%를 초과할 수 없다."
[42] 「방송법」 제14조 제3항. "종합유선방송사업자, 위성방송사업자, 방송채널사용사업자(PP), 방송수신료 수납 대행사업자 등 유료방송사업자의 경우 외국인은 그 지분을 49%를 초과하여 소유할 수 없다."

제 형평성 문제가 부각되고 있다. 이에 따라 국회에서는 2021~2024년 사이 방송법 개정을 통해 OTT를 방송법상 온라인 동영상 서비스로 정의하고, 일정한 등록 요건, 국내사무소 설치, 콘텐츠 투자 및 편성 의무 부과 등[43] 제도권 편입을 위한 논의가 활발히 진행되고 있다.

이에 대해서도 USTR은 한국의 OTT 관련 법제화 시도 자체가 진입장벽으로 적용할 수 있다고 주장하고 있다. 그러나 이는 지극히 일방적이며 과도한 우려에 불과하다.

OTT 사업자들은 기존 방송사와 유사한 콘텐츠 유통 행위를 하면서도, 현행 방송법상 광고, 편성, 투자 등 다양한 규제로부터 면제되어 왔다. 이러한 상황은 기존 방송사업자에게 구조적 역차별을 초래하고 있으며, OTT에 대한 최소한의 규제 도입은 시장 질서와 경쟁의 공정성 회복을 위한 조치이지, 무역장벽이라고 볼 수 있다.

또한 OTT 법제화는 외국계 플랫폼의 시장 진입을 제한하려는 목적이 아니라, 이미 국내 시장에서 영향력을 행사하고 있는 글로벌 플랫폼들에 대해 일정 수준의 사회적 책임과 법적 의무를 부과하려는 것이다. 사무소 설치, 등급 심의, 일정 등록 요건 등은 타국에서도 일반적으로 시행되고 있는 표준적 규제

---

43) 아시아경제(2024. 7. 22.) OTT도 방송처럼 규제받는다… 통합미디어법 추진 속도

수단이다.

마지막으로 OTT는 기존 방송과는 기술적 기반, 전송 방식, 알고리즘 기반 콘텐츠 유통 구조 등이 상이하며, 이에 따라 단순 전통, 규제의 복제 적용이 아니라, OTT 특성을 반영한 비례적·유연한 규제 체계 설계가 추진 중이다. 이는 합리적 정책 설계 과정이지, 차별이나 무역장벽에 해당한다고 볼 수 없다.

문화 산업은 WTO, FTA, 유네스코 협약 등 국제 규범에서도 특수 보호가 정당화되는 예외 분야로 인정되고 있다. 특히 유럽연합(EU)은 2018년 시청각미디어서비스지침(AVMSD)을 통해 글로벌 OTT에 자국 콘텐츠 30% 이상 편성을 의무화하고 있으며,[44] 이는 자국 산업 보호와 문화주권 수호 차원에서 광범위하게 수용되고 있다. 한국이 검토 중인 OTT 규제 역시 국제 규범상 허용되는 문화적 예외 조치로서 충분한 타당성이 있다.

6) 국가안보와 연계된 정밀지도·공간정보 반출 제한에 대한 미국의 압박

① 위치기반 데이터 수출 제한과 USTR의 문제 제기

한국 정부는 고정밀 지도, 내비게이션 등 위치기반 데이터의 국외 반출에 대해 원칙적으로 허가제를 운영하고 있다. 이는

---

44) Ernesto Apa (2019).

공간정보의 무단 유출이 국가안보에 중대한 위협이 될 수 있다는 점을 고려한 조치로, 관련 법령에 따라 민감한 지리정보는 엄격히 통제되고 있다. 이에 따라 2025년 6월 기준으로 해당 허가가 승인된 사례는 단 한 건도 없으며, 외국계 플랫폼 기업들은 한국 내에서 수집된 위치기반 데이터를 해외 서버에서 처리할 수 없다.[45]

이러한 조치는 미국 무역대표부(USTR)의 2025년 무역장벽 보고서에 '비관세 장벽'으로 지적되었다. 보고서에서는 위치기반 데이터 수출 제한이 글로벌 플랫폼 기업의 활동을 제한하며, 디지털 무역의 자유를 저해하는 조치라고 평가하였다. 이는 바이든 행정부 시기에도 반복적으로 지적되었던 사안이다. 주요 기술기업인 구글이 지속적으로 요구해왔기 때문이다.

② 구글의 고정밀 지도 반출 요구와 국내 논란

구글은 2007년, 2016년, 그리고 2025년 2월에 한국 정부에 고정밀 지도 반출을 요청한 바 있으며, 앞선 두 차례 모두 불허 통보를 받았다.[46] 구글은 지속적으로 이 사안을 미국 USTR과의 협력 등을 통해 한국의 데이터 정책이 비관세 장벽에 해당한다고 주장해 왔다.

---

45) 이데일리(2025. 4. 1.) 美, 韓무역장벽에 위치 기반 데이터 국외 반출 포함
46) 주한미국대사관(2023).

이러한 요구 배경에는 구글의 글로벌 생태계 전략이 자리 잡고 있다. 구글은 차량용 운영체제인 'Android Automotive'를 운영하며, 실시간 지도 기반 경로 안내 과정에서 위치기반 광고를 구현할 수 있는 기술을 보유하고 있다. 특정 지점을 지날 때 관련 광고를 노출함으로써, 기존 광고 플랫폼을 확장하고 수익을 창출할 수 있다는 점에서 지도 데이터는 단순한 서비스 개선 수단을 넘어 전략적 패권 경쟁의 기반으로 활용되고 있다.

그러나 이에 대한 국내의 우려도 크다. 국토교통부에 따르면 고정밀 지도 제작에는 초기 7,000억 원, 연간 300억 원에 이르는 막대한 비용이 투입되고 있으며, 이는 국민 세금으로 조성된 공공재에 해당한다.[47] 해당 데이터를 해외 기업에 넘기는 것이 정당한지에 대한 무임승차 논란이 꾸준히 제기되고 있다.

게다가 구글은 한국 내 데이터센터 설치 계획조차 없는 상태다. 반면 일본, 싱가포르, 대만, 영국, 말레이시아 등에는 자사의 인프라 투자를 확대하고 있어, 한국의 지도 데이터를 확보한 이후에도 국내 경제에 미치는 실질적 기여는 미미할 것으로 평가된다.[48]

③ 데이터 자유주의와 미국의 기술패권 전략

미국은 글로벌 기술 패권 전략의 일환으로 '데이터 자유주의

---

47) 동아일보(2025. 3. 22) 또 "고정밀 지도 달라"는 구글...보안시설 노출 우려 넘을까
48) 동아일보(2025. 3. 22) 또 "고정밀 지도 달라"는 구글...보안시설 노출 우려 넘을까

(Data Liberalism)'를 적극적으로 추구해왔다. 이는 자국 내에서조차 개인정보 보호에 대한 규제가 상대적으로 느슨한 이유이기도 하다. 즉 미국은 국경 간 데이터 흐름을 최대한 시장 자율에 맡기고 통제하지 않는 방향을 선호한다.

미국의 이러한 철학은 FTA(자유무역협정) 조항에도 반영되어 있다. 대표적으로 한미 FTA 제15.8조에서는 다음과 같이 규정하고 있다.

"무역을 원활히 함에 있어 정보의 자유로운 흐름의 중요성을 인정하고 개인정보 보호의 중요성을 인정하면서 양 당사국은 국경 간 전자 정보 흐름에 불필요한 장벽을 부과하거나 유지하는 것을 자제하도록 노력한다." (Article 15.8, KORUS FTA)

이러한 기조에 따라 미국은 다수의 FTA에 데이터 이전 자유화를 명시해왔으며, 이를 통해 데이터 현지화(localization) 또는 데이터 이전 제한 조치를 무역장벽으로 규정하고 있다. 실제로 USTR의 무역장벽 보고서에는 한국을 포함한 여러 국가의 데이터 이전 제한 사례가 반복적으로 지적되고 있으며, 이는 자국 기술기업의 글로벌 진출을 가로막는 규제로 간주되고 있다.

미국은 데이터 자유주의를 기반으로 자국 플랫폼 기업의 이익을 극대화하고, 이를 통해 세계 디지털 질서를 미국 중심으로 재편하고자 주력한다. 하지만 지도 및 공간정보와 같은 민감 데이터의 국외 이전 문제는 단순한 산업 이슈를 넘어 기술 주권과 안보, 무역 자유화라는 다층적 과제가 교차하는 접점에 있다.

5. 한미 디지털 통상·외교 전략 – 미국의 대응 전망 분석

1) 무역법 301조 및 통상보복 가능성

미국 무역법 제301조(Trade Act of 1974, Section 301)는 자국 기업에 대한 외국 정부의 불공정한 무역 관행에 대해 미국 무역대표부(USTR)가 독자적인 조사 및 대응 조치를 취할 수 있도록 허용한다.[49] 이는 양자적 보복 조치를 정당화하는 대표적인 법적 수단으로, 최근 디지털 세[50] 및 데이터 현지화 조치에 대해서도 적극적인 대응전략으로 활용되고 있다. 특히 트럼프 행정부 1기에서는 중국에 대해 전방위적인 301조 조사를 진행해 고율 관세를 부과한 전례가 있다.

한국의 경우, 고정밀 지도 반출 제한, 공공 클라우드 시장 진입 규제(CSAP), 외국계 플랫폼에 대한 역차별 논란 등이 USTR 보고서상 '디지털 무역 장벽'으로 반복해서 지적되고 있으며,

---

49) United States International Trade Commission (USITC). (2023).
50) Office of the United States Trade Representative (USTR). (n.d.). Section 301 Investigations: Digital Services Taxes. Available at: https://ustr.gov/issue-areas/enforcement/section-301-investigations/section-301-digital-services-taxes [Accessed 19 Jun. 2025].

트럼프 2기 행정부에서 이러한 사안들이 301조 조사로 이어질 가능성이 있다. 특히, 외국 기업의 국내 진입 제한 조치가 명시적으로 타깃이 될 경우, 한국 기업의 미국 시장 접근에도 상응 조치가 취해질 수 있다는 점에서 주의가 필요하다.

2) IPEF 및 한미 FTA 내 디지털 규제 해석 쟁점

한국은 인도태평양경제프레임워크(IPEF)의 디지털 통상 논의에 참여하고 있다. 또한 한국은 동시에 한미 FTA 내 전자상거래 챕터에 따라 특정 디지털 규제에 대한 상호 협의 및 분쟁해결 메커니즘의 적용 가능성도 고려해야 한다.[51]

IPEF는 기존 FTA보다 구속력은 낮지만, 미국의 디지털 통상 규범 수출 전략의 핵심 축으로 기능하고 있으며,[52] 한국의 법·제도가 이에 부합하지 않을 경우 정치적 압박의 수단으로 활용될 수 있다. 예컨대, CSAP 인증제나 위치정보 수출 허가제는 IPEF 협정문 초안의 "자의적이고 불필요한 데이터 국외이전 제한을 금지"하는 조항과 상충될 여지가 있다.[53]

---

51) Saloni, S. (2023).

52) Office of the United States Trade Representative (USTR). Indo-Pacific Economic Framework for Prosperity (IPEF). Retrieved from https://ustr.gov/trade-agreements/agreements-under-negotiation/indo-pacific-economic-framework-prosperity-ipef (accessed June 19, 2025).

53) Computer & Communications Industry Association (CCIA). Digital Trade Barriers in South Korea. April 2023. Retrieved from https://ccianet.org/wp-content/uploads/2023/04/CCIA-

한편 한미FTA 제15장(전자상거래)에서도 개인 정보 보호를 이유로 한 조치라도 무역 제한적 효과가 과도할 경우 협의 절차를 요구할 수 있는 해석 여지가 있다.[54] 실제로 미국은 유럽의 GDPR에 대해서도 과도한 데이터 통제 조치가 디지털 무역을 제한한다고 주장한 바 있다.

3) 미국 내 통상 로비(빅테크-행정부 간) 분석

미국 내 디지털 통상 정책은 실질적으로 빅테크 기업과 행정부 간의 밀접한 정책 연계 하에 형성된다. Google, Amazon, Meta, Microsoft 등은 자사 이익을 디지털 무역 자유화의 명분 하에 외교적·통상적 안건으로 상정해왔으며, 이를 위해 무역대표부(USTR), 상무부, 백악관 국가경제위원회(NEC) 등을 대상으로 활발한 로비 활동을 벌여왔다.[55] 특히 구글은 2007년과 2016년, 2025년에 이르기까지 한국 정부의 고정밀 지도 반출 제한 조치를 지속적으로 문제 삼아왔다. 이는 특정 기업의 이해관계가 미국의 통상정책 결정에 실질적 영향을 미친다는 점을

Digital-Trade-Barriers-in-South-Korea.pdf (accessed June 19, 2025).

54) 「한국과 미합중국 간 자유무역협정」 제15.8조 (국경 간 정보 이동, Cross-Border Information Flows). "전자상거래를 촉진함에 있어 정보의 자유로운 흐름의 중요성을 인식하고, 개인정보 보호의 중요성을 인정하며, 양 당사국은 국경 간 전자정보의 이동에 대해 불필요한 장벽을 부과하거나 유지하지 않도록 노력하여야 한다(shall endeavor to refrain from imposing or maintaining unnecessary barriers to electronic information flows across borders)."
한·미 자유무역협정 공식 번역문 및 영문 원문, 한국 통상교섭본부. Retrieved from https://fta.go.kr (accessed June 19, 2025).

55) Issue one (Jan 22, 2025) Big Tech Cozies Up to New Administration After Sepnding Record Sums on Lobbying Last Year

시사한다.

4) 규제 정당성 확보와 외교적 커뮤니케이션 전략

한국이 디지털 규제의 정당성을 국제사회에 설득하기 위해서는, 단순한 '주권적 규제'라는 입장 이상으로, 보안, 개인정보 보호, 산업 다양성 등의 공공정책 목적과 국제 기준 간 정합성을 논리적으로 제시할 필요가 있다. 즉, CSAP 제도나 위치정보 수출 제한 등은 공공 부문의 보안 유지, 안보상 민감 정보 통제, 기술 주권 확보라는 합리적 필요에 기반한 조치임을 외교적 커뮤니케이션 전략 속에 녹여야 한다. 이를 위해 다음과 같은 전략이 필요하다.

- 법적 정당성 확보: IPEF 및 FTA 조항 해석에서 한국의 규제가 WTO와 OECD 기준에 부합함을 조목조목 설명하고, 비차별성 및 최소침해 원칙 등을 기반으로 반박 논리를 정립한다.
- 정책 투명성 강화: 규제의 설계 및 적용 과정에서 해외 기업의 예측 가능성을 보장하고, 입법 과정의 공청회 및 의견수렴 절차를 제도화하여 '자의적 규제' 프레임에서 벗어난다.
- 국제 공조 확대: GDPR, DGA(Data Governance Act) 등 유럽의 데이터 규제와 유사한 맥락임을 강조하며, 공공 목적 기반 규제가 세계적 추세임을 적극적으로 알린다.
- 국내 기업의 피해 증거 수집 및 반박 자료 축적: 미국의 조치가 상호주의 원칙에 위배되며, 한국 기업에도 불이익을 초래

한다는 점을 미국 기업의 사례를 통해 역제시하는 방식의 대응이 요구된다.

6. 정책 제안 및 결론

1) 디지털 통상 대응을 위한 범부처 TF 및 사전 대응 체계

디지털 통상 이슈는 기술 발전, 산업 구조, 안보 전략, 법제도 정합성 등 다층적 사안이 복합적으로 결합한 영역으로, 기존의 양자 간 통상 틀이나 전통적 무역 분쟁 해소 방식만으로는 효과적으로 대응하기 어렵다. 특히 트럼프 2기 행정부의 출범과 함께 미국 내 디지털 통상 규범 재편 움직임이 본격화되는 가운데, 한국 정부는 보다 선제적이고 통합적인 대응 체계를 마련할 필요가 있다.

이에 따라 관계 부처 간 유기적 협력을 제도화하고, 쟁점별 대응의 전문성과 속도, 일관성을 확보하기 위한 상설 협의체로서 '디지털 통상 대응 범부처 태스크포스(TF)'의 신설이 필요하다. 이 TF는 외교부, 산업통상자원부, 과학기술정보통신부, 방송통신위원회, 개인정보보호위원회 등 핵심 부처들이 참여하여, 통상 마찰 가능성이 높은 사안을 사전적으로 검토하고 위험도를 분류하며, 미국 무역장벽 보고서(NTE)에서 제기되는 쟁점에 대응하기 위한 사전 대응 및 정합성 검토 체계를 운영해야 한다.

이러한 범부처 협의체는 단순한 사후 해명용 대응이 아니라, 국민적 관심과 감시 속에서 디지털 주권을 어떻게 정의할 것인가에 대한 논의의 장으로 작동해야 한다. 또한 향후 디지털 질서가 특정 국가의 규범이 아닌 공동 규범으로 재편되기 위해서는, 외교적 실무뿐 아니라 사회적 합의를 수렴할 수 있는 기반도 함께 구축하여야 할 것이다.

2) 국가안보와 글로벌 규범의 균형 프레임 제시

한국 정부는 국민의 정보기본권 보장과 국가안보를 고려하여, 위치정보 수출 제한, 공공 클라우드의 보안인증 요건, 개인정보 국외 이전에 대한 절차적 통제 등 다양한 디지털 정책을 운영하고 있다. 이러한 정책은 사익 보호를 위한 기술 장벽이 아니라, 국민 전체의 공익을 전제로 한 입법적·행정적 판단의 결과이다. 규범적으로도 국제무역규범상 공공정책 목적에 따른 예외로 충분히 정당화될 수 있다.

그럼에도 불구하고 미국은 자국 디지털 기업의 시장 진출 및 확대라는 이해관계를 전면에 내세워 한국의 제도들을 지속적으로 비판하고 있다. 이러한 비판은 한국이 자율적으로 결정한 규제 정책을 미국 통상 전략의 종속 변수로 취급하는 것으로, 결과적으로 디지털 주권의 침해로 연결될 수 있다. 이와 같은 주장에 대해 한국은 보다 체계적인 반론 프레임을 구축할 필요가 있다.

'데이터 주권'은 특정 이슈에 대한 일회성 방어 논리를 넘어서, 어떤 가치를 중심으로 디지털 질서를 설계할 것인가에 대한 국가적 선언이다. 정부는 헌법과 법률에 기반한 공익 목적의 규제가 자유무역과 양립할 수 있다는 사실을 국내외에 분명히 천명해야 하며, 이를 위해 합리적 차등주의(reasonable differentiation)에 기반한 '균형 프레임'을 전략적으로 제시할 필요가 있다. 이러한 균형 접근은 글로벌 규범을 일방 수용하는 것이 아니라, 한국 스스로 디지털 규범 형성의 주체가 되어야 한다는 전략적 자율성 확보의 출발점이다.

3) 규제 정당성 확보와 한미 통상 협의에서의 레버리지 확보

미국은 최근 들어 자국 내에서도 플랫폼 독점 규제, 개인정보 보호 강화, 콘텐츠 플랫폼에 대한 투명성 의무 부과 등 다층적인 디지털 규제를 도입하고 있으며, 이는 한국보다 훨씬 더 강력한 조치도 포함한다. 그럼에도 불구하고 미국은 한국의 보안 인증, 방송자본 규제, OTT 규제 등을 일방적 무역장벽으로 간주하며 외교 채널을 통해 시정조치를 요구하고 있다.

이러한 이중 잣대에 대해 한국은 단호한 입장 정립과 정당성 확보 노력을 병행해야 한다. 특히 트럼프 2기 체제에서 미국의 동맹국에 대한 통상정책이 상호주의보다는 자국 우선주의로 수렴될 가능성이 높은 만큼, 한국은 외교적 레버리지를 확보하기 위한 정합성 근거, 해석 권한, 공개 협의 틀을 전략적으로 제시해야 한다.

예컨대, FTA 내 유보조항 해석의 자율성, IPEF 디지털 조항의 적용 범위, 미국 국내법(CLOUD Act 등)의 역외 효과 등에 대한 분석을 통해, 한국의 입장이 단순한 방어가 아닌 국제규칙 설정에 적극 참여하는 행위자임을 천명할 수 있다. 이러한 접근은 외교적 설득력 제고는 물론, 국내 시민사회와 산업계가 함께 참여할 수 있는 디지털 외교의 내적 기반으로도 기능할 수 있다.

궁극적으로 이는 단기적 협상력 확보를 넘어 "한국이 외세 종속적 디지털 구조에서 벗어나 독자적 가치와 규범을 선택할 수 있는 자율적 행위자"라는 이념적 메시지를 내포하며, 이는 국제 협상에서도 충분한 정당성 논거로 작동할 수 있다.

4) 콘텐츠·플랫폼 산업의 전략적 재구성 방향

디지털 통상 갈등의 기저에는 자국 플랫폼 기업의 해외 시장 진출을 관철시키려는 미국의 산업 전략적 목적이 명확히 자리 잡고 있다. OTT, 클라우드, 검색·SNS 플랫폼 등 핵심 분야에서 미국 기업의 세계 시장 점유율은 절대적이며, 미국은 이러한 주도권을 제도와 통상 압력을 통해 공고히 하고 있다.

 이와 같은 구조 속에서 한국은 단순한 수용자 또는 규제 대상이 아니라, 디지털 기술 및 콘텐츠 역량을 보유한 창조적 공급자이자 규범 형성의 주체로 나아가야 한다. 이를 위해 OTT, 게임, 음악 등 콘텐츠 산업에 대한 전략적 민관 협력을 강화하고, 국내 플랫폼의 자생력을 확보하기 위한 정책 생태계를 구축해야 한다.

 동시에, 한국은 클라우드, AI, 메타버스, 블록체인 등 신산업과의 융합을 통해 콘텐츠 산업의 수직적·수평적 확장을 도모해야 한다. 또한 외국계 플랫폼의 지배력이 구조화되기 이전에 산업적 재구성을 통한 전략적 대응 능력을 확보해야 한다. 이는 산업 정책 차원을 넘어, 외교 안보 전략의 일환으로 기능해야 한다.

 나아가 플랫폼과 콘텐츠 산업을 단순한 경제 상품이 아닌, 국가 주권을 구성하는 디지털 자산으로 인식하는 패러다임 전환이 필요하다. 이를 통해 한국은 플랫폼·콘텐츠 산업 분야에서도 종속적 개방이 아닌 '규칙 설계자(rule shaper)'로서의 위상을 확보할 수 있으며, 이는 미국과의 통상 갈등을 자율적이고 전략적으로 조율할 수 있는 핵심 기반이 된다.

5) 국민적 공감 기반 위의 전략적 자율성 확보

디지털 통상 문제는 특정 부처나 산업만의 기술적 이슈가 아니라, 국민 삶과 직결된 주권적 결정이며 미래의 국가전략을 좌우하는 핵심 영역이다. 따라서 정부는 기술 주도권, 통상 협상력, 외교 전략 못지않게 국민적 공감대와 이념적 정당성 확보를 병행하여 추진해야 한다.

지금까지의 디지털 통상 대응은 주로 실무 차원에 머물러 있었으나, 앞으로는 국회, 언론, 시민사회가 함께 참여하는 국민적 공론화 기반 위에서 전략적 자율성의 가치를 재정립하는 노력이 필요하다. 이는 규제 완화냐 보호냐의 이분법을 넘어서, "어떤 기준과 규범을 우리가 주도적으로 선택할 것인가"에 대한 국가적 선언이자 사회적 합의 과정이기도 하다.

결국 디지털 통상 정책은 단기적인 외교 협상 문제가 아니라, 한국이 세계 디지털 질서의 변두리에 머물 것인지, 아니면 규범의 창조자이자 동등한 파트너로 자리할 것인지에 대한 선택의 문제이다. 지금이야말로 그 선택을 위한 국가적 기획과 제도 마련, 그리고 국민적 참여가 필요한 시점이다.

참 고 문 헌

KITA 한국무역협회 통상뉴스(2022. 4. 4.)
USTR 연례무역장벽 보고서, 중국·인도·EU 디지털 장벽 지적

데일리팝(2024. 8. 23)
유튜브도 예외없다. '망무임승차방지법' 재등장

동아일보(2024. 11. 28.)
한국의 대미무역 흑자 비판 강경 매파 트럼프 관세정책 총괄 USTR 대표 됐다

동아일보(2025. 3. 22)
또 "고정밀 지도 달라"는 구글...보안시설 노출 우려 넘을까

디지털투데이 (2025. 6. 19.)
상호관세가 쏘아 올린 공?...'망 사용료' 논란 재점화

매일경제(2025. 4. 18.)
"해외 관광객에 도움" "안보상 절대 안돼"...한국 정밀지도 요구하는 구글맵, 이번엔?

머니투데이(2025. 4. 1.)
미국, 韓 개인정보법에 첫 '무역장벽' 딱지...국외이전·과징금 겨냥

슬로우뉴스 (2022. 7. 6.)
한국 클라우드 보안인증제(CSAP) vs. 미국의 페드램프(FedRAMP)

아시아경제(2024. 7. 22.)
OTT도 방송처럼 규제받는다 … 통합미디어법 추진 속도

아주경제 (2022. 4. 4.)
미국 무역대표부 "한국 클라우드보안인증 부담돼"

아주경제 (2023. 12. 13.)
[단독] 국정원 보안 요구에 아마존·MS·구글 당황 ... CSAP 下인증 사실상 중단

아주경제(2025. 5. 6.)
트럼프 '외국영화 100% 관세' 지시 철회… '한국 드라마도 타격' 우려 진정

이데일리(2025. 4. 1.)
美, 韓무역장벽에 위치 기반 데이터 국외 반출 포함

전수진 (2025), 주요국의 글로벌 플랫폼 규제 유형 분류: 퍼지셋 이상형 분석을 중심으로, 과학기술법연구, 제31집 제1호.

전자뉴스(2024. 8. 8.)
野, 글로벌 빅테크 겨냥 '망 무임승차 방지법' 발의

전자신문(2024. 8. 11.)
망사용료 '제값받기' 법제화 탄력...정부도 무임승차 방지에 무게

조선비즈(2025. 2. 19.)
트럼프 '비관세장벽' 공세 韓 공공 클라우드 시장 덮친다...네이버, KT, NHN '긴장'

조선일보(2025. 5. 5.)
트럼프 "외국서 제작된 영화는 100% 관세"… 넷플릭스·디즈니 한국드라마도 타격 우려

조선일보(2025.2.7.)
"트럼프는 중국에게 유용한 바보"... 英매체의 비판 왜?

중기이코노미(2025. 4. 22.)
개인정보보호 장벽 규정...미 디지털 통상압박

한겨레(2024. 1. 30.)
미국상공회의소 한국 플랫폼법 큰 경함 공개 반대

한겨레(2025. 4. 1.)
미, 한국 플랫폼 규제를 무역장벽 적시... 미 빅테크 '민원' 반영

Apa, E. & Gangemi, G. (2019).
The Audiovisual Media Services Directive: The Promotion of European Works in On-Demand Audiovisual Media Services. MediaLaws - Rivista di diritto dei media, 2/2019. Retrieved from https://www.medialaws.eu/wp-content/uploads/2019/03/2-2019-Apa-Gangemi.pdf

Light Reading (July 30, 2014)
Neflix adds AT&T to pay-to-peer list

Skadden (Feb. 4, 2025)
Copyright Office Publishes Report on Copyrightability of AI-Generated Materials

IEEE Spectrum (Dec. 16, 2024)
Trump's Second Term Will Change AI, Energy, and More

Issue one (Jan 22, 2025)
Big Tech Cozies Up to New Administration After Sepnding Record Sums on Lobbying Last Year

Jack Corrigan, Sergio Fontanez, and Michael Kratsios (2022). Examining Government Aproaches to Foreign Technology Threats. Ceter for Security and Emerging Technology, https://cset.georgetown.edu/wp-content/uploads/CSET-Banned-in-D.C.-1.pdf

Office of the United States Trade Representative (USTR). (n.d.). Section 301 Investigations: Digital Services Taxes. Available at: https://ustr.gov/issue-areas/enforcement/section-301-investigations/section-301-digital-services-taxes [Accessed 19 Jun. 2025].

Office of the United States Trade Representative (USTR). Indo-Pacific Economic Framework for Prosperity (IPEF). Retrieved from https://ustr.gov/trade-agreements/agreements-under-negotiation/indo-pacific-economic-framework-prosperity-ipef (accessed June 19, 2025).

Peter Harrel (2025), Managing the Risks of China's Access to U.S. Data and Control of Software and Connected Technology. Carnegie Endowment For International Peace, https://carnegieendowment.org/research/2025/01/managing-the-risks-of-chinas-access-to-us-data-and-control-of-software-and-connected-technology?lang=en

Peter Harrell (2022), The United States and China's Strategic Competition Around Data Regulation, Carnegie Endowment for International Peace, https://carnegie-production-assets.s3.amazonaws.com/static/files/Harrell_US-China%20Data%20Regulation.pdf

Rithmire, Meg, and Courtney Han. (2021). The Clean Network and the Future of Global Technology Competition. Harvard Business School Case 721-045.

Saloni, S. (2023). South Korea's Indo-Pacific Strategy, Atmanirbhar Bharat, and the IPEF: Convergence and Commonality. Institute for Security & Development Policy (ISDP). Retrieved from https://www.isdp.eu/publication/south-koreas-indo-pacific-strategy-atmanirbhar-bharat-and-the-ipef-convergence-and-commonality/ (accessed June 19, 2025).

The Guardian (Sep. 26, 2022) European telecoms chiefs call on tech firms to share internet network costs

U.S. Chamber of Commerce (2022. 12. 7.) No Higher Priority: Why IPEF Must Include Strong Digital Trade Rules

United States International Trade Commission (USITC). (2023). Economic Impact of Section 232 and 301 Tariffs on U.S. Industries. Publication No. 5405. Washington, DC: USITC. Available at: https://www.usitc.gov/publications/332/pub5405.pdf [Accessed 19 Jun. 2025].

7

트럼프의 경제·일자리·
먹거리·안보 위협에 대한
국민적 대응 전략

주제준
한국진보연대 정책위원장

목차

1. 들어가며

2. 트럼프의 고도의 매드맨(Madman) 전략

3. 미국의 논리

4. 각국의 대응
   1) 중국 사례
   2) 멕시코의 사례
   3) EU의 사례

5. 한미 FTA와 트럼프의 관세 폭탄

6. 국민적 대응 방안
   1) 양면게임 전략
   2) 양면게임 이론
   3) 양면이론 적용 사례
      (1) 2008년 광우병 촛불 시위와 미국산 쇠고기 수입 협상
      (2) CPTPP 추진 및 중단 사례
      (3) 윤석열의 계엄과 내란을 대응한 사례

7. 트럼프의 경제·일자리·먹거리·안보 위협에 맞선 국민적 대응, 어떻게 할 것 인가
   1) 한미 동맹에 얽매여 끌려다니면 안 된다.
      여전히 한미동맹이 유효한가 논의의 물꼬를 터야 한다
   2) 호혜,평등 우호 국가와 연대 추진, 미국에 대응하기 위한 다자 연대 모색
   3) 한미 FTA 준수 요구
   4) 방위비 분담금 인상 압박, 군사비 증액 요구. 동맹이라면서 강도짓 하려 덤비는 격
   5) 미국의 비관세장벽 위협, 국민의 건강권 위협 적극 대응
   6) 주권자 국민을 믿고 'NO'라고 말할 수 있어야 한다

8. 윤석열의 계엄과 내란 맞선 주권자의 요구.
   내란청산과 사회대개혁 그리고 트럼프 위협 공동 대응

참고문헌

1. 들어가며

트럼프 행정부가 자국우선주의를 내세워 한국의 경제 일자리 먹거리 안보를 위협하고 있다. 이는 상호주의 원칙조차 무시한 불평등하고 굴욕적인 협상을 요구하는 것이고, 한국에 가혹한 희생을 강요하는 것이다.

트럼프 대통령은 지난 4월 2일 국가별 상호관세 부과 방침을 발표하며 한국에 25%를 부과했고, 이와는 별도로 10%의 기본관세는 4월 5일부터 시행했다. 이에 앞서 철강, 알루미늄에 25% 관세 부과가 3월 12일부터 시행됐다. 또한, 6월 4일에는 철강·알루미늄에 대한 관세를 25%에서 50%로 두 배 인상했다. 덧붙여 6월 12일에는 철강 알루미늄 뿐 아니라 세탁기·냉장고 등 철강이 포함된 제품에도 50%의 관세를 물리기로 했다. 자동차·반도체 등 핵심 수출 품목에 대해서도 7월 8일까지의 관세 유예를 압박 지렛대로 삼아, 한국을 일방적으로 몰아세우고 있다.

또한, 미국은 달러 약세 유도를 위한 환율정책을 통해 자국의 수출경쟁력 확보에 나서고 있다. 막대한 대미 투자와 국내 산업공동화, 대량 실업을 부추기고 있고, 5월 20~22일 한미 국장급 관세 기술 협의에서 또다시 '비관세장벽' 철폐를 요구하고 있다. 이에 따르면 한국의 소고기·쌀 수입 규제, 수입차 배출가스 기준, 정밀지도 반출 제한, 약가정책, 무기 기술이전 조건 등이며 이는 한국의 경제주권과 국가주권 정책의 후퇴를 노골적으로 강요하는 것이다.

2. 트럼프의 고도의 매드맨(Madman) 전략

트럼프 대통령의 '매드맨(Madman) 전략'은 세계 패권국이라는 미국의 지위를 이용하여 상대국에 미국이 예측불가능한 미친 행동도 감행할 수 있다는 압박과 공포를 전달하면서 미국에 유리한 상대국의 양보를 끌어내겠다는 전략이다. 트럼프 대통령은 2016년 공화당 대선 경선 토론회에서 "우리는 더욱 예측 불가능한 국가가 돼야 한다"고 언급하며 '미치광이 전략'을 공식화한 바 있다. 트럼프 대통령이 상상을 초월하는 높은 기본관세와 품목별 관세를 부과하는 것은 이와 같은 맥락이다.

전 세계 관세 폭탄으로 세계 경제가 받는 충격은 상상 이상이다. 4월 2일 트럼프 행정부의 상호관세 발표 이후 세계 금융시장은 일제히 출렁였다. 트럼프 대통령은 이날 국가비상사태를 선언한다고 밝히면서 "오늘은 미국 경제 해방의 날!"이라고 선언했다.

그리고 4월 9일 90일 상호관세 유예 발표와 5월 미중 관세 협상 타결로 현재는 대부분의 증시가 4월 이전치를 회복했지만 IMF, OECD, 세계은행 등은 2025년 세계 경제성장률 전망치를 모두 하향했다.

세계무역기구는 4월 16일 올해 세계 상품무역은 전년 대비 0.2% 감소할 것으로 전망했고, 90일 유예된 트럼프의 상호관세가 전면 시행되면 올해 상품무역은 1.5% 감소할 것으로 관측했다.

중요한 점은 이러한 '미치광이 전략'에 따른 미국의 전 세계를 향한 관세폭탄으로 트럼프 대통령은 미국의 관세 이익을 높이고, 무역수지 적자 폭을 줄이며, 미국의 제조업 생산 확대를 통해 미국 일자리를 늘리겠다는 것이었으나, 글로벌 투자은행들은 트럼프 대통령의 이러한 예측은 '가짜', '거짓'이라고 강변한다.

〈표 1〉 관세충격에 의한 2025년 세계 경제성장률 감소 전망

(2025. 6. 20. 기준)

기관	2025년 세계 경제 전망
IMF	2025년 세계 경제성장률 전망치를 3.3%→2.8% 하향
국제금융센터	•글로벌 기본관세 10%와 상호관세(대중국 도합 54% 가정) 2025년 세계 경제성장률은 당초 전망치 3.3%(IMF 1월 전망치)에서 0.49%p 감소할 것으로 예상 •2025년 세계 경제성장률 전망치 2.6%로 수정
OECD	2025년 세계 경제성장률 전망치를 3.1%→2.9% 하향
세계은행	2025년 세계 경제성장률 전망치를 2.7%→2.3% 하향
대외경제정책연구원	2025년 세계 경제성장률 전망치를 3.0%→2.7% 하향

민주연구원 [트럼프행정부의 관세정책 현황 및 대응방안], 임규빈 연구위원 글. 재인용

글로벌 투자은행들은 트럼프 행정부의 상호관세 행정명령 발표 후 2025년 미국의 성장률 전망치를 평균 1.9%에서 0.8%로 하향 조정 했다. 또한 미국의 관세가 높아지면서 물가 상승을 부추겨 스태그플레이션을 전망했다.

IMF는 4월 22일 발표한 '세계경제전망'에서 2025년 미국 경제성장률을 2.7%에서 1.8%로 하향조정했으며 OECD는 6월 발표한 'OECD 경제전망'에서 미국 경제성장률을 2.2%에서 1.6%로 하향조정했다. 세계은행도 2.3%에서 1.4%로 조정했다.

심지어 제이피 모건 (JP Morgan)은 미국의 2025년 실질 GDP 성장률을 −0.3%로 예상했다.

미국의 실업률 전망치로 평균값을 4.2%에서 4.4% 상향 조정 했고, 제이피 모건(JP Morgan)의 경우 5%가 넘을 것으로 관측했다.

이렇게 되자 안전자산이라고 여겼던 미 국채의 가치가 하락하고 있다. 미국 10년 만기 국채 수익률은 4월 21일 4.41%로 17일 만에 8bp 상승했다.

트럼프의 관세폭탄은 결과적으로 미국의 경제도 위축시키고 있으며 트럼프 대통령의 지지율도 큰 폭으로 축소되고 있다.

3. 미국의 논리

미국 경제자문위원회(US Council of Economic Advisers)의 스티븐 미란(Stephen Miran) 의장은 4월 7일 '허드슨 연구소' 연설[1]을 통해 트럼프 행정부의 관세 전략을 설명한 바 있다.

허드슨 연구소는 신보수주의 싱크탱크로 알려져 있으며 친 공화당의 할란 크로우(Harlan Crow)와 같은 우익 신흥재벌의 자금을 지원받고 있다. 주요 후원자로는 루퍼트 머독(Rupert Murdoch), 폭스 뉴스(Fox News), 금융가 찰스 스왑(Charles Schwab), AT&T, 블랙스톤, 셰브론, 메타, 월마트, BAE 시스템, 보잉, 록히드 마틴, 노스롭 그루먼 등이 있다.

스티븐 미란은 미국이 두 가지 '글로벌 공공재'를 제공한다고 주장하면서 그 첫 번째가 미군이 감독하는 '안보 우산'이며 다른 하나는 국제 금융 시스템에서 주요 준비 자산으로 사용되는 달러와 미국 국채라고 강조한다. 그러면서 미국은 두 가지 공공재를 제공하는 데에 비용이 많이 든다고 불평하면서 트럼프 행정부는 더 이상 다른 나라의 무임승차를 허용하지 않을 것이라고 밝힌다.

미국의 조치에 대해 미란은 달러 지배력의 중요성을 인정해

---

[1] 2024.11., 글로벌 무역 시스템 재편을 위한 사용자 가이드(A User's Guide to Restructuring the Global Trading System), 스티븐 미란(Stephen Miran)

야 한다며 이 때문에 생긴 '지속 불가능한 무역 적자'가 특히 미국의 제조업 파괴라는 부작용을 일으키고 있으므로 여러 나라들이 이의 완화에 협력해야 한다며 각국에 요구한다. ▲각국은 시장을 개방하고 미국에서 더 많이 상품과 서비스를 구매할 때 불공정하고 해로운 거래 관행이 중지될 수 있다는 것이고 ▲여러 나라들이 수출품에 대한 미국의 관세 부과를 보복 없이 받아들일 때 달러라는 공공재를 전 세계에 공급하는 데에 더 유리한 환경이 만들어진다는 것이고 ▲국방비 지출을 늘리고 미국 상품 조달을 확대하면 미군 장병들의 부담은 줄어들고 미국 내 일자리 창출은 증가한다는 것이다. ▲ 또한, 미국에 투자하고 공장을 세워서 물건을 만든다면 관세에 직면하지 않을 것이라고 목소리를 높였다. 기가 막힐 노릇이고 사실상 강도적 요구에 가깝다고 할 수 있다.

이러한 미란의 연설은 2025년 1월에 발표된 미국 우선주의 무역 정책(America First Trade Policy) 각서에서 미국 관세 부과의 내용을 좀 더 입체적으로 보여주고 있다.

□ 미란 보고서의 주요 내용[2]

○ 달러 과대평가와 트리핀의 딜레마[3]

– 미국 달러의 기축통화 지위로 인해 지속적인 수요가 달러 가

---

[2] 김장호, 트럼프 통상정책과 세계경제의 변화 중 인용.
[3] 트리핀 딜레마(Triffin's Dilemma) : 트리핀의 딜레마는 세계 기축통화 역할을 하는 국가가 국제 유동성을 제공하기 위해 지속적인 경상수지 적자를 감수해야 하지만, 이러한 적자가 누적되면 해당 통화에 대한 신뢰가 약화되어 국제 통화 시스템의 불안정을 초래할 수 있다는 역설이다.

치를 과대평가하며, 이는 미국 수출 경쟁력을 약화시키고 무역적자를 심화시킨다고 주장
- 이는 '트리핀 딜레마'(세계 기축통화를 제공하는 국가가 무역적자를 감수해야 하는 모순)로 설명되며, 미국 제조업 쇠퇴와 산업 기반 약화를 초래

○ 관세의 전략적 활용
- 관세는 무역적자를 줄이고 국내 제조업을 부흥시키기 위한 도구로, 글로벌 무역 시스템 재구성을 위한 협상 레버리지로 사용 가능
- 미란은 2018~2019년 대중국 관세 사례를 들어 관세가 큰 거시경제적 부작용 없이 정부 수입을 늘리고, 중국 위안화 약세로 미국 소비자 가격 상승이 상쇄되었다고 분석

○ 비인플레이션적 효과
- 관세가 인플레이션을 유발한다는 기존 경제학적 통념을 반박하며, 적절히 설계된 관세는 비인플레이션적이며 재정수입을 창출할 수 있다고 주장
- 관세로 인한 달러 강세는 미국 소비자의 구매력을 유지하며, 상대국의 화폐 약세로 수출국이 관세 부담을 떠안게 된다고 주장

○ 안보와 경제의 연계
- 미국의 '방위 우산'을 글로벌 공공재로 보고, 동맹국이 이에 합당한 비용을 부담해야 한다고 주장

○ 환율 정책과 '마라라고 합의'
- 미란은 관세 부과 이후 달러화 강세를 예상하며, 이를 조정하기 위해 '마라라고 합의'와 같은 다자간 통화 협정을 제안
- 이는 1985년 '플라자합의'를 모델로 한 것으로, 달러 가치를 조정하여 무역 파트너들과의 균형을 도모하려는 것

○ 글로벌 무역질서 재편
- 다자주의(WTO 체제)보다는 미국 중심의 양자 협상 시스템을 선호하며, 미국이 주도하는 새로운 무역 규범을 만들자는 비전을 담고 있음

4. 각국의 대응

1) 중국 사례

미국이 전 세계를 향해 관세 폭탄을 터뜨리고 중국을 향해 145% 보복 관세를 제시하자 중국은 125% 보복 관세로 맞서고, 미국산 대두·옥수수 수입을 중단했다. 중국은 미국에 대해 '눈에는 눈, 이에는 이' 전략으로 강하게 대응했다.

그 결과 5월 12일 미중은 상대국에 대한 관세율을 115%씩 인하하기로 합의했다. 미국은 대중 관세를 145%에서 30%로 낮추었고, 중국은 대미 관세를 현행 125%에서 10%로 낮추었다.

이에 대해 이코노미스트는 5월 13일자 보도를 통해 "미국이 중국에게 이상할 정도로 너그러운 관세 협상을 했다(America has given China a strangely good tariff deal)"고 평가하기도 했다. 이는 트럼프의 비이성적 미치광이 전략에 대해 강하게 대응하는 국가에 트럼프의 '전술적 허세'가 그대로 드러났다는 평가가 우세하다.

〈표 2〉 2025년 2월 이후 美中 관세율 추이

날짜	2.1.	2.4.	3.3.	3.4.	3.26.	4.2.	4.4.	4.8.	4.9.	4.11.	5.12.
미국의 對中관세	10% 보편관세		20% 펜타닐관세		자동차 25% 품목관세	54% 상호관세		104% 보복관세	145% 보복관세		30%
중국의 對美관세		10% 일부 에너지 광물		10% 일부 농산물			34% 보복관세	84% 보복관세		125% 보복관세	10%

미중 관세율 추이, 트럼프 관세전쟁에 대한 중국의 대응, 최필수(세종대학교), 재인용

2) 멕시코의 사례

트럼프가 상호관세 행정명령 서명식 행사를 하고 있을 때, 백악관은 미국과 캐나다, 멕시코가 맺은 USMCA의 적용을 받는 멕시코 제품에 대해 무관세가 유지된다고 발표했다. 멕시코에 대해서는 자유무역협정 체제를 변함없이 그대로 유지한다는 것이다. 멕시코가 어떻게 트럼프와 협상했는지 철저하게 살펴봐야 하는 이유다.[4]

---

4) 오마이뉴스 (2025.04.11), 결국 트럼프는 협상할 것…한국이 위기에서 벗어나려면. 송기호 변호사

애초 트럼프는 지난 1월 20일 취임하자마자 멕시코에 대하여 25% 관세를 부과하겠다고 위협했다. 명백한 자유무역협정 위반이었다.

멕시코의 클라우디아 셰인바움 대통령은 대응의 기본 원칙을 세우고 끝까지 견지했다. 그는 미국과의 관계에서 주권 존중이 아닌 일방적 굴복은 거부한다는 원칙을 일관되게 천명했다. 미국이 멕시코를 존중하지 않으면 멕시코도 단호하게 대응할 것이라고 경고했다.

셰인바움 대통령은 매일 국민과 언론을 만나 원칙을 설명하고, 소통하며, 국민적 단결을 호소했다. 동시에 그는 트럼프와 직접 소통했다. 트럼프가 멕시코에 대해 가지고 있는 핵심적 관심 사항을 피하지 않고 정면 대응했다. 미국·멕시코 국경에 방위군을 배치했다. 그리고 트럼프에게 직접 97% 감소한 불법 멕시코 이민 숫자와 41.5% 감소한 펜타닐 압수량의 구체적 수치를 제시했다고 한다.

멕시코의 관세 협정은 지금까지 성공한 것으로 보인다. 처음에는 한 달이라는 기간 동안 무역협정을 적용하는 잠정적 해결안을 도출했다. 그리고 마침내 최종적으로 현행 무역협정 체제를 그대로 적용하기로 합의했다. 멕시코 대통령은 이 최종적 해결을 국민에게 보고하는 기자회견을 열고 멕시코 국민, 국회와 적극 소통했다. 아직 자동차 철강 등 특정 품목 관세 문제가 남아 있고, 또한 추가 관세 부과를 예고하고 있으나 멕시코 정부는 마약 단속 문제와 미국·멕시코·캐나다 협정(USMCA) 이행사항 재검토 등을 매개로 효과적으로 대응하고 있다.

3) EU의 사례[5]

미국은 2025년 3월에 모든 자동차 수입에 대해 25%, 4월에는 EU에서 수입하는 모든 상품에 대해 20% 관세 부과를 발표하겠다고 했다. 이에 대해 EU도 즉시 25% 보복관세를(210억 유로) 승인했다. 또한, 디지털세 부과 확대, 미국산 컨설팅과 금융서비스 규제 강화, 지식재산권 제한 등을 검토한다고 발표했다. 이와 함께 미국의 관세 부과 유예와 물밑 협상을 시작했는데, 5월 말 트럼프 대통령과 폰 데어 라이엔 유럽연합(EU) 집행위원장 사이의 통화를 통해 관세 부과를 일시 유예했다. 폰 데어 라이엔 위원장은 EU가 신속하게 협상을 진행할 준비가 되어 있다고 밝혔고, 트럼프 대통령은 이에 긍정적으로 반응했다. 미국은 EU가 미국산 자동차, 농산물, 에너지 수입을 확대할 것, 디지털세와 환경 규제를 완화할 것을 요구했다. EU는 관세의 폐지나 최소화가 목표로, 자동차, 의약품, 기계 등에 대한 상호 무관세 협정을 제안했다. 유예기간이 끝날 때까지 두 당사자는 협상을 지속할 예정으로 관측되며 합의에 이르지 못할 때는 무역 갈등이 다시 시작될 가능성도 상당하다. 트럼프 행정

---

[5] 미국의 관세 공세에 대한 EU와 일본의 대응, 임수강

부 1차 때의 패턴을 반복할 가능성도 없지 않다.

> 미국 행정부의 급진적인 정책 발표 → 트럼프 대통령의 말 폭탄 → EU의 강경 대응 선언 → 미국의 관세조치 유예 선언과 물밑 협상 → 정상회담을 통한 문제 해결 방안 제시 → 새로운 무역협정 진행

* 트럼프 행정부 1기 시기 EU와의 협상 패턴, 미국의 관세 공세에 대한 EU와 일본의 대응, 임수강 재인용

5. 한미 FTA와 트럼프의 관세 폭탄

한국과 미국은 한미 FTA를 체결했고 비준했다. 2012년부터 그 효력이 발생해서 양국은 '무관세'를 약속했다. 그런데 도널드 트럼프 미국 대통령은 '예외 조항'을 들어 소위 관세폭탄을 부과하고 있다. 국가안보를 위한 조처는 한미 FTA의 예외가 될 수 있다는 '23.2조' 조항을 악용하고 있는 것이다.[6] 한미 FTA에 따르면 2022년 기준 양국 상품의 약 98%가 무관세다.

한미 FTA 협정문 23.2조 조항에는 '국제 평화, 안보의 유지 또는 회복에 대한 자국의 의무 이행, 자국의 필수적 안보 이익의 보호에 필요하다고 판단하는 조처는 적용을 배제한다'고 돼 있다. 트럼프 대통령은 관세정책을 미국 안보를 위한 일이라고 강조하고 있다. 트럼프 대통령은 2018년 국가안보를 근거로 수입산 철강·알루미늄의 관세를 올렸는데, 상호 관세 부과 계획

---

6) 프레시안 (2025.04.03). 트럼프발 관세 폭탄, 한미 FTA 폐기 수순? "한국도 FTA 틀 안에서 미국과 협상해야"

을 밝히면서 "국가안보 위협 해소"라는 명분을 내걸었다. 그러면서 트럼프 대통령은 국가안보 위협 때 사용이 가능한 대통령 관세 결정 권한(무역확장법 232조, 무역법 301조, 관세법 338조, 비상경제수권법 등)을 총동원해 전 세계를 압박하고 있다.

특히 한국은 상호관세가 25%로 미국과 FTA 협정을 맺은 나라 중 가장 높은 관세를 부과하는 나라 중 하나이다. 멕시코는 4월 2일 트럼프가 상호관세 행정명령 서명식 행사를 하고 있을 때, 백악관은 USMCA의 적용을 받는 멕시코 제품에 대해 무관세가 유지된다고 발표했다. 멕시코에 대해서는 자유무역협정 체제를 변함없이 그대로 유지한다는 것이다.

이런 까닭에 한미 FTA의 실효성에 대한 의문이 제기되고 있다. 미국이 한미 FTA를 사실상 무시하고 있다는 분석이다.

당연히 트럼프 대통령의 관세 부과가 실제 미국 안보와 연관이 있는지, 한미 FTA 예외 조항에 해당하는지 등을 따져야 한다. 또 한미 FTA 위반에 대한 세계무역기구(WTO) 제소 등도 고려해 볼 수 있지만 WTO 상소기구가 미국의 위원 선임 거부로 마비돼 있어, 분쟁 해결 절차가 제대로 진행되지 않을 가능성도 크다.

특히 이 과정에서 트럼프 대통령의 발언이 사실과 다르다는 점을 명확히 해야 한다. 트럼프 대통령은 올해 초 "한국 관세가 미국보다 평균 4배 높다"며 "심지어 우리는 그들에게 군사적으

로 지원 중"이라고 말했다.[7]

한미 양국은 자유무역협정(FTA)에 따라 거의 모든 공산품에 서로 관세를 매기지 않고 있다. 대미 수입품 전체로 보면 평균 관세율은 지난해 기준 0.79%정도로, 환급까지 고려하면 이보다 더 낮다.

뿐만 아니라, 한국이 세계에서 가장 많이 미국에 투자하는 국가 중 하나라는 점도 협상의 지렛대로 활용해야 한다. 지난해 파이낸셜타임스는 "유엔무역개발회의(UNCTAD) 자료를 분석한 결과 2023년 한국은 미국에 215억 달러(약정금액 기준)를 투자하며 최대 투자국이었다"고 보도했다.

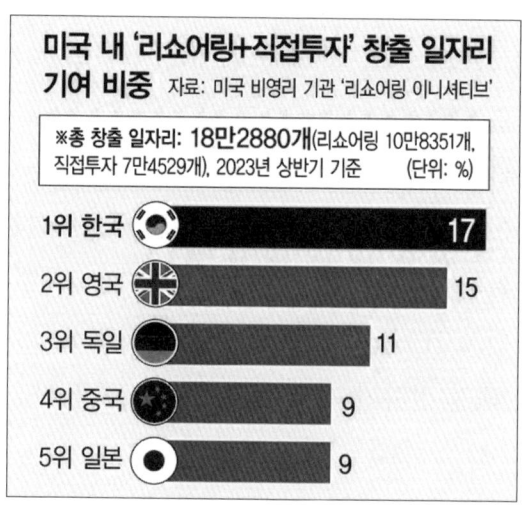

미국내 신규 일자리 창출 국가 기여도 (한겨레신문, 2024.06.27)

---

7) 중앙일보 (2025.03.05), "한미FTA로 관세율 0% 수준"…트럼프 4배 발언에 깜짝 놀란 정부

6. 국민적 대응 방안

1) 양면게임 전략

노무현 대통령은 2006년 한미 FTA 협정 추진을 진행했고, 국민적으로 거대한 저항을 받았다. 한미 FTA 협상이 마무리 되는 시점인 2007년 4월 노무현 대통령은 협상을 마무리하면서 "협상 과정에서 정부는 찬반 양쪽 의견을 협상에 최대한 반영하기 위해 노력했습니다. 찬반이 뜨거웠기에 협상의 결과가 더 좋아졌을 것이라고 생각합니다. 이뿐만 아니라, 반대하신 분들의 주장이 우리의 협상력을 높이는 데 큰 도움이 되었을 것입니다. 그리고 전략적으로 그렇게 하신 분들도 있을 것입니다"라고, 담화문을 통해 발표 한 바 있다.

2) 양면 게임 이론

노무현 대통령의 이러한 언급은 최근 국제협상에서 정립되어가는 입장이다. 국제 협상에 대해 전통적 접근 방식은 외교와 국내 정치를 엄격하게 구분하고 외교가 국내 정치에 휘둘리면 안 된다는 입장이었다. 외교가 국내 정치의 수단이 되어서는 안 되고, 외교의 독자성과 전문성을 보장해야 한다고 강조한다.

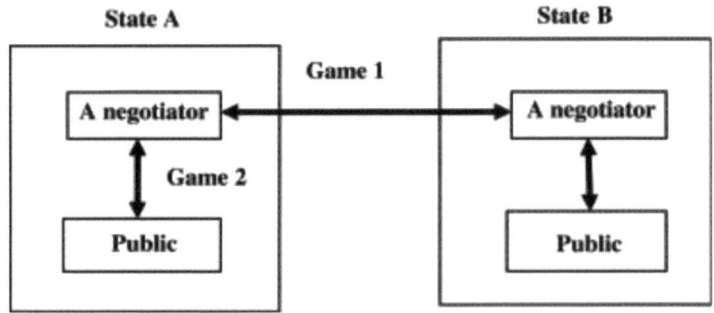

양면게임이론의 개념 설명, Game 1 [국제적 제약/ 정부 간 협상], Game 2 [자국원셋변경/ 국내적 제약] 등이 연결되어 상호작용이 필연적이다.

하지만 최근에는 외교와 국내정치가 연계되고 상호작용해야 한다는 주장이 제기되고 있다. 1988년 로버트 퍼트넘[8] 미국 하버드대 정치학과 교수가 발표한 〈외교와 국내정치: 양면게임(two-level games)의 논리〉 논문이 대표적이다. 퍼트넘 교수는 국제정치와 국내정치를 엄격하게 구분해온 기존 학계 관행을 비판하며, '양면게임' 이론을 제시했다. 외교는 국가 간 협상이란 외부 게임과 국내정치란 내부 게임이 두 차원에서 동시에 진행된다는 내용이다. 정부가 대외 협상에서 합의하려는 내용이 국내에서 국회와 이익집단에도 동의(국내 비준)를 받아야 한다는 것이다.[9]

---

8) 현재 하버드 대학교 케네디 행정대학원 교수로 재직하며 공공 정책 분야를 담당하고 있다. 2006년에는 정치학자에게 주어지는 최고의 영예로 알려진 쉬테(Skytte) 상을 수상했다. 국가 간 협상이 합의에 이르는 과정을 국제 정치와 국내 정치의 상호작용을 통해 해석한 양면 게임 이론(Two-level game theory)의 주창자로 유명하다(1988년의 논문 "Diplomacy and Domestic Politics: The Logic of Two-Level Games").

9) 한겨레신문 (2021.07.21). [유레카] 양면게임과 한일정상회담

기존 이론에서는 국가 간 협상 결과는 그 성패와 관계없이 해당 국가의 자발적인 선택으로 여겼다. 양면게임 이론은 국가 간 협상에서 양국 협상 당사자끼리 합의를 했더라도 국내 비준을 못 받으면 협상이 깨지는 경우를 상정한다. '비자발적 배신'이다. 이런 사례는 한일 관계뿐만 아니라 2000년대 한미 투자 협정과 스크린 쿼터 협상 사례, 1990년대 중반 쌀 시장 개방과 관련한 우루과이라운드 협상 등에서 찾아볼 수 있다.

양면게임 이론의 핵심 개념은 '윈셋'(win-set)이다. 퍼트넘 교수는 윈셋을 '주어진 상황에서 국내 비준을 얻을 수 있는 모든 합의의 집합'이라고 설명했다. 양쪽의 윈셋이 겹치는 부분이 합의 가능한 영역이므로 윈셋이 겹치는 부분이 클수록 협상 타결 가능성이 커진다. 양면게임 이론 틀로 보면, 한일 관계가 안 풀리는 이유는 과거사 등 현안에서 겹치는 윈셋의 범위가 아주 좁고 '가해자 일본'과의 합의에 대한 국내 비준이 어렵기 때문이다. 여기에 한일 관계는 양국이 이견을 좁혔더라도 돌발 악재가 발생하면 원점으로 돌아가곤 한다.

3) 양면이론 적용 사례

(1) 2008년 광우병 촛불 시위와 미국산 쇠고기 수입 협상
한미 쇠고기 무역협상은 2006년1월부터 2008년 6월까지 2년여의 험난한 과정을 거치며 전개되었고 미국은 협상결과에 있어서 수출재개의 성과는 거두었지만 결국 자국이 원하는 바를 일부만 얻을 수 있었고, 반대로 한국은 2008년 6월 추가협상에서 자국이 선호하는 바를 상당부분 반영시키는 결과를 얻을 수 있었다.

발단은 2008년 집권 초기 이명박 대통령이 버시바우 당시 주한 미국대사를 만나 그해 4월 이명박 대통령의 방미에 앞서 미국산 쇠고기 수입을 전면 개방하겠다고 한 약속이었다.[10] 결국 이명박 대통령의 방미 후 한국은 미국산 쇠고기 수입 부위 제한을 완화하고, 수입을 재개하기로 합의했다. 이 결정에 대해 국민들의 우려와 반발이 있었던 것이다.

이러한 우려 속에 2008년 5월부터 대규모 촛불 시위가 시작되었으며, 시위는 광우병 위험에 대한 불안감과 정부의 불신을 배경으로 전국적으로 확산되었다.

결과적으로, 이명박 정부는 국민들의 우려를 감안하여 미국산 쇠고기 수입 위생조건을 강화하고, 30개월령 이상의 쇠고기는 수입하지 않기로 추가 합의했다.

한미 쇠고기 협상의 치열한 과정과 예상 밖의 결과는 국제체제적 요인은 물론 국내적 요인에 의해 중대한 영향을 받음으로

---

10) 한겨레신문 (2011.09.05.) MB 2008년 미국 방문 전 '쇠고기 개방' 약속했었다.

해서 발생했다. 양면게임이론으로 밖에 해석할 수 없는 현실인 것이다. 한미 양국 간의 쇠고기 수입 조건 협의는 결과적으로 국내적 요인, 즉 광우병 위험 미국산 수입 저지 촛불이라는 국내적 영향을 크게 받으면서 타결되었다.

미국은 자국의 패권을 활용하고, 동시에 자국의 영향 하에 있는 국제검역제도를 조율하고 국제제도인 국제수역사무국과 같은 국제체제적 요인들을 통해 한국의 수입 기준 완화를 요구했다. 윈셋 사이즈를 넓힘으로 해서 4월 협상에서 유리한 결과를 얻는데 성공했다. 그러나 4월 협상 결과가 발표되면서 한국 내부에서 광범위한 미국 쇠고기 수입반대세력이 형성되고 이들이 중심이 된 대규모 수입반대 및 재협상 요구 '촛불시위'가 연일 계속되면서 한국의 윈셋 사이즈는 급격히 축소하기 시작했다. 따라서 6월 추가협상은 이런 매우 작아진 윈셋 사이즈를 가진 한국과 한국 내부의 촛불 시민들의 등장 등에 의한 영향을 받아 윈셋 사이즈가 확대된 미국과의 협상이 되어 결국 윈셋 사이즈가 큰 미국이 양보하는 결과를 보이게 된 것이다. 결과적으로 한미 쇠고기협상은 국제체제적 요인은 물론 국내적 요인들에 의해 중요한 영향을 받았고 특히 한국의 촛불시위 등 국내적 영향이 협상의 과정과 결과에 가장 결정적인 영향을 미쳤음을 확인하였다.[11]

---

11) 2009.12.01. 국제협상에서의 국내적 제약의 역할:한미 쇠고기무역협상의 양면게임적 분석, 김관옥(계명대)

(2) CPTPP 추진 및 중단 사례

2022년 4월 문재인정부가 포괄적·점진적 환태평양경제동반자협정(CPTPP) 가입을 추진하기로 최종적으로 결정했다. 홍남기 당시 부총리 겸 기획재정부 장관은 4월 15일 서면으로 대외경제장관회의를 열고 'CPTPP 가입 추진계획'을 의결했다고 밝혔다.[12]

CPTPP는 아시아·태평양 지역 11개국이 결성한 다자간 자유무역협정(FTA)이고 미국이 주도했던 환태평양경제동반자협정(TPP)에서 미국이 탈퇴하자 일본과 호주, 멕시코 등 나머지 국가가 2018년 12월 출범시켰다. 당시 문재인정부는 CPTPP에 가입하면 교역·투자 측면에서 시장이 다변화되고 급변하는 통상 환경에서 안정적인 공급망을 확보하는 등의 효과가 기대된다고 밝혔다.

농민과 어민 그리고 시민사회단체들은 반대에 나섰다. CPTPP는 일본이 주도하고 있다는 점에서 실질적인 한일 FTA 효과를 낳게 된다는 것이었다. 제조업도 피해가 예상되는 대목이었다. 특히 당시에는 한국 대법원의 강제동원 피해자 배상 판결 이후 보복 조치로 2019년 7월 일본이 반도체 소재 등 일부 품목에 대한 수출 규제를 시행하면서 양국의 군사정보보호

---

12) 2022.04.05. 연합뉴스. 정부, CPTPP 가입 추진 의결… "국내 보완 대책 충실히 마련".

협정(지소미아) 종료 논의까지 이어졌다. 양국의 갈등이 심각해지는 상황이어서 국민적 반발도 예상외로 확대되었다.[13] 뿐만 아니라 시장 개방 수준이 높은 호주, 뉴질랜드 등 농업강국이 회원국으로 포함돼 있기 때문에 농수산물 수입 확대에 따른 농수산업계의 피해가 불가피했다.

포괄적·점진적 환태평양경제동반자협정 (CPTPP) 개요

그림 CPTPP 개요. 중앙일보 인용

이에 앞서 3월 25일 열린 공청회에서 농민과 어민은 적극적으로 반대의사를 표명했다. 농업 분야 경제 타당성 검토에서 15년간 연평균 853억~4400억원의 생산 감소가 불가피할 것으로 파악되었고, 수산업도 마찬가지로 베트남과 일본 등으로부터 어류와 갑각류 수입이 증가하면서 15년간 연평균 69억

---

13) 2019.09.03. 시사저널, 한국, 일본 WTO 제소 시 'GATT 11조 위반·강제동원 판결'

~724억원의 생산 감소가 우려된다는 점에서 그러했다.

먹거리 단체에서도 먹거리 안전 차원에서 원산지·이력제 등 수입제도를 개선하는 것이 선차적으로 해결해야 한다며 반대 의사를 적극 피력했다.

임기를 한 달도 채 남기지 않은 문재인정부가 '이번 임기 내 포괄적·점진적 환태평양경제동반자협정(CPTPP) 가입 신청, 다음 정부에서 가입 협상'을 공식적으로 발표하면서 많은 언론들은 농어민들과 갈등의 골이 깊어지고 있다고 분석했다.[14]

당장 농어민이 거리로 나왔다. 국민과함께하는농민의길과 한국농축산연합회, 전국어민회총연맹 등 농어민단체는 서울 여의도공원 광장에서 'CPTPP 가입 저지를 위한 전국농어민대회'를 열어 정부가 대책도 없이 CPTPP 가입을 추진하고 있다고 주최 측 추산 농어민 1만5,000여명이 참석해 규탄했다.

이에 앞서 같은해 4월 8일에는 제주도청 앞에서 'CPTPP 가입 저지 제주농어민 비상대책위원회(비대위)' 주관으로 CPTPP 투쟁 선포식이 열리기도 했다.

이들은 "(정부가 CPTPP에 가입하면) 제주 경제의 가장 큰 버

---

14) 2022.04.15. 한국농정신문. 여의도 가득 메운 1만5천 농어민들 "CPTPP 가입 철회하라"

팀목인 감귤산업은 값싼 열대과일에 밀려날 것이고, 지금까지 열심히 만들어 놓은 시설 만감류 또한 가격경쟁에 버티지 못할 것"이라며 "CPTPP 가입의 가장 큰 피해 지역은 제주도가 될 것"이라고 성토하기로 했다.

국민과함께하는농민의길과 한국농축산연합회, 전국어민회총연맹 등 농어민단체 주최로 2022년 4월 13일 서울 여의도공원 광장에서 열린 'CPTPP 가입 저지를 위한 전국농어민대회'에서 전국에서 상경한 1만5,000여명에 달하는 농어민들이 CPTPP 가입을 강행하고 있는 정부를 규탄하고 있다. 한국농정신문 한승호 기자

결과적으로 여러 가지 요인으로 CPTPP 추진은 중단되었다. 2022년 5월 문재인정부에 이어 들어선 윤석열정부는 CPTPP 추진을 선언했지만 윤석열정부 집권 시기 CPTPP는 추진되지 않았다. 국민적 차원의 피해, 일본과의 갈등 심화 등 예상되는 상황에서 졸속적으로 추진된 거대 FTA였던 CPTPP 추진과 중단 과정에서 교훈점이 명확하다고 할 수 있다. 추진 과정에서 드러난 사실은 CPTPP는 농수축산인만의 문제가 아니다. 국민 건강권의 문제이고, 평화와 역사정의, 국민주권의 문제였다. 온 국민의 사안이었던 것이다. 이러함에도 불구하고 대외 협상 추

진 과정에서 결과적으로 국민과 충분한 소통 그리고 공동의 전략 마련 없이 졸속 밀실 협의로 추진되는 협상은 지속될 가능성이 높지 않다는 점이다.

7. 트럼프의 경제·일자리·먹거리·안보 위협에 맞선 국민적 대응, 어떻게 할 것 인가

1) 한미 동맹에 얽매여 끌려다니면 안 된다. 여전히 한미동맹이 유효한가 논의의 물꼬를 터야 한다

2024년 여론조사에 따르면 미국이 우리의 친구라고 답한 사람이 52% 달한다.[15] 한국리서치가 실시한 한반도 주변국 호감도 조사(2024년 10월)에 따르면 미국에 대한 감정온도는 57.1도로 여전히 보통 이상의 수준을 유지하고 있다. 미국에 대한 호감도는 2021년 1월 51.2도를 시작으로 4년 연속 50도 이상 수준을 유지하고 있으며, 일본, 중국, 러시아, 북한 등 다른 주요 4개국과 비교해 봐도 크게 높은 수준이다.

미국에 대한 이미지는 대체로 긍정적이다. 미국은 억압보다는 자유(54%), 적이 아니라 친구(52%), 권위적이기보다는 민주적(48%)이라는 인식이 강하다. 또한, 믿을 수 있으며(42%),

---

15) 2024.12.18, [2024 대미 인식조사] 미국 이미지와 한미 역량 비교, 한국리서치 '여론 속의 여론'

책임감 있다(40%)는 인식도 높다. 다만 위협적(32%)이라는 인식과 위협적이지 않다는 인식(31%)이 공존하며, 정직하지 않다는 인식(30%)이 정직하다는 인식(21%)보다는 우세하다. 미국에 대한 이미지가 좋다고만 볼 수는 없는 결과이다. 한국 사회에서는 여전히 우방국으로 미국을 꼽는다. 그런데, 현실은 크게 다르다. 미국의 대통령 트럼프는 '미치광이 전략'으로 한국을 향해 경제, 일자리를 수탈하려 하고, 먹거리와 안보를 노골적으로 위협한다.

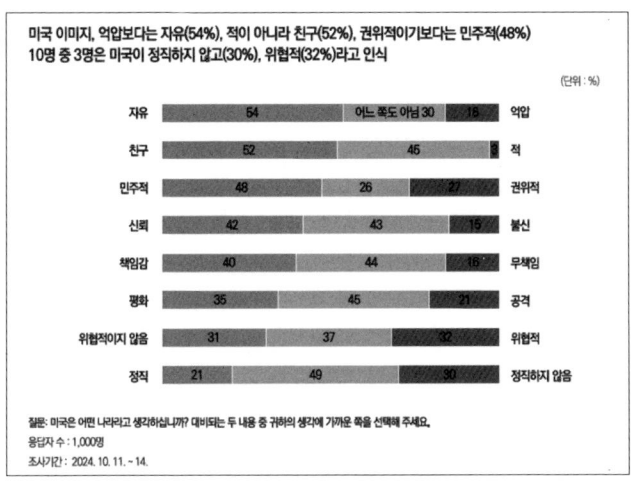

2024년 미국에 대한 이미지 여론조사 결과. 한국리서치 정기조사 여론 속의 여론

현실과의 괴리가 명확하다. 이런 점에서 2021년 당시 김준형 국립외교원장의 책 〈새로 읽은 한-미 관계사-동맹이라는 역설〉(창비)을 다시 볼 필요가 있다.

이 글에서 김준형 당시 국립외교원장은 "70년의 긴 시간 동안 한-미 동맹은 신화가 되었고, 한국은 동맹에 중독되어 왔다. 이는 우리가 처한 분단구조와 열악한 대외 환경 아래서 불가피한 선택이라는 측면이 있음에도 불구하고 압도적 상대에 의한 '가스라이팅' 현상과 닮아 있다."고 강조했다. 그리고 뒤이어 한겨레 인터뷰[16]에서 "가스라이팅이 성립하려면 사이가 좋아야 하고, 압도적 강자와 약자 사이에서 발생한다. 그 압도적 지배력으로 상대방의 합리적 판단력과 현실감을 잃게 해 통제력을 행사하는 것이 가스라이팅이다."라고 언급한다.

김준형 교수는 동맹의 '중독'에서 깨어나야 한다고 강조한다. 합리적 판단력과 현실감을 되찾아야 한다는 것이다. 트럼프 대통령은 동맹을 수탈한다. 자국이익을 위해 세계 경제를 위기로 몰아넣고, 한국경제를 위축시킨다. 일자리를 빼앗아 간다. 심지어 먹거리를 위협하고, 정보주권을 강탈하며, 안보를 위협한다. 지금은 물어야 한다. 한국과 미국이 동맹이 맞는가? 지금 우리가 할 일은 한미 동맹에 대한 근본적 물음을 시작해야 하는 것이다.

2) 호혜, 평등 우호 국가와 연대 추진, 미국에 대응하기 위한 다자 연대 모색

이재명 대통령은 공약으로 국제적으로 호혜와 평등 우호를 강조했다. "국익 중심의 실용외교를 통해 글로벌 경제, 안보 환

---

16) 2021.03.31, 한겨레신문, 김준형 "가스라이팅 비유는 한미동맹 중독에서 깨어나잔 뜻"

경의 대전환의 위기를 국익 극대화의 기회로 만들겠다[17]"라고 강조했다. 다양한 각급별 전략적 소통을 통해 한반도 정세를 안정적으로 관리하며, 한·중·일 3국 협력체제의 정례화를 통한 역내 협력을 강화할 것을 약속하였다. 이처럼 미국에 대응하기 위해 중국, 캐나다, 일본 등과 협력을 강화해 나가야 한다. 특히 중국에 대한 EU의 태도는 미국에 압력으로 작용할 것으로 예상된다. 그런 면에서 EU는 중국과 협력하는 모습을 연출하는 것이 나쁘지 않은 전략 중 하나다.

3) 한미 FTA 준수 요구

지금 한국에 필요한 것은 트럼프에 대응하는 기본 원칙이다. 트럼프에게 한미 FTA를 지키라고 말해야 한다.[18] 지키지 않으면 폐기 수순으로 나아가야 한다. 가령, 미국산 쇠고기의 관세는 40%에서 내년 2026년이면 0%에 이른다. 한미 FTA를 충실히 이행한 결과이다. 그런데 트럼프는 현재 한국에 대해서는 한미 FTA 체제를 인정하지 않고 있다. 한국이 미국에 FTA를 제공하는 만큼 미국도 동일한 정책을 한국에 제공할 것을 요구해야 한다. 이것이 진정한 상호성 원칙이다. 미국이 부과한 25% 상호관세는 한미 FTA와 단 하루도 양립할 수 없는 괴이한 숫자 계산임을 미국에 단호하게 말해야 한다. 한국이 미국에 FTA에 따른 무관세 대우를 제공하는 만큼 미국도 동일한 무관세 대우

---

17) 2025.06.23, 법률신문, 21대 대통령의 국제통상 분야 주요 공약
18) 2025.04.07, 경향신문, 트럼프를 한미 FTA로 끌어들이려면, 송기호

를 한국에 제공할 것을 요구해야 한다. 이것이 트럼프가 내세우는 상호관세에서 진정한 상호성 원칙이다.

미국이 오랫동안 한국에 요구해 온 개별적인 통상 현안을 해결해 주는 방식으로는 트럼프 상호관세를 해결할 수 없어 보인다. 한국에서 막대한 이익을 보는 구글 등 빅테크 기업에 세금을 부과하는 문제, 30개월 이상 미국산 쇠고기 수입 제한 문제, 유전자조작 감자 수입 문제 등 개별적 통상 사안을 한국이 알아서 먼저 해결해 주는 것은 의미가 없다. 그런 것으로 트럼프가 달라지지 않는다.

한편, 일각에서 한일 FTA 추진[19] 또는 한일 FTA와 CPTPP 가입의 병행 추진을 제안하고 있다. 이유는 트럼프 대통령의 미치광이 전략으로 자유무역이 퇴조하고 있는 상황에서 양자 또는 다자간의 자유무역을 확대시켜 나가야 한다는 주장이다. 우려스럽다. 한국은 현재 59개국과 21개의 FTA를 맺고 있는 세계에서 가장 많은 나라들과 FTA 맺은 국가이다. 한일 FTA는 2000년대 추진되다가 자동차, 기계 산업 등에 피해가 커 중단된 바 있다. 또한 CPTPP는 앞서 언급했듯 높은 수준의 개방을 요구하고 있어 농업 및 어민 피해가 크고 국민 먹거리에도 지대한 영향을 미친다는 이유로 2022년 추진되다가 국민적 저항에 좌초했다는 사실을 잊어서는 안된다.

---

19) 2025.06.24, 피렌체의 식탁, [인터뷰] 김영배, 한일 FTA 필요, '외교가 밥이다'

4) 방위비 분담금 인상 압박, 군사비 증액 요구.
   동맹이라면서 강도짓 하려 덤비는 격

미국은 주한미군을 '협상 카드'로 악용하며, 한국 안보까지 흥정의 대상으로 삼고 있다. 주한미군은 더 이상 한반도 방어를 위한 병력이 아니라, 인도·태평양 전략에 편입된 대중국 기동군으로 전환되고 있다. 미국은 이처럼 한국을 미·중 충돌의 전초기지로 만들면서도, 오히려 미군 주둔비 폭등과 군사비용 폭증이라는 바가지를 국민에게 씌우려 한다.

한반도는 이제 대만해협 위기나 중국과의 충돌 시, 미국의 군사 거점으로 기능하며 중국 미사일의 표적이 될 위험에 노출되고 있다. 미국은 우리 안보를 위태롭게 만들면서도, 국민 혈세를 추가로 강탈하려 하고 있다. 이것은 노골적인 지배와 간섭이다.

트럼프 대통령은 집권 1기 때 '주한미군 철수' 카드까지 꺼내들며 방위비 분담액을 5배 늘린 50억 달러(약 7조3000억원)까지 증액 요구했다. 지난 트럼프 2기 대선 기간엔 한국이 '현금인출기'라며 100억 달러(14조6000억원)를 내야 한다고 주장하기도 했다. 한국의 올해 방위비 분담금이 1.3조원이니까 10배 가까이 늘려야 한다는 이야기다.

문재인 대통령 시기 통일외교안보특보였던 문정인 특보는 2017년 진행된 토론회에서 "(한미)동맹을 맺는 게 전쟁을 막기 위한 것인데 동맹이 전쟁의 기제가 되는 것을 찬성하는 사람이 없을 것"이라며 "많은 사람들이 '한미동맹 깨지는 한이 있어도 전쟁은 안 된다'고 한다"고 발언한 바 있다. 또한 이에 대해 당시 이재명 성남시장이 트위터에 "절대적으로 맞는 말씀입니다"라며 동의를 표했던 바가 있다.[20]

주한미군이 한반도에서 전쟁을 막기 위한 역할이 아니라 인도·태평양 전략에 편입된 대중국 기동군으로 전환, 미·중 충돌의 전초기지로 만들면서도 미군 주둔비 100억 달러 요구에 대해 문정인 전 특보가 했던 것처럼, 당시 이재명 성남시장이 동의했던 것처럼 단호하게 맞서야 한다.

한편, 나토 회원국들은 지난 6월 26일 진행된 나토정상회담을 통해 2035년까지 국방비 지출을 GDP의 5%까지 늘리기로 했다. 당장 스페인이 빠지겠다고 하니 트럼프는 "끔찍하다"면서 "관세를 최대 두 배 물리겠다"고 경고했다. 한국의 국방비 예산은 지난해 기준으로 올해 61조원이고 전체 예산 대비 2.6%이다. 5%까지 증액한다면 117조원에 이른다. 가뜩이나 과도한 군사비로 인해 한국은 OECD 국가 중 사회복지 비중이 가장 작은 나라라는 점을 고려하면 가능하지 않은 것이다. 단호하게 반대입장을 피력해야 한다.

---

20) 2017.09.28, 동아일보, 문정인 "한미동맹 깨져도 전쟁 안 돼"…이재명 "절대적으로 맞는 말씀"

5) 미국의 비관세장벽 위협, 국민의 건강권 위협 적극 대응

지난 6월 22일 여한구 통상교섭본부장이 미국으로 출국하며 한미 간의 3차 기술협의가 시작되었다. 대미 협상 및 협상안 마련은 ▲협상지원반 ▲산업협력반 ▲에너지협력반 ▲무역투자대응반 등 4개 작업반이 주도할 예정이라고 밝혔다.

미국이 요구하는 비관세장벽 철폐 요구는 사실상 먹거리 주권을 침해하는 것이다. 미국이 요구하는 미국산 소고기 30개월령 이상의 수입 확대요구는 지난 2008년 범국민적인 광우병 시위를 통해 알려진 사실에 의하면, 소에서 광우병(BSE)의 원인으로 지목되는 특정 부위를 '광우병 특정위험물질'이라고 하는데, 30개월령 이상 소의 특정위험물질은 특히 위험하다고 간주되어 당시 한국에서는 수입이 금지되었다. 그런데 트럼프 행정부는 30개월 이상의 소고기로 수입하라고 요구하는 것이다. 미국에서 국민의 건강과 안전마저 위협하는 주권 침탈이지 않을 수 없다.

쌀도 수입 확대를 요구하고 있다. 쌀은 WTO 다자협상에서 513%의 관세로 2015년에 개방했으나 그중 40만톤 정도는 5%라는 낮은 관세로 수입하게 되었다. 그중 약 31%인 13만톤을 미국으로부터 수입하는데도 불구하고 쌀 관세를 대폭 낮추라면서 쌀 수입 확대를 요구하고 있는 것이다. 명백한 식량주권 위협이다.

또한, 유전자변형생물체(LMO) 농산물 등에 대한 규제를 풀어 감자와 미니당근, 딸기, 냉동 라즈베리 및 블랙베리 등을 수입하라고 요구하고 있다. 위생·검역주권을 포기하라는 것이고, 국민 건강과 안전을 심각하게 훼손하는 것이다. 구글의 정밀 지도 반출 허용 문제도 기술 주권이라는 측면에서 다뤄야 한다.

6) 주권자 국민을 믿고 'NO'라고 말할 수 있어야 한다

미국의 협상 전략은 세계 초강대국이라는 미국의 지위를 이용하여 상대국에 예측 불가능한 미친 행동을 감행, 공포를 전달하며 이를 통해 상대국의 양보를 끌어내는 것이다.

중국이 그렇게 했듯 미국에 대해 '눈에는 눈, 이에는 이'의 전략으로 미국의 노골적인 수탈 요구에 'NO'라고 답해야 한다.

멕시코 셰인바움 대통령이 그랬듯이 이재명 대통령은 원칙을 지키면서 트럼프의 핵심 요구를 정면으로 응시해야 한다. 이 과정에서 국민, 국회와 충분히 소통해 나가야 한다.

내란과 계엄 세력에 맞서 6개월간의 주권자 시민들의 항쟁과 연이은 대선을 통해 탄생한 이재명 국민주권정부에게 요구한다.

국민이 바라는 것은 거대 패권 국가인 미국에 끌려다니는 것이 아닌 경제, 일자리, 안보, 먹거리 주권을 지키는 것이다. 국민주권정부 이재명 대통령은 'NO'라고 말 할 수 있어야 한다.

8. 윤석열의 계엄과 내란 맞선 주권자의 요구.
   내란청산과 사회대개혁 그리고 트럼프 위협 공동 대응

윤석열씨의 폭주와 폭정에 맞서 진보민중진영, 시민사회 그리고 헌정수호 정당인 민주당, 조국혁신당, 진보당, 기본소득당, 사회민주당 등 야 5당은 12월 3일 계엄을 함께 막아냈다. 실탄을 장착한 계엄군을 맞아 시민들은 온몸으로 그들을 막아냈고, 헌정수호 정당들은 국회에서 계엄해제 결의안을 통과시켜 위헌적 계엄을 무력화 했다. 또한 12월 14일 여의도 광장엔 200만명의 시민들이 운집해 윤석열 탄핵을 요구했고, 헌정수호 정당들은 윤석열 탄핵소추안을 가결시켰다. 그 힘으로 야 5당은 원탁회의를 출범시켜 윤석열즉각퇴진 사회대개혁비상행동(이하 비상행동)과 함께 항쟁의 주요 고비마다 공동 대응으로 정세를 열어나갔다.

특히 3월 8일 윤석열씨가 구속취소로 석방되자 비상행동과 헌정수호 정당은 광화문광장에서 노숙단식농성장을 차리고, 함께 단식에 돌입했다. 광장시민의 참여가 저조했던 날에도 꾸준히 그 자리를 채운 진보당, 민주당, 조국혁신당의 깃발이 휘날렸으며 평일집회를 지속할 수 있게 하였다. 그 결과 민주주의를 파괴하고, 헌법을 훼손한 윤석열 내란일당을 헌법재판소에서 전원일치 판결로 파면했다.

윤석열씨가 계엄을 선포한 12월 3일부터 헌법재판소의 윤석열 대통령을 파면한 4월 4일까지 123일간 주권자 시민들은 때로는 응원봉을 들고때로는 선결제를 통해, 때로는 온라인 서명운동에 동참하면서 간절히 윤석열 파면을 원했지만 쉽지 않았다. 때론 설마 설마 했던 일이 현실화되었다. 그 대표적 사례가 내란 수괴 윤석열의 기가 막힌 석방이었고,[21] 윤석열씨의 파면 이후에도 권한대행인 한덕수의 헌법재판관 임명 추진[22]이었으며, 대법원이 이재명 민주당 대선 후보에게 유죄 취지로 선거법 위반 사건을 파기환송한 사례[23]다. 이러한 대표적 사례를 통해 검찰, 사법, 행정, 언론, 재계, 종교의 탈을 쓴 극우세력 등으로 구성된 기득권 카르텔이 얼마나 한국사회를 기울어진 운동장으로 만들어 놓았는지 깨닫게 되었다. 이 모든 난관은 주권자 시민들과 헌정수호 정당들이 힘을 합쳐 투쟁한 결과, 극복할 수 있었다.

전 세계 패권국의 '미치광이 전략'에 맞선 협상 전략이나, 한국사회를 해방 후 80년간 지배해 온 계엄과 내란의 기득권 카르텔 세력에 맞선 대응의 핵심은 작은 차이를 넘어 크게 함께 해야 가능한 일이다.[24]

---

21) 2025.03.09, 뉴스타파, 윤석열 석방과 법원·검찰 책임론, 조성식
22) 2025.04.08. 한겨레21, 한덕수 대행, 6.3 대선일 확정 동시에 헌법재판관 '기습' 임명
23) 2025.05.01, 연합뉴스. 1심만 2년 걸린 이재명 재판…대법원은 한달만에 초고속 선고
24) 스티븐 레비츠키, 어떻게 민주주의는 무너지는가, 어크로스

참 고 문 헌

글로벌 무역 시스템 재편을 위한 사용자 가이드(A User's Guide to Restructuring the Global Trading System), 2024.11, 스티븐 미란(Stephen Miran)

외교와 국내정치: 양면게임(two-level games)의 논리, 로버트 퍼트넘

국제협상에서의 국내적 제약의 역할: 한미 쇠고기무역협상의 양면게임적 분석, 2009.12.01. 김관옥 (계명대)

새로 읽은 한미 관계사 [동맹이라는 역설] 창비, 김준형

어떻게 민주주의는 무너지는가, 어크르스, 스티븐 레비츠키

트럼프 통상정책과 세계경제의 변화, 민주노총 연구원, 김장호

미국의 관세 공세에 대한 EU와 일본의 대응, 임수강

[2024 대미인식조사]
미국 이미지와 한미 역량 비교, (2024.12.18), 한국리서치 '여론속의 여론'

민주연구원 [트럼프행정부의 관세정책 현황 및 대응방안], 임규빈 연구위원

오마이뉴스 (2025.04.11)
결국 트럼프는 협상할 것… 한국이 위기에서 벗어나려면. 송기호 변호사

프레시안 (2025.04.03)
트럼프발 관세 폭탄, 한미 FTA 폐기 수순? "한국도 FTA 틀 안에서 미국과 협상해야"

중앙일보 (2025.03.05)
"한미 FTA로 관세율 0% 수준"… 트럼프 4배 발언에 깜짝 놀란 정부

한겨레신문 (2021.07.21)
[유레카] 양면게임과 한일정상회담

한겨레신문 (2011.09.05)
MB 2008년 미국 방문 전 '쇠고기 개방' 약속했었다

연합뉴스 (2022.04.05)
정부, CPTPP 가입 추진 의결… "국내 보완 대책 충실히 마련".

시사저널 (2019.09.03)
한국, 일본 WTO 제소 시 GATT 11조 위반·강제동원 판결 …

농정신문. (2022.04.15)
여의도 가득 메운 1만5천 농어민들 "CPTPP 가입 철회하라"

한겨레 (2021.03.31)
김준형 "'가스라이팅' 비유는 한미동맹 중독에서 깨어나잔 뜻"

법률신문 (2025.06.23)
21대 대통령의 국제통상 분야 주요공약

경향신문 (2025.04.07)
트럼프를 한미 FTA로 끌어들이려면, 송기호

동아일보 (2017.09.28)
문정인 "한미동맹 깨져도 전쟁 안 돼"…이재명 "절대적으로 맞는 말씀"

뉴스타파 (2025.03.09)
윤석열 석방과 법원·검찰 책임론, 조성식

한겨레21 (2025.04.08)
한덕수 대행, 6.3 대선일 확정 동시에 헌법재판관 '기습' 임명

연합뉴스 (2025.05.01)
1심만 2년 걸린 이재명 재판…대법원은 한달만에 초고속 선고

트럼프의 경제·일자리·먹거리·안보 위협
국민보고서

초판 발행	2025년 7월 20일
지은이	트럼프 경제·일자리·먹거리·안보 위협 저지 공동행동 전문가 위원
	– 나원준, 김성혁, 백일, 이수미, 장창준, 전수진, 주제준
펴낸곳	도서출판 한국농정
등록	제318-2007-000115호
주소	서울특별시 용산구 한강대로40가길 7 풍양빌딩 5층
	전화 : (02)2679-3693 / 팩스 : (02)2679-3691
전자우편	kplnews@hanmail.net
홈페이지	www.ikpnews.net
가격	20,000원
	ISBN 979-11-89014-24-7